Robert Hess
Die Geschichte der Juden

Robert Hess

Die Geschichte der Juden

Ravensburger Buchverlag

Als Ravensburger Taschenbuch Band 4110
erschienen 1993
© 1993 by Ravensburger Buchverlag

Die Erstausgabe erschien 1988
in der Ravensburger Jungen Reihe
im Ravensburger Buchverlag

Umschlagillustration: Rotraut Susanne Berner

Alle Rechte dieser Ausgabe vorbehalten durch
Ravensburger Buchverlag
Gesamtherstellung: Ebner Ulm
Printed in Germany

5 4 3   97 96 95

ISBN 3-473-54110-9

Inhalt

Vorwort 9

Das Reich der Israeliten 11
Abraham 11
Als Sklaven in Ägypten 13
Ein Mann und zwei
  Steintafeln 15
Eine Truhe aus Akazienholz 16
Das gelobte Land 17
Die Geschichten von Simson und
  von David und Goliath 19
Ein König wird gesalbt 19
König David 20
Das „Salomonische Urteil" 21
Die Israeliten im Nordreich 23
Ein König wird geblendet 24
Römische Legionäre 25
Ein Nicht-Jude wird König
  der Juden 26
Von Propheten
  und Weissagern 27
Jesus von Nazareth 27
Die Zerstörung des Tempels 30
Der Held von Bethar 31
Und wurden in alle Welt
  zerstreut 32

**Juden und Christen im
  Mittelalter** 35
Juden in Deutschland 35
Ein Jude rettet dem Kaiser
  das Leben 37

Kampf um das Heilige Grab 37
Die Juden ... Die Juden ...
  Die Juden 39
Der „Schwarze Tod" 46
„Hostienfrevel" 48
Eine brennende Mühle 50
Von Trödlern, Hausierern und
  Kesselflickern, von Kaufleuten,
  Ärzten und
  Wissenschaftlern 53
Menschen zweiter Klasse 56
Das Ende der Welt 58
Die Gasse der Juden:
  Das Getto 58
Ein Lebkuchenbäcker
  namens Fettmilch 62
Der Mönch aus Eisleben 66
Ein großer Gelehrter:
  Johannes Reuchlin 68
Der falsche Messias 70
Ein Präsident dankt 71

Eine neue Zeit bricht an 74
Entdeckungen und
  Erfindungen 75
Von Wucherern und der Hölle 76
Die Geschichte des Knaben
  Simon Abele 77
Die Geschichten vom Jud Süß und
  vom Prager Juden Lippold 77
*Josef Süß Oppenheimer
  genannt Jud Süß* 77
Der Prager Jude Lippold 80
Ein kleiner buckliger Junge 81
Freiheit – Gleichheit –
  Brüderlichkeit 85

**Von Festen und Bräuchen,
  Regeln und Büchern** 88
Der Sabbat 88
Das Laubhüttenfest und andere 90
Das Pessachfest 90
Schawuot oder Wochenfest 91
Das Laubhüttenfest 91
Das Neujahrsfest 91
Das Chanukka-Fest 92
Das Purimfest 92
Tischa be-Aw 93
Grabsteine mit merkwürdigen
  Zahlen 93
Von Fleisch- und Milchspeisen 94
Von gestrengen Gläubigen 95
Jüdische Geschichten 97
Sprache und Geschichte:
  Deutsch und Jiddisch 99
Jüdische Sprichwörter und
  Redensarten 101
Der jüdische Witz 103
Sprüche aus dem Talmud 104

**Von Luftschiffern und Erfindern,
  von Wissenschaftlern
  und Künstlern** 106
Pioniere der Luft 106
Die pferdelose Kutsche 108
Der Pulverfabrikant
  aus Schweden 110
„Ich bin Deutscher,
  und ich bin Jude" 111

Heimweh nach Zion 115
Ein Mann und sein Buch 115
Ein wichtiger Brief 117
Juden und Araber 118

Der Erste Weltkrieg 119
Der Tag, als der Krieg begann 119
Die Geschichte des jüdischen
  Bürgers Siegmund Joseph 121
Ein Student der Chemie 123

Die Weimarer Zeit 125
Die neue Verfassung 125
Die Legende vom Dolchstoß 125
Der Mord in der Königsallee 127
Adolf Hitler 128

Das Dritte Reich 132
Der Reichstag brennt 132
Von verbrannten Büchern und von
  Menschen in der Fremde 133
„Die Juden sind unser
  Unglück" 137
„Der Stürmer" 137
Diese Eiseskälte 139
Die Gesetze von Nürnberg 140
Franz sucht Pilze 145
Die „Reichskristallnacht" 146
Häftlinge ohne Prozeß 151
*Eine leerstehende
  Munitionsfabrik* 151
Das Lager Dachau 153
Von Kommandanten und Kapos 154
Vom Morgen bis zum Abend 154
Die Ordnung im Lager 154
Von der Kleidung der Häftlinge 155
Von Dachau bis Auschwitz 155
Die Konzentrationslager 156
Was im Lexikon steht 156
*Wie viele Konzentrationslager
  gab es?* 156
Dachau 156 — Bergen-

Belsen 156 — *Flossenbürg* 157 — *Neuengamme* 158 — *Oranienburg* 158 — *Sachsenhausen* 159 — *Buchenwald* 159 — *Dora Nordhausen* 160 — *Ravensbrück* 160 — *Mauthausen* 160 — *Natzweiler* 160 — *Westerbork* 160 — *Theresienstadt* 160 — *Auschwitz* 161 — *Birkenau* 161 — *Maidanek* 162 — *Stutthof* 162 — *Belzec* 162 — *Sobibor* 162 — *Chelmno* 162 — *Treblinka* 163
In den Lagern des Grauens 163
Selbstmord auf Befehl 165
Zwei große, bissige Hunde 166
Der Sarg aus Zement 166
Der Prügelbock 167
Der Henker von Sachsenhausen 168
Das „Musterlager" 171
Die Schule am Bullenhuser Damm 175
Die neuen Gettos und die „Endlösung" 177
„Nicht wie die Schafe zur Schlachtbank" 180
Die Kinder von Warschau 183
Die Brigaden des Todes 187
Die Einsatzgruppen 187
Die Babi-Jar-Schlucht 188
Das Todeskommando 1005 189
Die Fabriken des Todes 190
Die Arbeitsjuden 190
Die Gaswagen von Kulmhof 191
Endstation Birkenau 194
Die Funde beim Krematorium 203

Die Hölle von Auschwitz 204
Der Block Nummer 11 206
Die „Todeswand" 208
Das Tagebuch hinter der Heizung 208
Sieben Kartoffeln bedeuten den Tod 210
Ein Zeuge berichtet 211
„Wo vorher Birken waren" 215
Kinder in Auschwitz 216
Ein „Lehrer" mit Namen Fredy Hirsch 216
Der Widerstand 219
Die Frau auf der Treppe 219
„Tragt ihn mit Stolz, den gelben Fleck!" 221
Ein Pater opfert sich 223
Das Mädchen in der Bodenkammer 224
Fünfzig Schläge für ein paar Gebetbücher 225
Fluchtversuche 226
Ein Krematorium geht in Flammen auf 228
Fallschirmjäger aus Palästina 233
1945 — Das Ende 234
Und die Täter? 239

Nach dem Holocaust 242
Juden und Deutsche 242
Die Juden in der Welt 243
Der Staat der Juden: Israel 244

Literaturverzeichnis 252

Vorwort

Es ist noch kein Menschenalter her, daß in Deutschland und den von Deutschland eroberten Gebieten sechs Millionen Juden ermordet wurden, und hierzulande mehren sich die Stimmen, es sei nun genug geredet und geschrieben über diese Zeit, einmal müsse Schluß sein mit der „Vergangenheitsbewältigung". Diese Aufforderung zum Vergessen erscheint mir in Anbetracht der Verbrechen, die vergessen werden sollen, ungeheuerlich. Ich wollte ihr ein Buch der Erinnerung entgegensetzen, eine Geschichte des Holocaust.

Bei der Arbeit an diesem Buch wurde mir klar, daß zur Geschichte des Holocaust nicht nur dessen unmittelbare Vorgeschichte gehört. Es gehört dazu auch die Geschichte der jahrhundertelangen Diskriminierung und Verfolgung der Juden in Deutschland. Ich beschloß, auch sie in meinem Buch zu behandeln.

Wer sich aber mit der ganzen Geschichte der Juden in Deutschland beschäftigt, dem wird immer klarer, wie einzigartig die Geschichte des ganzen jüdischen Volkes ist. Zerstreut in alle Welt, hat es über zweitausend Jahre seine Religion, seine Lebensformen, sein Gefühl der Zusammengehörigkeit und nicht zuletzt die Hoffnung auf eine Rückkehr ins Land der Vorväter bewahrt: von der Zerschlagung des ersten jüdischen Staates durch die Römer bis zur Neugründung des Staates Israel im Jahr 1948. Wer verstehen will, wie das möglich war, muß sich mit der frühen Geschichte des jüdischen Volkes bis zurück zu den Anfängen vor 4 000 Jahren befassen. Ich beschloß, auch davon sollte mein Buch handeln.

Und noch etwas sah ich immer deutlicher, je länger ich mich mit der jüdischen Geschichte befaßte: wieviel uns mit dem fast völligen Verschwinden jüdischen Lebens aus Deutschland verlorenging. Man spricht oft von dem Verlust, den die Emigration so vieler jüdischer Wissenschaftler und Künstler aus Nazi-Deutschland bedeutete. Doch der Einfluß der jüdischen Kultur, der jüdischen Gemeinden und Bürger auf das Leben der nicht-jüdischen Deutschen reichte weit über den Einfluß einzelner großer Männer und Frauen hinaus. Spuren dieses Einflusses gibt es auch heute noch, zum Beispiel in unserer Sprache. Wer von einem Schlamassel redet, verwendet ein hebräisches Lehnwort, das über das Jiddische ins Deutsche gekommen ist. Wer einen Witz, vor allem wer einen intelligenten Witz erzählt, kann mit einer gewissen Wahrscheinlichkeit davon ausgehen, daß er aus dem großen Reservoir des jüdischen Witzes schöpft. So ließen sich noch viele Beispiele nennen. Wer aber solchen Spuren nachgehen will, muß wieder weit zurück in die Vergangenheit.

So ist am Ende eine Geschichte der Juden von den ersten Anfängen bis in die Gegenwart entstanden. Doch ist die Entstehungsgeschichte dem Buch noch anzumerken: sein Schwerpunkt liegt auf der Geschichte der Juden in Deutschland, und die Darstellung des Holocaust nimmt breiten Raum ein. Vielleicht wird mancher Leser fragen, ob nicht *zu* breiten Raum, und mancher Erwachsene zu bedenken geben, ob man dem jugendlichen Leser nicht wenigstens Details hätte ersparen können. Ich selber habe mir diese Fragen gestellt und sie für mich mit nein beantwortet. Wenn aus dem Holocaust eine Lehre zu ziehen ist, dann die, daß er sich nicht wiederholen darf. Damit er sich nicht wiederholen kann, muß schon allen Anfängen gewehrt werden, muß sich überall dort Widerstand regen, wo Andersdenkende, wo Anderslebende, wo Minderheiten diskriminiert, ausgegrenzt, entrechtet werden sollen. Die Notwendigkeit eines Widerstands schon gegen vermeintlich harmlose Anfänge wird aber nur der einsehen, der um das mögliche Ende weiß. Für die Hilfe bei der Arbeit an diesem Buch habe ich vielen zu danken. Mein besonderer Dank gilt Professor Helmut Eschwege, Dresden, für seine Unterstützung und die Erlaubnis, zahlreiche Bilder aus seinem Buch „Kennzeichen J" zu verwenden.

Darmstadt-Eberstadt
im Januar 1988   ROBERT HESS

Das Reich der Israeliten

Der Anfang der Geschichte Israels liegt sehr weit zurück. So weit, daß er sich einer genauen Zeitbestimmung entzieht. Es fehlen exakte Quellen und Dokumente, die uns sichere geschichtliche Kenntnisse geben könnten.

Überliefert sind nur Erzählungen, die man erst viel später aufgeschrieben hat. Eine dieser Überlieferungen ist das Alte Testament. Es erzählt von jenen weit vor jeder gesicherten Zeitrechnung liegenden Anfängen der Geschichte Israels.

Aber die im Alten Testament gesammelten Schriften berichten nicht nur über das geschichtliche Geschehen. Diese Schriften geben zugleich Auskunft über die Beziehung zwischen einem Gott und seinem Volk. In ihren Erzählungen, die Religion und Politik, Heilsgeschichte und Weltgeschichte verbinden, erklärt sich den Juden ihre Herkunft und die besondere Rolle, die ihr Volk, die ihre Glaubensgemeinschaft in der Geschichte gespielt hat – und auch gegenwärtig spielt.

Eine dieser uralten Geschichten ist die Geschichte Abrahams aus der Stadt Ur.

Abraham . . .

so wird überliefert, lebte vor etwa 4000 Jahren. Zu jener Zeit lebten die Menschen in unserer Heimat noch in der Steinzeit. Sie kannten keine Metalle. Ihre Werkzeuge und Waffen waren aus Stein. Sie lebten in einfachen Hütten aus Holz und Lehm oder in Höhlen.

Abraham lebte nicht in Europa oder gar in jenem Gebiet, wo heute Deutschland liegt. Die Geschichte, die von ihm überliefert ist, spielt im Vorderen Orient im Land Chaldäa. Heute befindet sich dort der Staat Irak. Abraham wohnte in der Stadt Ur. In diesem Land am Euphrat baute man schon mehrstöckige Häuser aus Ziegelsteinen. Die Bewohner des Landes wußten, wie man Eisen verarbeitet. Sie kannten auch das Kupfer und stellten aus Silber Schmuckstücke her. Ihren Göttern bauten sie bereits große Tempel. Viele Menschen konnten auch lesen und schreiben.

Eines Tages verließ Abraham seine Heimat. Vermutlich aus religiösen Gründen: Abraham glaubte nur an einen einzigen Gott.

In Abrahams Land aber verehrten die Menschen viele Götter: einen für die Jagd, einen für den Krieg, einen für die Sonne, einen für den Mond und viele andere.

Auch unsere Vorfahren hatten mehrere Götter. Daran erinnern heute noch die Namen von drei Wochentagen. Der „Dienstag" geht zurück auf den germanischen Gott „Ziu", der „Donnerstag" auf den Gott „Donar" und der „Freitag" auf die Göttin „Freyja".

Von besonderer Bedeutung war der Mondgott. Denn nach dem Lauf des Mondes konnte man die Zeit bestimmen und einen Kalender aufstellen. Der Mond umwandert die Erde, und dabei ändert sich das Bild, das wir von ihm sehen. Steht er voll und rund am Himmel, haben wir Vollmond. Sieht man ihn nicht, spricht man vom Neumond. Dann gibt es den zunehmenden und den abnehmenden Mond. Ein Umlauf des Mondes um die Erde dauert 27⅓ Tage.

Die Bewohner der Stadt Ur und des Landes Chaldäa beobachteten schon sehr genau den Umlauf des Mondes um die Erde. So genau, wie wir es heute nur mit Hilfe einer komplizierten Technik tun können. Dem Mondgott gaben sie den Namen „Nannar" oder „Sin".

Abraham glaubte nicht an mehrere Götter. Er behauptete:

Es kann nur einen einzigen Gott geben.

Dieser Gott ist unsichtbar und ohne Gestalt – also kann es auch kein Bild von ihm geben.

Dieser Gott verlangt Gehorsam.

An diesen Gott muß der Mensch glauben.

Wichtig waren vor allem die ersten beiden Punkte:

Es kann nur einen einzigen und unsichtbaren Gott geben!

Wir vermuten, daß in diesem neuen Glaubensbekenntnis der Grund für die Auswanderung Abrahams aus seiner Heimatstadt liegt. Mit seiner Frau Sara und dem Sohn seines Bruders Lot zog er in ein fremdes Land. Dabei waren auch seine Knechte und Mägde und seine Viehherden: Schafe, Kamele und Esel.

Sie zogen an den Ufern des Euphrat entlang und gelangten in ein Land in der Nähe des Toten Meeres. Dieses Land, das damals noch sehr fruchtbar war, hieß Kanaan. Abrahams Sippe führte das Leben von Nomaden und zog von Weide zu Weide.

Die Bewohner des Landes Kanaan nannten die zugezogenen Hirten „Hebräer". Diese Hebräer hatten eine eigene Schrift und eine eigene Sprache.

Auch Abrahams Sohn Isaak lebte als Nomade und glaubte wie sein Vater an nur einen einzigen und unsichtbaren Gott.

Isaak hatte zwei Söhne: Esau und Jakob. Jakob glaubte wie sein Vater und Großvater nur an einen einzigen und unsichtbaren Gott. Wo immer er hinkam, redete er gegen die Vielgötterei und warb für den neuen Glauben. Und weil er dies mit großem Einsatz tat, nannte man ihn „Gotteskämpfer". Das Wort „Gotteskämpfer" hieß in der Sprache der Hebräer „Israel". Hier liegt die Wurzel des Namens „Israel". Die Nachkommen Jakobs hießen „Israeliten". Jakob hatte zwölf Söhne: Ruben – Simeon – Levi – Juda – Issachar – Sebulon – Dan – Naphtali – Gad – Asser – Joseph – Benjamin.

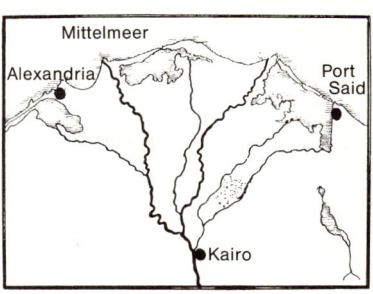

Das Mündungsgebiet des Nil. Die Punkte markieren das Siedlungsgebiet der hebräischen Familien

Als Sklaven in Ägypten

Die zwölf Söhne Jakobs heirateten und gründeten Familien. Einer von ihnen, Joseph, gelangte nach Ägypten. Dort erreichte er eine einflußreiche Stellung. Der Pharao, der König der Ägypter, ernannte ihn zum Verwalter der Wirtschaft. Während der Amtszeit Josephs gab es eine große Dürre. Es kam zu einer Hungersnot. Aber Joseph hatte vorgesorgt und Vorräte anlegen lassen. Die Dürre bedrohte auch die Israeliten im Lande Kanaan. Joseph ließ seinen Vater, seine Brüder mit ihren Knechten und Mägden und mit all ihren Viehherden nach Ägypten kommen und wies ihnen fruchtbares Land an einem Mündungsarm des Nils an. So überstanden die Israeliten Dürre und Hungersnot.

Die zwölf Familien vergrößerten sich im Laufe vieler Jahre. Sie wurden zu zwölf Stämmen. Diese Stämme tragen die Namen, die Jakob einst seinen Söhnen gegeben hatte. Schließlich bildeten die zwölf Stämme ein Volk: das Volk der Israeliten. Sie unterschieden sich von den Ägyptern vor allem in drei Dingen: sie hatten eine eigene Sprache, sie hatten eine eigene Schrift – und sie glaubten nur an einen einzigen und unsichtbaren Gott, den Gott Jahwe.

Zu jener Zeit mußten sich die Ägypter vieler Feinde erwehren. Die Nachbarstaaten hatten sich erhoben.

*Hebräische Sklaven
bei der Zwangsarbeit in Ägypten*

Konnte es da nicht sein, daß eines Tages auch die Hebräer einen Aufstand wagten? Um dem zuvorzukommen, besetzten die Ägypter die Wohngebiete der Hebräer. Alle Einwohner machten sie zu Sklaven. Die Hebräer wurden zu schwerer Arbeit gezwungen. Sie mußten Ziegelsteine aus Ton brennen und Straßen und Paläste bauen. Besonders hart unterdrückte der Pharao Ramses II. die Israeliten.

Die Israeliten wollten nun zurück in das Land, aus dem sie einst gekommen waren: sie wollten in ihre Heimat Kanaan.

Aber König Ramses II. lehnte die Auswanderung ab. 1224 vor unserer Zeitrechnung starb Ramses II., und sein Sohn Merneptah kam an die Macht. Bei den Israeliten erwachte von neuem die Hoffnung auf die Rückkehr. Aus dem Stamme der Levi hatte sich zu dieser Zeit ein Mann als Sprecher und Führer aller

Die Israel-Stele. Auf der Bildsäule ist zum erstenmal in der Geschichte der Name „Israel" in ägyptischen Schriftzeichen zu lesen

zwölf Stämme hervorgetan. Sein Name war Moses.

Aber auch Pharao Merneptah lehnte die Rückkehr der Israeliten ab. Zu jener Zeit kam es zu Naturkatastrophen in Ägypten:

Eine Froschplage suchte das Land

Die Heuschreckenplage. Holzschnitt aus dem 17. Jahrhundert

heim. Heuschreckenschwärme fielen vom Himmel. Wilde Tiere drangen in die Städte ein. Hagel zerschlug die Ernten. Ungeziefer verbreitete Krankheit und Tod.

Vielleicht erkannte der König in diesen Katastrophen eine Mahnung und Strafe der Götter. Jedenfalls ließ er die Israeliten frei. Unter der Führung von Moses machten sich die hebräischen Stämme auf in das Land ihrer Vorväter.

Ein Mann und zwei Steintafeln

Moses führte die zwölf Stämme. Jedoch suchte er nicht den kürzesten Weg in die Heimat der Vorväter. Um Verfolger und Feinden zu entgehen, zogen die Hebräer quer durch die Wüste. Das bedeutete Hunger, Durst und Gefahr. Oft mußten die Israeliten sich gegen feindliche Wüstenstämme zur Wehr setzen, und je länger dieser beschwerliche Zug dauerte, desto größer wurde die Unruhe unter den Israeliten. Unzufriedenheit machte sich breit.

In dieser schwierigen Lage trat ein Ereignis ein, das für die Israeliten von größter Wichtigkeit wurde:

Sie lagerten am Fuß eines Berges. Dieser Berg war der Berg Sinai. Er ist über 2000 Meter hoch. Moses bestieg ihn. Bei seiner Rückkehr brachte er zwei steinerne Schrifttafeln mit. Moses sagte seinem Volk, daß Gott die Worte, die darauf standen, zu ihm gesprochen habe. Da es sich um zehn Sätze, also zehn Worte Gottes handelt, nennt man diese Sammlung heute noch das „Zehnwort".

Auf der einen Tafel stand geschrieben, wie sich die Menschen Gott gegenüber verhalten sollen: Gott soll für sie der Ewige sein. Sie sollen keine anderen Götter außer ihm haben. Sie sollen bei seinem Namen keinen falschen Eid leisten, und sie sollen den Sabbat heiligen.

Der Text der anderen Tafel betraf das Verhalten der Menschen untereinander: Er fordert den Respekt vor den Eltern und verbietet Mord, Ehebruch und Diebstahl. Er untersagt die Lüge über den Mitmenschen und verlangt die Achtung fremden Eigentums.

Dieses als göttliche Offenbarung anerkannte „Zehnwort" bildete die Grundlage für den späteren Staat der Israeliten. Es gilt zugleich als religiöse und gesellschaftliche Ordnung. Auch die Christen kennen das „Zehnwort". Sie sprechen von den „Zehn Geboten".

Das jüdische „Zehnwort" und die christlichen „Zehn Gebote" unterscheiden sich aber in drei Punkten:

Nach jüdischem Glauben ist Gott gestaltlos und unsichtbar. Es kann daher kein Bild von ihm geben.

Die Christen haben ihren Ruhetag am Sonntag, die Juden am Samstag, dem Sabbat.

Im ersten Zehnwort heißt es, daß Gott das jüdische Volk aus der Sklaverei geführt habe. Dieses Wort über die Geschichte Israels gilt bei den Christen nicht. Es ist kein Gebot. Da die Christen aber das zehnte Gebot der Juden in zwei Gebote aufgeteilt haben, kommen auch sie auf die Zahl Zehn.

Christen und Juden haben also das Hauptstück, den Kern ihres Glaubens, gemeinsam: das „Zehnwort" oder die „Zehn Gebote".

Eine Truhe aus Akazienholz

Die beiden Tafeln mit den zehn Geboten waren der wertvollste Besitz der Israeliten. Sie wurden in einer Truhe aus Akazienholz aufbewahrt. Diese Truhe sollte ein Zeichen sein für den Bund mit Gott. Darum spricht man von der Bundeslade. Außen und innen war sie mit Gold überzogen. Die Deckplatte zierten zwei Engel aus reinem Gold.

Schlugen die Israeliten bei ihrer Wanderung durch die Wüste ihr Lager auf, stand die Bundeslade in einem eigenen Zelt. Es war dies die Stiftshütte. Bei der Wanderung wurde die Bundeslade dem Zug vorangetragen.

Moses segnete die Männer, Frauen und Kinder der zwölf Stämme:

„Der HERR segne dich und behüte dich; der HERR lasse sein Angesicht leuchten über dir und sei dir gnädig; der HERR erhebe sein Angesicht über dich und gebe dir Frieden."

Noch heute – nach über 3000 Jahren – wird dieser Segen in allen christlichen Kirchen und jüdischen Synagogen gesprochen.

Moses setzte seinen Bruder Aaron zum Priester über das hohe Heiligtum ein. Aaron ist der Ahnherr des Priestertums. Er und sein Bruder Moses waren aus dem Stamm der Levi. Daher sollten auch in Zukunft nur Mitglieder dieses Stammes bei den Gottesdiensten helfen.

Moses hat die Israeliten geführt. Aber er war mehr als nur ihr Oberhaupt. Er war auch ihr Religionsstifter. Auf ihn gehen die fünf wichtigsten der heiligen Bücher zurück: die fünf Bücher Mose, in denen nach rechtgläubiger Auffassung die Moses widerfahrene Offenbarung aufgezeichnet ist. Diese fünf Bücher der Bibel nennen die Juden Tora. Dem gläubigen Juden ist die Tora Gesetz und Weisung. Nach ihr richtet er sein Leben aus. So spricht man noch heute von der „mosaischen Religion". Damit ist die Religion der Juden gemeint. Diese neue Religion mit ihrem Glauben an nur einen einzigen Gott war ein bedeutender Einschnitt in der Geschichte der Religionen. Der Glaube an einen Gott – griechisch: Monotheismus – war zu dieser Zeit einzig im gesamten Raum des Mittelmeers. Dieser Gott verkörperte weder den Lauf der Natur, noch zeigte er sich in ihren Elementen, wie etwa in bestimmten Tieren oder in außergewöhnlichen Naturereignissen. Dieser eine Gott war gestaltlos und unsichtbar. Deshalb gab es im Gegensatz zu anderen, mehrere Götter ehrenden Religionen – griechisch: Polytheismus –, keine bildlichen Darstellungen, denen die Gläubigen Ehre erweisen mußten.

Das gelobte Land

Vierzig Jahre dauerte es, bis die Israeliten die Heimat ihrer Vorväter in Kanaan erreichten. Moses selbst aber erreichte das gelobte Land nicht mehr. Er starb unterwegs in hohem Alter.

Moses Nachfolger wurde Josua. Er besiegte die Kanaaniter, und die Israeliten besetzten deren Land. Das erworbene Land wurde unter den zwölf israelitischen Stämmen aufgeteilt. Nur der Stamm der Levi, dem im Gottesdienst eine besondere Rolle zustand, bekam kein Land. Joseph, der einst die Hebräer nach Ägypten geholt hatte, war dort ge-

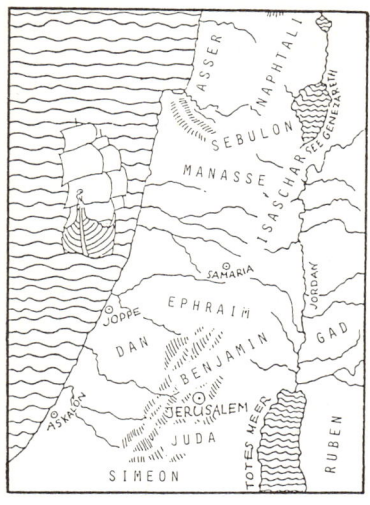

Die Verteilung der israelitischen Stämme

Die Stiftshütte. Zeichnung nach einem alten Holzschnitt

storben. Das ihm zustehende Land wurde an seine beiden Söhne Manasse und Ephraim verteilt.

Die zwölf Stämme bildeten aber noch keinen Staat. Es gab noch keinen Staat Israel. Es gab nur erst ein israelisches Volk mit einer eigenen Sprache, einer eigenen Schrift und einer eigenen Religion. Das Zehnwort regelte das Leben dieses Volkes.

Nun, da die Israeliten seßhaft geworden waren, errichteten sie für ihre Bundeslade ein kostbares Zelt. Die Zeichnung oben zeigt diese Stiftshütte oder auch Bundeshütte.

Im Vorhof zwischen Eingang und Halle befanden sich die Brandopferstätten sowie ein Becken, das religiösen Waschungen diente. In der Halle stand die Bundeslade.

Die Geschichten von Simson und von David und Goliath

Auch nachdem sich die Israeliten im Land Kanaan niedergelassen hatten, mußten sie sich immer wieder im Kampf behaupten. Ein besonders harter Gegner waren die Philister. Sie waren Nachbarn und wohnten an der Küste. Die Griechen nannten dieses ganze Land später nach den Philistern „Palästina". Noch heute heißt es so.

Im Kampf gegen die Philister zeichneten sich einige der Israeliten besonders aus. Einer von ihnen hieß Simson.

Dieser Simson soll ungeheure Kräfte besessen haben. Seine Taten sind Sagen geworden. Einmal, so heißt es, packte Simson die fünf Tore der Stadt Gaza samt den Pfosten, legte sie auf seine Schultern und schleppte sie davon. Das Geheimnis seiner Stärke lag in seinen langen Haaren. Dies wußte seine Geliebte, eine Philisterin. Heimlich schnitt sie ihm im Schlaf die Haare ab, und Simson verlor seine gewaltigen Kräfte. So konnte er von den Philistern überwältigt werden. Sie blendeten ihn und warfen ihn in den Kerker. Als sie aber einmal ein Fest feierten, erlangte der im Kerker sitzende Simson seine alten Kräfte wieder. Er brachte den Palast zum Einsturz und fand dabei selbst den Tod.

Wenn wir heute vom Kampf eines „David" gegen einen „Goliath" sprechen, meinen wir den Kampf eines Schwachen gegen einen Starken. Die Geschichte ist im Alten Testament überliefert. Der kleine Hirtenjunge David tötete den riesigen Goliath, was die anrückenden Philister so sehr erschreckte, daß sie die Flucht ergriffen.

Dieser Hirtenjunge wurde später der zweite König der Israeliten.

Ein König wird gesalbt

Die zwölf Stämme der Israeliten hatten sich im Lande ihrer Vorväter in Kanaan niedergelassen. Sie bildeten aber, wie wir hörten, keinen gemeinsamen Staat. Zwischen den einzelnen Stämmen gab es noch immer Gebiete, in denen die einheimischen Kanaaniter wohnten.

Zwar waren die zwölf israelitischen Stämme auch ohne eine gemeinsame politische Ordnung eng verbunden: Sie sprachen alle die hebräische Sprache und teilten den Glauben an einen einzigen und unsichtbaren Gott.

Doch ohne ein festes Bündnis untereinander konnten die einzelnen Stämme der Israeliten leicht einem starken Gegner unterliegen. In ihrer Not erkannten die zwölf Stämme: Nur wenn wir einig sind, können wir uns wehren.

Eines Tages überschritten die Ammoniter den Jordan und bedrängten die Israeliten. Ein Bauernsohn aus dem Stamme Benjamin rief alle Soldaten der zwölf Stämme zusammen. Einigkeit machte die Israeliten jetzt stark. Sie schlugen die Feinde in die Flucht. Seit diesem Sieg gedenken die Israeliten des Bauernsohnes Saul als eines Vorbilds an Tapferkeit.

Die benachbarten Völker hatten Könige. Sollten da nicht auch die Israeliten einen König haben? So wurde Saul zum ersten israelitischen König ausgerufen.

In Europa wurden später die Könige gekrönt. Als Zeichen ihrer Würde setzte man ihnen eine Krone auf. In der geschichtlichen Welt des Alten Testaments war das anders. Könige wurden „gesalbt": eine aus Olivenöl und feinen Gewürzen hergestellte Salbe wurde ihnen auf die Stirn gestrichen. Auch Saul wurde gesalbt. Er regierte von etwa 1020– 1000 vor unserer Zeitrechnung, also vor rund 3000 Jahren.

Immer wieder kämpften die Stämme der Israeliten gegen die Philister. Auch König Saul konnte den Krieg nicht entscheiden. In einer Schlacht gegen die Philister, so wird überliefert, nahm er sich das Leben.

Neuer König wurde sein Schwiegersohn David – der David aus der Geschichte von David und Goliath.

König David

David war der zweite König der Israeliten. Erst unter seiner Regierung konnten die Philister endgültig geschlagen werden. Die Israeliten hatten sich behauptet. David nutzte die Schwäche der Großmächte Ägypten und Assyrien und vergrößerte das Reich der Israeliten durch Eroberungen.

Niemals in der Geschichte hatten die Israeliten ein so großes Reich wie zur Zeit Davids.

Aber David tat noch mehr.

Andere Staaten hatten eine Hauptstadt. Die zwölf Stämme der Israeliten aber nicht. David hatte auch das Volk der Jebusiter besiegt. Deren Hauptstadt machte er nun zu der seinen. Die Jebusiter nannten ihre Hauptstadt „Jebus". Heute heißt diese Stadt Jerusalem.

Da die neue Hauptstadt auf ehemals fremdem Gebiet lag, sah sich von den zwölf Stämmen keiner bevorzugt und keiner benachteiligt.

Für die neue Hauptstadt sprach allein schon ihre geographische Lage. Einmal lag sie in der Mitte des Reiches. Dann liegt Jerusalem in einem Talkessel, aus dessen Mitte sich ein Berg erhebt. Er ist 800 Meter hoch und heißt Zion. David ließ die Bundeslade und alle Heiligtümer auf den Berg schaffen. Die Bundeslade – das war die jahrhundertealte Truhe aus Akazienholz, in denen die beiden Schrifttafeln des Moses aufbewahrt wurden.

Um die Bundeslade und die Heiligtümer gegen das Wetter zu schützen, ließ David ein großes Zelt aufstellen.

König David regierte von etwa 1000–960 vor unserer Zeitrechnung. Unter seiner Herrschaft erreichten die Israeliten drei Ziele:

– ein großes Reich,
– eine gemeinsame Hauptstadt für alle zwölf Stämme und
– einen religiösen Mittelpunkt auf dem Berg Zion.

König David galt als gerecht, klug und tapfer. Seine Untertanen achteten und liebten ihn. In seiner guten Regierung erkannten sie zugleich ein Werk ihres Gottes. Immer dann, wenn das jüdische Volk später große Not litt, wenn es untereinander zerstritten war oder von anderen Völkern bedrängt wurde, entstand die Hoffnung und der Wunsch nach einem Mann wie König David. – Nur ein solcher Mann, so dachten viele Juden, könne ihnen helfen. Ein solcher Mann wäre der Erlöser. – Das Wort „Erlöser" heißt in der hebräischen Sprache „Messias", in der griechischen „Christus".

Das „Salomonische Urteil"

Unter einem „Salomonischen Urteil" versteht man noch heute ein gerechtes, vor allem aber ein kluges und weises Urteil.

Der Begriff geht auf den Namen Salomo zurück. Salomo war der dritte König der Israeliten.

Zu dieser Zeit waren die Herrscher zugleich die höchsten Richter des Landes. Die nachstehende Geschichte erzählt, wie der Begriff „Salomonisches Urteil" entstanden ist:

„Einst lebten in einem Hause zwei Frauen. Jede hatte ein kleines Kind, einen Säugling. Eines Nachts erstickte ein Kind. Seine Mutter tauschte das tote Kind heimlich gegen das lebende um. Als dessen Mutter am Morgen erwachte, stellte sie fest, daß das tote Kind nicht das ihre war.

Die beiden Frauen stritten, wem das lebende Kind gehöre. Kein Richter wußte Rat. Schließlich sollte der König entscheiden. König Salomo überlegte lange, denn es war eine sehr schwierige Frage. Schließlich sagte er: ‚Man gebe mir mein Schwert. Ich schneide das Kind in der Mitte durch. Dann bekommt jede Mutter die Hälfte. Dann habt ihr beide euer Recht.'

Da rief die eine Mutter: ‚Recht so, König Salomo! Das ist ein gerechtes Urteil!'

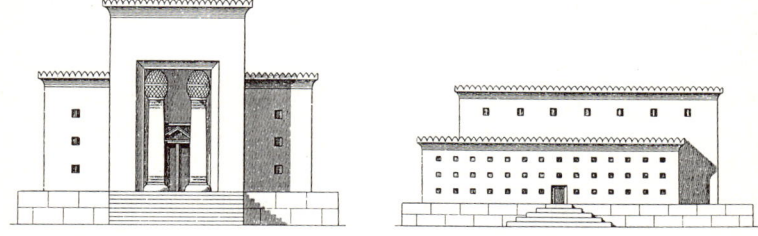

Vorder- und Seitenansicht des ersten Tempels in Jerusalem, wie er vermutlich aussah

Die andere indes rief: ‚Nein, König Salomo! Töte nicht das Kind! Gib es der anderen!'

Jetzt wußte der König, wem das Kind gehörte."

Unter König Salomo blühte das Land auf. Gewerbe, Handel und Künste nahmen einen großen Aufschwung. Ein großes Heer sollte das Riesenreich nach außen schützen. König Salomo befestigte die Städte mit großen Mauern. Er ließ einen großen Hafen bauen, und auf dem Berg Zion errichtete er einen Palast. Dort, wo bisher die Bundeslade unter einem Zelt gestanden hatte, baute er einen Tempel. Es war der erste Tempel der Israeliten. 350 Jahre sollte er stehen, bis ihn Feinde zerstörten.

Von diesem Tempel ist kein Bild erhalten. Es gibt nur Versuche, nach überlieferten Beschreibungen ein solches Bild anzufertigen. Die beiden Zeichnungen oben sind ein solcher Versuch. – Das Holz zu dem Tempel wurde aus dem knapp 300 Kilometer entfernten Gebirge Libanon herangeholt. Zeitweise waren 30000 Menschen an dem Bau beschäftigt. Der Tempel grenzte an den Palast des Königs. Umgeben war er von einer Umfassungsmauer, an deren Innenseite sich Hallen befanden. Auf den Zeichnungen sieht man, daß sich um den eigentlichen Tempel in der Mitte ein etwas niedrigerer Anbau befand. Er enthielt mehrere Kammern, darunter auch die Schatzkammer.

Der Tempel selbst bestand aus drei Räumen: zunächst aus einer Vorhalle, dann dem „Heiligen" und ganz hinten dem „Allerheiligsten". Dieser letzte Raum war vollkommen dunkel. In ihm stand die Lade mit den Gesetzestafeln.

Der Tempel, der Palast, die Bauten, das Heer – das alles kostete viel Geld. Die unterworfenen Völker mußten an die Israeliten hohe Abgaben entrichten. Aber auch diese

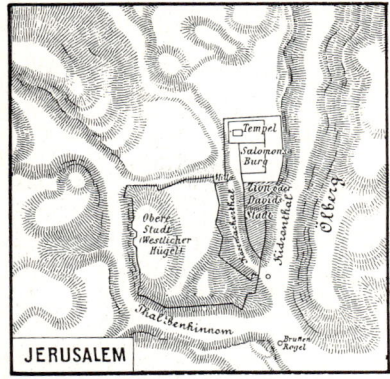

JERUSALEM

Die Karte zeigt das Gebiet der Stadt Jerusalem. Die Stadt liegt in einem Talkessel, in dessen Mitte sich der Berg Zion erhebt. Auf ihm ließ König Salomo den ersten Tempel erbauen

Tribute reichten nicht aus. So mußte auch das eigene Volk hohe Steuern bezahlen.

Viele Israeliten waren deshalb unzufrieden. Verstärkt wurde die Unruhe dadurch, daß einige Völker des Reichs sich selbständig gemacht hatten.

Als Salomo gestorben war, wurde Rehabeam zum König gesalbt. Von ihm erhoffte man sich Erleichterung. Aber auch der neue König hielt an den hohen Steuern fest. Die Unzufriedenheit nutzte ein hoher Staatsbeamter – sein Name war Jerobeam – zu einem Umsturz. Es bildeten sich zwei Parteien: Ein Teil des Staates Israel blieb Rehabeam treu, der andere folgte Jerobeam.

So wurde der Staat Israel in zwei Teile gespalten: in ein „Nordreich" und in ein „Südreich".

Das Nordreich behielt den Namen „Israel". Hauptstadt wurde Samaria.

Das Südreich behielt Jerusalem als Hauptstadt. Es gab sich den Namen „Juda" oder „Judäa" nach einem der zwölf Stämme.

Wenn in der Folgezeit von „Juden" gesprochen wird, dann stammt dieser Name von dem Stamme und dem Südreich „Judäa" ab.

Die Israeliten im Nordreich

Jetzt lebten die Nachfahren Abrahams in zwei Staaten: im Nordreich der Israeliten und im Südreich der Judäer oder Juden. Ein geteiltes, ein zerstrittenes Reich aber ist schwach.

Andere Mächte konnten diese Schwäche jederzeit nutzen und Teile des Reiches erobern. Streit unter den Israeliten mußte das Reich gefährden, lag es doch in einem Teil Palästinas, der ständig zwischen den ägyptischen und mesopotamischen Großreichen umkämpft war. Die Geschichte des israelitischen Reiches ist so auch eine Geschichte der Kriege mit großen und mächtigeren Gegnern – wie Babylon, Syrien, Assyrien, Ägypten, Persien und Mazedonien.

Aber die Israeliten bekämpften sich

auch gegenseitig. Es kam zu mehreren Kriegen zwischen dem Nord- und dem Südreich. Das Nordreich war schwächer als der Süden, seine politische Ordnung war wenig stabil: Mehrere Könige wurden ermordet. So auch König Nadab, der nach nur zwei Regierungsjahren ermordet wurde. Nachfolger wurde sein Mörder Baesa. Nur zwei Jahre regierte auch König Ela. Er wurde von einem Mann namens Simri ermordet, und Simri wurde König. Aber schon nach sieben Tagen beging er Selbstmord. König Sacharja wurde nach einer Regierungszeit von nur sechs Monaten ermordet. Der Mörder war Sallum. Sallum wurde neuer König; aber auch er regierte nicht lange. Nach nur einem Monat wurde er das Opfer eines Anschlags.

Zu jener Zeit traten „Propheten" auf. Propheten sollen durch ihr Wort und ihre Taten Gottes Willen dem Volk mitteilen und verständlich machen. Ihre Klagen und Mahnungen sprachen für viele:

So weit ist es mit den Hebräern gekommen! Könige werden ermordet. Mörder werden Könige! Die einen leben in Armut – die anderen im Reichtum! Die Menschen glauben nicht mehr an den einzigen und unsichtbaren Gott! Viele folgen dem falschen Gott Baal! Eines Tages werden wir von Feinden besiegt werden!

So kam es auch. Das Nordreich wurde erobert, die Nachfahren Abrahams vertrieben.

Der Zug nach Babylon

Das Südreich der Juden war stärker als das Nordreich. Es hatte auch länger Bestand als das Nordreich. Die Juden im Süden waren gegenüber dem Nordreich im Vorteil: Jerusalem, die alte Hauptstadt, lag auf ihrem Gebiet, ebenso wie der Berg Zion mit dem Tempel und der Bundeslade, dem Heiligtum der Israeliten. Vielleicht war dies der Grund für den stärkeren Zusammenhalt des Südreichs.

Aber auch das Südreich wurde in viele Kriege verwickelt.

Im Krieg mit der Großmacht Assyrien mußte es unterliegen. Die Assyrer erstürmten Jerusalem, raubten das Gold und das Silber aus den Schatzkammern des Tempels und zerstörten den Palast des Königs. Sie besetzten das ganze Land. Der Prophet Jesaja beschrieb die Not in den folgenden Versen:

„Euer Land eine Wüste, eure Städte verbrannt, euer Acker vor euch von Fremden verzehrt. Übrig nur Zion wie eine Hütte im Weinberg."

Aber die Judäer fanden sich zum Widerstand zusammen. Die Assyrer mußten das eroberte Land wieder verlassen.

Doch es gab keinen dauernden Frieden. Es kamen die Ägypter ins Land, schließlich die Babylonier. Ihr Heerführer hieß Nebukadnezar. Es gelang ihm nicht, Jerusalem im Sturm zu erobern. So belagerte er die Stadt eineinhalb Jahre und hungerte sie aus. Dann drangen die Babylonier in Jerusalem ein. Sie steckten Palast und Tempel in Brand und zerstörten die Bundeslade, das Heiligste, das die Judäer besaßen. Der König der Juden hieß zu jener Zeit Zedekia. Die Babylonier fingen ihn auf der Flucht. Vor seinen Augen wurden fünf seiner Söhne hingerichtet. Er selbst wurde geblendet. Der blinde König mußte in die Gefangenschaft nach Babylon. Dort starb er im Kerker.

Die babylonischen Soldaten trieben alle Bewohner des Staates Judäa zusammen: Männer, Frauen und Kinder, etwa 45 000 Personen. Sie mußten ihre Heimat verlassen und kamen nach Babylonien in Gefangenschaft. – Erst vierzig Jahre später durften sie wieder in ihre Heimat zurück. Und sofort begannen sie mit dem Wiederaufbau des Tempels.

Der Zug nach Babylon und das Leben in der Fremde brachten wichtige und bis heute das Bild jüdischen Lebens bestimmende Veränderungen. In Babylon konnten die Juden an ihren religiösen Lehren und Bräuchen festhalten und sie weiterentwickeln. Zum erstenmal bewies die israelitische Tradition, der Glaube an einen einzigen Gott und eine auf diesen Glauben ausgerichtete Lebensführung, daß sie auch außerhalb Palästinas überleben konnte. Eine der Bedingungen für dieses Überleben lag in der Arbeit eines neuen Standes: der Schriftgelehrten. Ihre Arbeit, die Auslegung und Erklärung der heiligen Bücher, ersetzte den als Minderheit unter Andersgläubigen lebenden Juden den Tempel und den Tempeldienst als den verlorengegangenen Mittelpunkt des religiösen Lebens.

Die alte Form der religiösen Feier, der Tempeldienst mit dem Opfer auf dem Altar, wurde ersetzt durch die Versammlung in einem eigenen Haus – der Synagoge – und einer durch den Schriftgelehrten – den Rabbiner – angeleiteten Lesung der heiligen Bücher, der Tora.

Römische Legionäre

Eines der mächtigsten Reiche des Altertums war das Römische Reich. Es umfaßte alle Länder rings um das Mittelmeer. Niemals zuvor hatte es in der Geschichte ein solch großes Reich gegeben. Die Römer besetzten auch den Süden Deutschlands. Die Städte Augsburg, Worms, Mainz, Köln und Trier sind römische Gründungen. In Trier erinnert

Römische Legionäre. Die Soldaten des Römischen Weltreiches hielten alle Länder rings um das Mittelmeer besetzt

noch heute die „Porta Nigra", das „Schwarze Tor", an die römische Besatzung vor 2000 Jahren.

Die Römer dehnten ihr Weltreich nach allen Seiten hin aus. Ihre Macht reichte auch in das heutige Palästina, das Land, in dem damals der Staat Judäa lag.

Der Feldherr Pompejus befehligte die römischen Truppen. Er belagerte die befestigte Stadt Jerusalem. Unter den Bürgern brach ein Streit aus, ob die Verteidigung Sinn hätte oder nicht.

Ein Prinz mit Namen Hyrkan II. übergab die Stadt kampflos den Römern. Die Römer richteten unter den Einwohnern, die gegen Hyrkan gewesen waren, ein Blutbad an. Die Stadt selbst wurde nicht zerstört. Pompejus besichtigte den Tempel,

ließ ihn aber nicht zerstören. Die Römer machten sich Judäa tributpflichtig. Sie bestimmten auch, wer Herrscher in Judäa sein sollte. Einer dieser von Rom abhängigen Herrscher war König Herodes.

Ein Nicht-Jude wird König der Juden

Die Römer hielten das Land Judäa besetzt. Sie setzten einen Mann als König ein, der ihnen treu ergeben war. Er hieß Herodes. Herodes mußte tun, was die Römer verlangten. Das machte ihn bei den Juden unbeliebt. Auch war Herodes kein Jude. Er glaubte an keinen „einzigen und unsichtbaren Gott". Er ließ Bilder anderer Götter aufstellen. Unzufrieden waren die jüdischen Untertanen auch mit den hohen Steuern und Abgaben, die sie zu entrichten hatten.

Aber: das Land hatte während seiner Herrschaft fast dreißig Jahre lang Frieden.

Unter Herodes setzte eine rege Bautätigkeit ein. Er ließ einen Hafen bauen und Städte durch Mauern und Türme befestigen. Schließlich erweiterte er den inzwischen zweiten Tempel der Juden auf dem Berg Zion um einen gewaltigen Prachtbau. Aber auch das brachte Herodes nicht die erhoffte Zuneigung seiner jüdischen Untertanen.

Herodes ging der Ruf voraus, grausam zu sein. Wer gegen ihn war, den ließ er verfolgen. Er schonte nicht einmal das Leben seiner Frau und das von dreien seiner Söhne. Vier Jahre vor der Geburt des Jesus von Nazareth starb Herodes.

Von Propheten und Weissagern

Das Reich der Israeliten war nun schon tausend Jahre alt. Das ist eine lange Zeit. In tausend Jahren sind viele Reiche gegründet und wieder zerstört worden.

Fremde Völker hatten das Land der Hebräer besetzt und Bilder ihrer Götter aufgestellt.

Jüdische Könige hatten Töchter fremder Herrscher geheiratet. Die neuen Königinnen blieben ihrem alten Glauben treu. Sie ließen in ihrer neuen Heimat, dem Land der Israeliten, der Hebräer oder Judäer, Bilder und Statuen ihrer Götter aufstellen. Die Gefahr der Vermischung mit fremden Religionen und Bräuchen wurde immer größer. Was vorher für Generationen gültig gewesen war, drohte sich nun zu ändern. So gab es Menschen, die auf einmal die Heirat ablehnten. Andere kleideten sich ganz in Weiß als der Farbe der Reinheit. Wieder andere glaubten sich durch das Baden im Meer oder in Flüssen von ihren Sünden reinwaschen zu können.

Dagegen traten die Propheten auf. Sie forderten den Glauben an den einzigen und unsichtbaren Gott. Sie predigten gegen eine Verfälschung und Aufweichung der alten mosaischen Gesetze.

Das Volk der Israeliten hatte im Laufe der Jahrhunderte viel Leid erfahren müssen: Raub, Plünderung, Brandschatzung, Kriege und Verbannung. Viele Israeliten zweifelten darum an ihrem Gott.

Aber die Propheten behaupteten, daß Gott sie nicht verlassen habe. Alle Not sei nur eine Prüfung gewesen. Dennoch dachten viele Israeliten, das Ende der Zeit sei gekommen. Es gehe zu Ende mit der Herrschaft des Menschen, das Reich Gottes beginne.

Hatte Gott nicht dieses Volk durch das schwere Leid seiner Geschichte bestraft? Wie sollte es weitergehen?

Jesus von Nazareth

Um jene Zeit machte ein Mann mit Namen Johannes von sich reden. Er war der Sohn des Priesters Zacharias. Er predigte:

„Tut Buße, denn das Himmelreich ist nahe herbeigekommen!"

Da glaubten viele Menschen, nun käme bald der Messias und würde sie erlösen.

Johannes hatte viele Anhänger. Sie mußten in das Wasser des Flusses

Jordan steigen. Das nannte man Taufe. Die Taufe, so sagte man, könne von allen Sünden reinigen. Darum hieß Johannes auch „Johannes der Täufer".

Eines Tages stieß ein Mann zu Johannes dem Täufer. Er war etwa dreißig Jahre alt und hieß Jesus. Er war in Bethlehem geboren. Seine Eltern stammten aus Nazareth.

Der Name „Jesus" bedeutet „Jahwe hilft". Jesus ließ sich von Johannes im Jordan taufen. Jesus war, wie Johannes, Jude. Auch er forderte zur Buße auf und sprach: „Die Zeit ist erfüllt, und das Reich Gottes ist herbeigekommen."

Die Menschen nannten Jesus einen „Rabbi". Die jüdischen Rabbiner aber predigten nur in der Synagoge. Jesus predigte auch und viel öfter außerhalb der Synagoge. Er sprach, wo immer sich eine Möglichkeit bot: auf einem Berg, an einem See, ja sogar in einem Kahn. Das war neu.

Jesus fand viele Zuhörer. Die Zahl seiner Anhänger, auch außerhalb des jüdischen Volkes, war groß.

Aber nicht nur die Orte seiner Predigten waren neu. Neu war auch, daß er selbst am Sabbat heilte, daß seine Jünger am Sabbat ernteten und sich ihre Hände vor dem Essen nicht wuschen. Damit verstießen er und seine Jünger gegen uralte jüdische Gebote.

Neu waren auch manche Inhalte seiner Predigten: Zwar gab es die Nächstenliebe und sogar die Feindesliebe schon im Alten Testament. Jesus aber gab der Nächstenliebe, ebenso wie der Feindesliebe, einen ungleich höheren Stellenwert. Für ihn war kein anderes Gebot größer, wie es im Neuen Testament heißt, als die Liebe zu Gott und zu dem Nächsten.

Viele strenggläubige Juden verurteilten sein Handeln und manche Inhalte seiner Predigten. Unter der von der römischen Besatzungsmacht unterdrückten Bevölkerung aber fand Jesus immer mehr Zuhörer und Anhänger. Er fand sie aber auch außerhalb des jüdischen Volkes. In ihm sahen sie den langersehnten „Messias", den „Christus", wie es in der griechischen Sprache heißt. Von ihm wurde berichtet, er habe Lahme gehen lassen, er habe Blinde wieder sehen lassen, er habe Stumme wieder sprechen lassen und er habe Tote wieder zum Leben erweckt.

Nach seinem Tod bildete sich in Jerusalem eine kleine Gemeinde seiner Anhänger. Heute bezeichnet man sie als „Urgemeinde" und ihre Mitglieder als „Judenchristen". Im Laufe der Jahrzehnte und Jahrhunderte wuchs diese Gemeinde und breitete sich über die Völker an den Küsten des östlichen Mittelmeeres aus. Je mehr Nicht-Juden sich dieser Gemeinde anschlossen, desto mehr verlor das Alte Testament der Juden an Bedeutung. Schließlich engte sich der Glaube immer mehr ein: auf Jesus, den Christus.

In der Folge gab es Änderungen im religiösen Alltag. So war nicht mehr der Samstag, der jüdische Sabbat, der wöchentliche Ruhetag, sondern der Sonntag. Und schließlich feierte man Jesu Geburtstag, also Weihnachten, als höchstes Fest des Jahres, obwohl bis heute weder das genaue Geburtsjahr noch der genaue Geburtstag feststehen.

Eine neue Religion war entstanden: das *Christentum*. Etwa 300 Jahre nach dem Tod Jesu kamen in der griechischen Stadt Nicäa Vertreter der gesamten christlichen Kirche zusammen. Für die Christen wurde folgendes Glaubensbekenntnis festgelegt: Jesus ist der wahre und ewige Gott. Jesus ist zugleich Mensch gewesen.

Die Anhänger dieser Lehre waren fortan die Christen. Das Volk der Juden aber hielt an seinem Glauben an den einzigen und unsichtbaren Gott Jahwe fest.

Jahrhunderte später, zur Zeit des Mittelalters, verfolgten Christen Anhänger des jüdischen Glaubens. Sie rechtfertigten diese Verfolgung durch die immer wieder vorgebrachte Behauptung, „die Juden" hätten Jesus Christus – doch selbst ein Jude! – verraten und gekreuzigt. Diese Schuldzuweisung mußte immer wieder herhalten, um die Verfolgung der Juden zu begründen. Dabei spielten die tatsächlichen Begebenheiten beim Tod Jesu eigentlich keine Rolle, denn wirklich wissen konnte man darüber nicht viel. So läßt sich zum Beispiel nicht zuverlässig aussagen, ob Juden am Prozeß gegen Jesus überhaupt beteiligt waren (wohl aber, daß er nach römischem Recht verurteilt wurde).

Heute wissen wir, daß die Frage nach der Schuld des jüdischen Volkes an der Leidensgeschichte Jesu selbst sehr fragwürdig ist. Denn wie immer bei genauer Kenntnis der historischen Begebenheiten die Antwort auf die Frage ausfallen würde: Sie könnte niemals die Verfolgung der jüdischen Glaubensgemeinschaft durch Christen rechtfertigen. Aus der jahrhundertelang immer wieder vorgebrachten Geschichte von den Juden als „Gottesmördern" aber entstand ein folgenreiches Feindbild. Die Rede von der Schuld der Juden am Tod Jesu war ein Mittel, um den Unterschied zwischen dem jüdischen und dem christlichen Glauben zu einer unüberbrückbaren, mit Aggressionen und Haßgefühlen aufgeladenen Feindschaft zu machen. Die von den Christen geschürte Feindschaft aber verhinderte die Besinnung auf die Gemeinsamkeiten beider Religionen. Juden und Christen teilen sich das Alte Testament und die Zehn Gebote. Auch das Christentum kommt aus der jüdischen Gelehrsamkeit und Frömmigkeit.

Und wie sieht man heute das Verhältnis zwischen christlicher und jüdischer Religion? Der jüdische Gelehrte Schalom Ben-Chorin antwortet: „Der Glaube Jesu einigt uns – der Glaube *an* Jesus trennt uns."

Die Zerstörung des Tempels

Das Land Judäa litt unter der römischen Besatzung. Die Römer ließen den Staat der Juden von nichtjüdischen Herrschern regieren. Das Land verarmte. Räuberbanden machten es unsicher. Die hohen Steuern der Römer drückten die Bevölkerung. Das Volk der Judäer war unzufrieden.

Eines Tages ließ der römische Statthalter etwa 20 Pfund Silber aus dem Tempelschatz rauben. Die Judäer erhoben Einspruch. Sie sandten einen Fürsprecher zum Statthalter. Der aber ließ den Abgesandten samt seinen Begleitern einfach einsperren.

Danach gab der römische Befehlshaber die Stadt Jerusalem seinen Soldaten zur Plünderung frei.

Die Judäer wehrten sich und versuchten einen Aufstand gegen die Römer. Der Aufstand war zunächst erfolgreich. Die römische Herrschaft schien in Gefahr. Erst Titus, Sohn des Kaisers Vespasian, konnte endgültig die römische Herrschaft sichern. Titus stellte ein starkes Aufgebot an Truppen zusammen, zog nach Jerusalem und begann die Belagerung. Die Verteidiger lehnten die Übergabe ab. Erst im Juli des Jahres 70 unserer Zeitrechnung gelang es Titus, in die Stadt einzudringen. Die Judäer leisteten heftigen Widerstand. Sie verschanzten sich auf dem Berg Zion. Titus verlangte die kampflose Übergabe. Wieder lehnten die Verteidiger ab.

Die Römer griffen an und besiegten die zahlenmäßig weit unterlegenen Verteidiger. Der Tempel wurde dem Erdboden gleichgemacht – bis auf wenige Mauerreste der Umfassungsmauer. Diese Mauerreste stehen heute noch: Es ist die „Klagemauer" in Jerusalem, der heilige Betplatz für Juden aus aller Welt.

Feldherr Titus ließ Jerusalem zerstören. Drei Jahre später besetzte er auch die letzte noch belagerte Stadt: Massada.

Fast tausend jüdische Männer, Frauen und Kinder hatten sich auf der Felsenfestung Massada am Westufer des Toten Meeres verschanzt. Drei Jahre lang hielten sie der römischen Belagerung stand. Als die Römer

Der Titusbogen in Rom. Man errichtete ihn dem Feldherrn Titus nach der Zerstörung des Tempels und der Stadt Jerusalem

schließlich die Festung stürmten, fanden sie nur Tote. Die Verteidiger hatten sich selbst getötet, um der Gefangenschaft zu entgehen.

Das war das Ende des Staates Judäa. Das Land wurde an die römischen Soldaten verteilt. Alle Juden mußten ihre Heimat verlassen. Als Flüchtlinge kamen sie in andere Länder. Auch in das Gebiet, wo heute Deutschland liegt.

Der Held von Bethar

Die Geschichte der Juden erzählt von einem „Helden von Bethar". Es ist die Geschichte des Simon bar Kochba.

Die Zerstörung des Tempels war noch nicht das völlige Ende des Staates der Judäer; sie war aber der Anfang vom Ende.

Noch gab es Judäer in Palästina. Einige siedelten bei den Nachbarvölkern, wo bereits andere Hebräer wohnten. Andere suchten Schutz in unzugänglichen Gegenden. Wieder andere kehrten nach Jahren in ihre alte Heimat zurück. Allmählich bildete sich wieder eine jüdische Gemeinde.

Genau 52 Jahre nach der Zerstörung des Tempels und der Stadt Jerusalem tauchte jener Mann auf, der in der jüdischen Geschichte ein Vorbild an Tapferkeit werden sollte: Simon bar Kochba.

Simon bar Kochba rief zum Kampf gegen die Römer auf. Tausende von bewaffneten Judäern folgten seinem Aufruf. Aber auch viele Nicht-Judäer waren darunter.

Bar Kochba eroberte eine römische Festung nach der anderen. Von Sieg zu Sieg wuchs die Schar seiner Anhänger und Mitstreiter. Die römischen Soldaten schienen geschlagen. Schon ging das Gerücht um, Feldherr Simon bar Kochba sei der lang-

Ein Brief des jüdischen Heerführers Simon bar Kochba, in dem er um eine Lieferung Getreide bittet

ersehnte „Gesalbte", der Nachfolger des gewaltigen Königs David und der Messias des jüdischen Volkes.

Die Römer zogen sich zurück. Kaiser Hadrian beorderte neue Truppen und einen neuen Feldherrn nach Palästina. Die Römer mieden die offene Feldschlacht.

Es gelang ihnen jedoch, Festung um Festung zurückzuerobern. Simon bar Kochba zog sich mit seinen letzten Getreuen in den auf einer Bergkuppe gelegenen Ort Bethar zurück. Die Römer konnten die Stadt nicht im Sturm nehmen. So blieb nur die Belagerung. Als kein Brot und kein Wasser mehr vorhanden war, ent-

schlossen sich die Verteidiger zum Ausbruch. Doch die Übermacht war zu groß. Niemand überlebte. Es heißt, es seien 80 000 Judäer umgekommen.

Die Sieger waren grausam. Nicht einmal die Kinder wurden geschont. Es heißt, sie hätten Kinder in die heiligen Schriftrollen der Judäer gewickelt und verbrannt.

Mit dem Tod des Simon bar Kochba war der Staat Judäa endgültig zerschlagen.

Und wurden in alle Welt zerstreut

Nach der Zerstörung des Tempels, nach der Zerstörung Jerusalems und nach dem Tod des Simon bar Kochba wurden die Judäer, die Juden, in alle Welt zerstreut.

Erst 1878 Jahre nach der Zerstörung des Tempels, im Jahr 1948, konnten die Juden wieder einen eigenen Staat gründen, den heutigen Staat Israel. Daß dies nach so langer Zeit gelingen konnte, hat mehrere Gründe:

- die gemeinsame Sprache, das Hebräische,
- der verbindende Glaube an den einzigen und unsichtbaren Gott,
- die Sehnsucht aller gläubigen Juden nach dem heiligen Berg Zion, auf dem einst der Tempel stand,

Die „Klagemauer" in Jerusalem. Sie ist ein Rest der Umfassungsmauer des alten Tempels auf dem Berg Zion

– die feste Hoffnung, daß dereinst ein neuer Staat der Juden entstehen würde und

– die Heiligen Schriften, die Feste und religiösen Bräuche, die die Erinnerung an die jüdische Heilsgeschichte immer wachgehalten haben.

Wir sahen schon, daß auch ein Rest die bewegte Geschichte der Juden des alten Tempels in Jerusalem überdauert hat: die jüdische Gebets- und Klagestätte, die „Klagemauer" in Jerusalem, zu der heute noch alljährlich Juden aus aller Welt kommen. Sie ist der geographische Mittelpunkt des religiösen Judentums.

Die 1878 Jahre von der Zerstörung des Tempels bis zur Gründung des modernen Staates Israel waren eine schwere Zeit für die Juden. Ihre Geschichte ist in dieser langen Zeit die Geschichte einer Minderheit. Ohne ein eigenes Staatsgebiet, in der „Diaspora" lebend, der „Vereinzelung" oder „Zerstreuung", wie man mit einem griechischen Wort sagt, waren sie überall in der Minderzahl gegenüber Andersgläubigen. Und ohne einen eigenen Staat war das jüdische Volk auf Toleranz und Schutzversprechen seitens der jeweiligen Mehrheit, mit der es zusammenlebte, angewiesen. Diese Sicherheit und Toleranz hat es in der Geschichte des jüdischen Volkes nur selten gegeben. Ganz besonders gilt das für das Verhältnis von Deutschen und Juden. Und das ist der Grund, weshalb die Geschichte der Juden über weite Strecken eine Geschichte der Erniedrigung, Verfolgung, Vertreibung und Ermordung ist.

Dennoch ist die Leidensgeschichte nicht die ganze Geschichte der Juden. Es gab geschichtliche Zeiten, in denen das Verständnis, die Toleranz den jüdischen Glaubensgemeinschaften ein freieres Leben ermöglichte. Hier ist die Geschichte der Juden weniger eine Leidensgeschichte als vielmehr die Geschichte von den großen Leistungen jüdischer Gelehrter, Kaufleute, Wissenschaftler und Künstler.

Juden und Christen im Mittelalter

Juden in Deutschland

Nach der Zerstörung Jerusalems wurden die Juden in alle Welt zerstreut. Sie kamen auch nach Deutschland. Deutschland – genauer: Süddeutschland – war damals eine römische Provinz.

Dort, wo die ältesten römischen Siedlungen waren, siedelten sich auch zuerst Juden an: in Köln, Worms, Trier, Augsburg, Mainz und Speyer.

Diese Städte hatten damals eine große Bedeutung. In ihnen residierten die römischen Statthalter. Nicht selten waren dort auch römische Kaiser zu Gast.

Die erste schriftliche Erwähnung einer jüdischen Gemeinde stammt aus Köln. Dort gab es schon im Jahr 321 Juden. Aber vermutlich wohnten sie dort – wie in vielen anderen Städten auch – schon wesentlich früher. Es ist sogar wahrscheinlich, daß es jüdische Gemeinden noch vor den ersten Christengemeinden gab, denn die Christen kamen erst mit den Römern.

„Deutschland" – das gab es damals noch nicht. Deutschland – das waren die Stämme der Franken, der Sachsen, der Bayern, der Alemannen und der Friesen. Diese Stämme sprachen verschiedene Mundarten. Oft führten sie gegeneinander Krieg. Kaiser Karl der Große zum Beispiel war aus dem Stamm der Franken. Seine Untertanen unterwarfen sich in blutigen Kämpfen den Stamm der Sachsen. Noch fühlte man sich nur seinem Stamm verpflichtet. Es gab noch kein Gefühl einer größeren Zusammengehörigkeit.

Die Franken galten so den Sachsen als „Ausländer" – und umgekehrt. Das traf auch für die anderen Stämme zu. Die Fremdheit der Juden fiel daher nicht weiter auf. „Ausländer" gab es viele. Es gab noch keine deutsche Nation oder ein deutsches Volk, das sich als eine Einheit verstanden hätte. Auch waren nicht alle Stämme christlich. So wurde im Jahr 754 Bischof Bonifatius, der „Apostel der Deutschen", von Friesen erschlagen, als er ihnen das Christentum verkünden und sie bekehren wollte. Wo aber Christen waren, erhoben sie, anders als in späteren Zeiten, keinen Überlegenheitsanspruch. All das ließ den jüdischen Gemeinden Freiraum. Sie lebten mehrere Jahrhunderte hindurch im Gebiet der deutschen Stämme und blieben – geschützt durch besondere Rechte, die Judenprivilegien – unbehelligt von der Mehrheit einer christlichen und deutschsprechenden Bevölkerung. Juden und Deutsche pflegten ihre je eigenen Traditionen und Sitten. Jede Gruppe führte ihr eigenes Leben. Doch diese Abgrenzung war kein Problem. Man lebte friedlich nebeneinander.

Nach der Vertreibung aus Jerusalem hatten viele Juden eine neue Heimat gesucht. Jüdische Gemeinden gab es darum fast überall in der damals bekannten Welt. Diese außergewöhnliche Verbreitung der jüdischen Siedlungsgebiete erwies sich für den Güterhandel als von großem Vorteil. So war es zum Beispiel für deutsche Juden einfacher, Handelswege in den kaum bekannten Osten zu eröffnen. Denn alle Juden, gleich wo sie wohnten, sprachen – meist zusätzlich zur Sprache der jeweiligen Bevölkerungsmehrheit – Hebräisch. So konnten sich jüdische Kaufleute auch ohne Kenntnisse fremder Sprachen zurechtfinden. Wo immer sie eine jüdische Gemeinde trafen, konnten sie sich verständigen.

Die Waren, mit denen jüdische Kaufleute handelten, hatten große Bedeutung. Aus dem Orient brachten sie zum Beispiel Heilmittel. Wichtig aber war vor allem der Handel mit Gewürzen. Safran, Ingwer, Muskatnüsse und ganz besonders Pfeffer waren sehr begehrt. Pfeffer war damals wertvoller als Gold. Auch das Öl und der Weihrauch für die Kirchen der Christen brachten jüdische Kaufleute.

Wie Christen und Juden friedlich nebeneinander lebten, zeigt eine Geschichte aus der Regierungszeit Karls des Großen:

Kaiser Karl regierte von 768 bis 814. Eines Tages schickte er eine Gesandtschaft mit wertvollen Geschenken zum Kalifen von Bagdad. Bagdad war weit. Sollte die Reise Erfolg haben, brauchte man einen Führer, der mehrere Sprachen beherrschte und Erfahrung mit fremden Völkern hatte. Es war kein Zufall, daß Kaiser Karl einen solchen welterfahrenen Führer unter der jüdischen Bevölkerung fand. Ein Mann namens Isaak wurde Dolmetscher und Reiseführer der Gesandtschaft.

Im Jahr 802 kehrte Isaak aus Bagdad zurück. Er brachte Botschaften des Kalifen sowie reiche Geschenke, darunter einen weißen Elefanten, der damals großes Aufsehen erregte.

Isaak aber war der erste namentlich bekannte deutsche Jude.

Ein Jude rettet dem Kaiser das Leben

Diese Geschichte soll sich im Deutschland des Kaisers Ottos II. ereignet haben.

Ottos Heer, so wird darin berichtet, erlitt im Kampf gegen die Sarazenen eine schwere Niederlage. Kaiser Otto mußte fliehen. Sicherheit bot nur ein Schiff, das unweit der Küste auf ihn wartete. Doch die Flucht wurde entdeckt, die Fliehenden wurden verfolgt. Feindliche Reiter hatten Kaiser Otto und seinen Begleiter Kalonymos – einen jüdischen Berater – schon fast eingeholt, da ließ sich Kalonymos vom Pferd fallen und warf dem Herrscher die Zügel seines Pferdes zu. Der Kaiser ritt davon, gelangte zur Küste und rettete sich auf das Schiff.

Kalonymos schlug sich durch und kehrte nach Deutschland zurück. Der Kaiser belohnte ihn mit einem Haus in Mainz und verlieh ihm die Bürgerrechte.

Kampf um das Heilige Grab

Jesus Christus ist in Jerusalem begraben. Im Jahr 1071 fielen türkische Seldschuken in Jerusalem ein. Es gelang ihnen, Jerusalem zu besetzen und das Heilige Grab in ihren Besitz zu bringen. Türken sind Mohammedaner, nicht Christen.

Der heiligste Ort der Christen war in der Hand von Andersgläubigen.

Zu der Zeit fand in der französischen Stadt Clermont eine große Kirchenversammlung – ein Konzil – statt. Von überall her waren Bischöfe und Kardinäle gekommen. Papst Urban II. rief zum Kampf gegen die Heiden auf. Die abendländische Christenheit sollte den von den Türken bedrängten Christen beistehen: das Grab Christi sollte nicht Andersgläubigen gehören.

Allen Teilnehmern an diesem Kampf sollten die kirchlichen Bußstrafen erlassen werden. Einflußreiche Prediger brachten den ersten Aufruf des Papstes in eine äußerst wirksame Parole: Wer an dem Zug gegen die heidnischen Türken teilnehme, der sei aller Sünden ledig.

Der Erfolg war enorm. Überall taten sich Freiwillige zusammen, um nach Jerusalem zu ziehen. Als ein Zeichen für ihr Unternehmen gebot ihnen der Papst, ein Kreuz aus Stoff auf ihre Kleider oder ihre Rüstung zu heften. Darum nannte man diese Züge nach dem Morgenland auch „Kreuzzüge". Der erste Kreuzzug dauerte von 1096 bis 1099. Es folgten noch weitere sechs. Der letzte fand im Jahr 1270 statt, 170 Jahre nach dem ersten.

An diesen Kreuzzügen nahmen

Kreuzfahrer beim Kampf gegen die Sarazenen. Die Sarazenen waren die Araber, die auf dem Wege nach Jerusalem besiegt werden mußten

selbst Kaiser und Könige teil. Der Aufruf des Papstes sollte die gesamte Christenheit im Kampf gegen die Andersgläubigen, gegen die „heidnischen" Türken, einen.

Die Türken – das waren Mohammedaner, Andersdenkende. Gab es nicht - so fragte man sich plötzlich – Andersdenkende auch im eigenen Land? Waren die Juden nicht auch solche Andersdenkende und somit Feinde Christi?

Die Propaganda für die Kreuzzüge ließ sich schon bald nicht mehr kontrollieren. Der ursprüngliche Zweck, die Rückeroberung der heiligen Stätten in Palästina, geriet bei vielen in Vergessenheit. Der Haß

gegen die Mohammedaner als Andersgläubige schlug um in einen Haß gegen Andersdenkende überhaupt: gegen Heiden, gegen Ketzer, gegen Juden – vor allem aber gegen die Juden.

Eine sich verselbständigende Kreuzzugspropaganda schied die Welt in zwei unversöhnlich sich gegenüberstehende Lager: Christen, die sich als die Rechtgläubigen verstanden, und Nicht-Christen, die Heiden und Ungläubigen. Andersdenkende gab es aber nicht erst jenseits der Grenzen Europas, gab es nicht nur in Palästina. Auch die Juden, die mitten unter einer Mehrheit von Christen wohnten, hatten einen anderen Glauben, hatten andere Sitten und Traditionen. Und um dieser Fremden im eigenen Land habhaft zu werden, mußte man nicht erst Europa verlassen. Juden wohnten überall, zerstreut in kleinen Gemeinden in Dörfern und Städten. Sie wurden nun oft die ersten Opfer der Kreuzzugsheere.

Die ersten Verfolgungen gab es in Frankreich, bald danach auch in Deutschland. Papst Innocenz, der zunächst die angestammten Rechte der jüdischen Gemeinden verteidigt hatte, schrieb im Jahr 1208 in einem überall verbreiteten Papst-Brief:

„Die Juden sind gleich dem Brudermörder Kain dazu verdammt, als

Flüchtlinge und Landstreicher auf der Erde umherzuirren und voll Scham ihr Antlitz zu verbergen."

Eine Judenverfolgung setzte ein, wie man sie noch nicht gekannt hatte:

In Rouen in Frankreich schleppten Kreuzfahrer Juden in die Kirche und erschlugen alle, die sich nicht taufen lassen wollten.

In der französischen Stadt Anjou wurden in den Jahren 1236, 1239 und 1271 Tausende von Juden durch Kreuzritter umgebracht.

Im Juni 1221 kam eine Pilgergruppe aus Friesland auf dem Weg nach Palästina an der Stadt Erfurt vorbei. Sechsundzwanzig Juden wurden getötet – einzig aus dem Grund, weil sie Juden waren.

Als die Truppen des ersten Kreuzzuges Worms erreichten, wurde die gesamte jüdische Bevölkerung der Stadt ausgerottet.

In Speyer verschanzte sich die jüdische Gemeinde in ihrer Synagoge. Kreuzfahrer erstürmten die Kirche und ermordeten alle Juden.

Aber auch wenn Kirchenfürsten wie Papst Innocenz es an Toleranz für den jüdischen Glauben fehlen ließen, so gab es in der katholischen Kirche doch auch andere Kräfte:

Der Speyrer Bischof Johann ging scharf gegen alle Verleumder und Aufwiegler vor. Einigen ließ er zur Strafe einen Arm abschlagen.

Im Jahr 1099 eroberten die Ritter des ersten Kreuzzuges die heilige Stadt Jerusalem. Die Mauern der Stadt hatten Mohammedaner und Juden gemeinsam verteidigt. Das Strafgericht der christlichen Eroberer war von ungeheurer Härte. Sie trieben alle Juden in der großen Synagoge zusammen und zündeten sie an. Bei lebendigem Leibe verbrannten Männer, Frauen und Kinder.

Die Juden ... Die Juden ... Die Juden

Was war das für eine Zeit, von der solche Grausamkeiten berichtet werden, in der das Recht einer Minderheit oder ein Menschenleben so wenig galten?

Die Geschichtsschreibung spricht vom Mittelalter: gemeint ist damit die Zeit von etwa 500 bis zur Entdeckung Amerikas im Jahr 1492. Zwar gab es damals in Deutschland schon große Städte. Köln, die größte, hatte 50 000 Einwohner. Die meisten Menschen aber lebten in Dörfern. Das Leben auf dem Land war ein sehr einfaches und in vielen Dingen beschränktes Leben.

Die Landbewohner verließen nur selten ihr eigenes Dorf. Oft waren die Nachbardörfer schon die Grenze ihrer Welterfahrung. Allenfalls die Priester waren im Land herumge-

Ein Mensch am Rand der Welt. Mittelalterlicher Holzschnitt

kommen, hatten zumindest während ihres Studiums eine Stadt kennengelernt. Nur wenige Menschen konnten lesen und schreiben. Oft waren dies allein die Angehörigen der Kirche, die Kleriker. Unter diesen Umständen hatte die Kirche großen Einfluß: die sonntägliche Predigt der Priester und deren Auslegung der Bibel – des oft einzigen Buches – deuteten den einfachen Landbewohnern die Welt.

Das Wissen der meisten Menschen beschränkte sich auf ihren unmittelbaren Arbeitsbereich. Naturwissenschaftliche Kenntnisse beispielsweise gab es dagegen nur in einem sehr beschränkten Maß. Die Erde dachte man sich als eine Scheibe, deren Rand an einem tiefen Abgrund endete.

Ganz anders als heute war auch die mittelalterliche Rechtsauffassung und Strafpraxis. Gefängnisse, wie wir sie heute kennen, gab es nicht. Gestraft wurde „direkt", das heißt,

Hexenverbrennung. Mittelalterlicher Holzschnitt

dem Verurteilten drohte eine Körperstrafe, die ihn allen sichtbar als einen Verbrecher auswies. Die Strafen waren sehr hart: schon kleine Diebstähle konnten mit Handabhacken bestraft werden.

Es gab natürlich auch keine moderne Medizin. Es gab keine gut ausgebildeten Ärzte – weder für Menschen noch für Tiere. Krankheiten oder auch nur ungewöhnliche Erscheinungen erklärte man daher als Wirkung übernatürlicher Kräfte. Wenn zum Beispiel bei einem Bauern eine Kuh im Stall verendete, dann konnte schnell das Gerücht aufkommen, daß an diesem Unglück nur der „böse Blick" einer „Hexe" schuld habe. Frauen, die das

Unglück hatten, daß man sie so beschuldigte, mußten um ihr Leben fürchten. Hielt man ihre „Schuld" für erwiesen, wurden sie auf dem Scheiterhaufen verbrannt.

Für die Menschen im Mittelalter hatte die Religion eine sehr große Bedeutung. Sie prägte das Leben der Gläubigen weit stärker, als wir uns das heute vorstellen können.

Für den Gläubigen bindend waren die Lehren der Kirche. Priester und erst recht Bischöfe oder gar der Papst besaßen nahezu unbezweifelbare Autorität. Zur Lehre der Kirche gehörten auch die folgenden Glaubenssätze: Christus ist Gottes Sohn. Dann ist Christus selbst Gott. – Und daraus wurden Schlüsse gezo-

Vorder- und Rückseite eines Siegels des Schatzmeisters des Doms zu Halberstadt. Das Siegel stammt aus der Zeit um 1350. Es zeigt in zwei Bildern die Steinigung des Heiligen Stephanus, die man den Juden zum Vorwurf machte

gen, die von der Kirche gar nicht beabsichtigt waren: Waren es nicht Juden gewesen, die Jesus Christus getötet hatten? So fragte man. Und wer am Tod von Jesus Christus schuld hatte – hatte der nicht das schlimmste Verbrechen begangen, den Mord an Gottes Sohn? Die Juden, so hieß es bald, sind „Gottesmörder"!

Das Denken im Mittelalter war aber nicht einfach dumm oder nur moralisch schlecht. Es war vor allem anders als unser Denken:

Es gab kein geschichtliches Verständnis, wie wir es heute kennen. Für den Menschen des Mittelalters war es „richtig", nach Zeit und Ort Getrenntes – also die Leidensgeschichte Jesu in Palästina und die Gegenwart zum Beispiel des 11. Jahrhunderts – in einem unmittelbaren Bezug zueinander zu sehen. Man dachte damals nicht in streng voneinander geschiedenen Zeiten und Epochen. Vergangenheit und Gegenwart waren nicht streng voneinander geschieden. Entscheidend war der Zusammenhang der Heilsgeschichte: Die Feinde Christi, so dachte man, sind auch und für immer die Feinde der Christen. Dieses Denken hatte keinen Sinn für historische Wahrheit. Man unterschied nicht einmal zwischen Juden und Römern, hielt sich nicht an das, was wir heute als streng bewiesene historische Fakten kennen.

Man machte jetzt „die Juden" verantwortlich für den Tod Jesu – obwohl schon mehr als 1000 Jahre seit der Kreuzigung vergangen waren. Kirche und Päpste beschäftigten sich ausführlich mit der Rolle der Juden in der Leidensgeschichte Jesu. Es gab eigens gelehrte Abhandlungen über die Frage nach der Schuld oder Nicht-Schuld der Juden. Mehr und mehr forderte man die strikte Trennung von Juden und Christen. Der Abstand zwischen beiden Glaubensgemeinschaften vergrößerte sich immer mehr. So bestimmte eine Kirchenversammlung in Rom im Jahr 1215:

– Alle Juden müssen sich in ihrer Kleidung von Christen unterscheiden.

– Christen dürfen keine Juden heiraten.

Ein Konzil in Mainz forderte im Jahr 1229:

– Juden müssen einen spitzen Hut tragen, damit man sie erkennt.

Eine Kirchenversammlung in Köln bestimmte im Jahr 1404:

– Juden müssen auf ihrem Obergewand ein Zeichen tragen, damit man sie erkennt: einen Ring aus gelbem Stoff.

– Juden dürfen sich ihren Bart nicht stutzen, damit man sie an dem langen Bart erkennt.

Nicht nur Kirchenversammlungen, auch Päpste selbst erließen solche und ähnliche Anordnungen. Die Fremdheit der bis dahin weitgehend friedlich unter den Christen lebenden jüdischen Bevölkerung wurde immer stärker herausgestellt. Es gab auch starke Bestrebungen,

Holzschnitt aus dem 16. Jahrhundert. Er zeigt eine Disputation christlicher und jüdischer Theologen über die Auslegung der Heiligen Schrift

Juden von ihrem mosaischen Glauben abzubringen und zum Christentum zu bekehren. Nicht selten kam es zu Zwangsbekehrungen: wer sich nicht freiwillig taufen ließ, wurde mit Gewalt – oft sogar unter Androhung eines gewaltsamen Todes – dazu gezwungen.

Papst Benedikt XIII. ordnete im Jahr 1415 an:

– Die Juden müssen öffentliche Kirchenpredigten besuchen, sonst werden sie getötet.

Papst Benedikt XIV. schrieb im Jahr 1747:

– Jüdische Kinder im Alter von sieben Jahren können getauft werden gegen den Willen ihrer Eltern.

Andere Päpste, wie Gregor I., Gregor XIII., Paul IV. oder Innocenz III. bestimmten, daß jüdische Ärzte keinen Christen behandeln durften. Juden sollte kein Handwerk erlaubt sein. Zu diesen Benachteiligungen und Herabsetzungen gehörte auch der Zwang, in den eigenen Synagogen missionarische Predigten christlicher Theologen zuzulassen.

Wenn aber schon Teile der geistlichen und weltlichen Obrigkeit das Recht der jüdischen Gemeinden auf ein ihnen gemäßes Leben bestritten, wenn immer häufiger das jüdische Gemeindeleben gestört und behindert wurde – konnte da die einfache christliche Bevölkerung noch zu einem eigenen Urteil über die „Judenfrage" kommen?

Wahrscheinlich gelang dies nur in Ausnahmefällen. Nur zu oft vermischten sich die offiziellen Angriffe auf die jüdische Bevölkerung mit bereits existierenden Vorurteilen und einem alten Mißtrauen gegenüber den fremden Lebensgewohnheiten der Juden. Dem Wissen von der Fremdheit jüdischen Lebens folgte nur selten ein Bemühen, die andere Kultur, die fremde Religion in ihrem eigenen Recht zu verstehen. Das Wissen von der Andersartigkeit der Juden vermischte sich mehr und mehr mit feindseligen Gefühlen gegenüber diesen Andersdenkenden.

Alles, was man vom Leben der jüdischen Gemeinden wußte, konnte so zu einem Vorwurf, zu einer Anschuldigung, werden. Immer wieder hieß es:

DIE JUDEN haben einen anderen Gott als wir!

DIE JUDEN glauben nicht an Jesus Christus!

DIE JUDEN glauben nicht an den Heiligen Geist!

DIE JUDEN glauben nicht daran, daß der Mensch von Geburt an sündig ist!

DIE JUDEN haben eine andere Religion!

DIE JUDEN haben Jesus Christus getötet!

DIE JUDEN haben Gottes Sohn und damit Gott selbst getötet!

DIE JUDEN behaupten, Jerusalem sei ihre Hauptstadt. Es ist aber unsere Hauptstadt!

Die Juden feiern andere Feste als wir!
Die Juden haben ihren Ruhetag in der Woche am Samstag, nicht am
    Sonntag!
Die Juden essen kein Schweinefleisch!
Die Juden haben eine andere Sprache als wir!
Die Juden haben andere Buchstaben als wir!
Die Juden schreiben nicht von links nach rechts, sondern von rechts nach
    links!
Die Juden haben einen anderen Kalender als wir!
Die Juden haben andere Jahreszahlen als wir!
Die Juden beginnen ihr neues Jahr nicht am 1. Januar, sondern mitten im
    September!
Die Juden pflegen die Gräber ihrer Toten nicht!

Wer sich zu dieser anderen, fremden Kultur bekannte, wurde mehr und mehr benachteiligt. Juden wurden aus vielen Bereichen der Gesellschaft, in der sie bis dahin friedlich gelebt hatten, ausgeschlossen – ausgeschlossen nur aus dem Grund, weil sie Angehörige der jüdischen Glaubensgemeinschaft waren. Die Benachteiligung wurde sichtbar in immer neuen Verboten und Schikanen:

Die Juden sollen nicht in christlichen Häusern arbeiten!
Die Juden dürfen keine Christen heiraten!
Die Juden dürfen keine Äcker und keine Grundstücke kaufen!
Die Juden dürfen keine Häuser bauen!
Die Juden dürfen kein Handwerk erlernen!
Die Juden dürfen als Ärzte keine Christen behandeln!
Die Juden dürfen sich in der Karwoche von Gründonnerstag bis Ostern
    nicht auf der Straße zeigen!
Die Juden müssen mehr Steuern bezahlen!
Die Juden müssen einen besonderen Hut tragen, damit man sie erkennt!
Die Juden müssen ihren Bart wachsen lassen, damit man sie erkennt!
Die Juden müssen auf ihrer Kleidung einen gelben Fleck tragen, damit man
    sie erkennt!
Die Juden müssen innerhalb der Städte in einer besonderen Gasse wohnen!

Juden mußten sich als Fremde in einer christlichen Mehrheit ausweisen. Ihr Hab und Gut, ja selbst ihr Leben war nicht sicher.

Aber es gab auch Bestrebungen, der jüdischen Bevölkerung ihre Rechte zu gewähren. So wandte sich zum Beispiel der französische Abt und Kirchengelehrte Bernard von Clairvaux gegen jede Gewalt zwischen Christen und Juden. Nicht wenige Bischöfe oder Landesfürsten versuchten, die ihnen anvertrauten jüdischen Gemeinden vor Übergriffen zu schützen. Sie verteidigten die besonderen Schutzrechte – die Privilegien –, die Eigentum und Leben der jüdischen Bevölkerung sichern sollten. Solche Privilegien sprach zum Beispiel Kaiser Heinrich IV. im Jahr 1090 für die Gemeinden in Worms und Speyer aus. Kaiser Friedrich II. versuchte später sogar, diese Privilegien auf alle Juden des Reiches auszudehnen.

Dennoch bezeichnen die Judenverfolgungen im Zusammenhang mit den ersten Kreuzzügen einen Einschnitt in der Geschichte der Juden und Christen. Sie bedeuteten eine Wende zum Schlechteren.

Der „Schwarze Tod"

Der „Schwarze Tod" – das ist die Pest. Die Pest ist eine sehr gefährliche Krankheit, die meist durch Bisse von Rattenflöhen auf den Menschen übertragen wird. Zu den ersten Anzeichen einer Erkrankung zählt das Anschwellen der Lymphknoten. Daher nennt man diese Krankheit auch Beulenpest. Auf die Beulen folgen Schmerzen und hohes Fieber, Erbrechen, Durchfall und schließlich Bewußtlosigkeit, die häufig in den Tod übergeht.

Die Pest trat im Mittelalter mehrmals in katastrophalen Epidemien auf. Ganze Ortschaften, ja große Landstriche wurden durch diese Krankheit entvölkert.

Heute ist die Pest erforscht. Das Bakterium, das sie verursacht, wurde Ende des 19. Jahrhunderts entdeckt. Damit wurde eine Behandlung möglich. Heute kennt man die Ansteckungswege, und es gibt wirkungsvolle Impfungen. Dieses Wissen gab es im Mittelalter noch nicht. In der Ohnmacht gegenüber der furchtbaren Seuche aber deutete man die Krankheit als eine Strafe Gottes.

Was aber war der Grund für diese fürchterliche Strafe? Doch wohl die Schlechtigkeit der Menschen. Wer aber waren die schlechtesten Menschen überhaupt: die Juden. Also waren die Juden schuld an der Pest. – Keine sehr logische Gedankenkette, aber auf Logik kommt es in Sündenbocktheorien auch nicht an.

Nun war es nach mittelalterlichem Recht so, daß man jemanden erst verurteilen konnte, nachdem er ein Geständnis abgelegt hatte. Gab es aber kein freiwilliges Geständnis, dann wurde bei schweren Verdachtsgründen ein Geständnis erzwungen: durch die Folter. Arten der Folter gab es viele. So legte man zum Beispiel Verdächtigen die Daumenschrauben an, das heißt, man sperrte die Daumen in einen Schraubstock und preßte ihn so weit zusammen, bis das Blut spritzte. So gestanden die Gefolterten Dinge, die sie nie getan hatten. – Dieses uns heute ungeheuerlich anmutende Recht kam nun gegen die Juden zur Anwendung:

Als am Genfer See die Pest ausbrach, hieß es, die Juden hätten die Brunnen vergiftet. Der Herzog ließ einige Juden verhaften und auf die Festung Chillon bringen, die auf einer Felseninsel am östlichen Ufer liegt. Die Gefangenen wurden gefoltert. Unter der Folter bekannten sich zwei von ihnen schuldig, alle möglichen und unmöglichen Taten begangen zu haben: Sie hätten ein Gift aus Christenherzen, geweihten Hostien, getrockneten Schlangen und Skorpionen zubereitet und dann an ihre Glaubensbrüder verteilt, damit sie die Brunnen vergiften sollten. Ihr Plan sei gewesen, die Christenheit auszurotten.

So schnell wie die Pest, so schnell verbreitete sich auch das Gerücht von der Brunnenvergiftung.

Obwohl selbst Kaiser und Papst es für falsch und unsinnig erklärten, verstummte das Gerücht nicht. Die Folgen waren furchtbar.

Wo die Pest ausbrach, machte man die Juden verantwortlich. Es kam zu grausamen Ausschreitungen gegen die jüdische Minderheit:

In den Städten Zürich, St. Gallen und Schaffhausen, die damals zum Deutschen Reich gehörten, verbrannte man die Juden in einem „reinigenden Feuer".

In Basel wurden die Juden auf einer Rheininsel in ein Haus gepfercht und am 9. Januar 1349 bei lebendigem Leib verbrannt.

In ihrer Verzweiflung steckten viele Juden ihre Häuser selbst an und ließen sich mit Frauen und Kindern unter dem Gesang ihrer Klagelieder verbrennen. So in Worms und Frankfurt am Main.

Der Erzbischof von Mainz war in jener Zeit der Kanzler des Kaisers, eine Art Stellvertreter. In Mainz gab es damals die größte jüdische Gemeinde des Reiches. Die Mainzer Juden ließen sich nicht wehrlos abschlachten. Sie verschafften sich Waffen und verteidigten sich. Der Übermacht mußten sie aber schließlich weichen. Als sie einsahen, daß es keine Rettung mehr gab, verbrannten sie sich selbst: Männer, Frauen und Kinder, insgesamt gegen 6000 Menschen.

Unweit von Mainz liegt das Städtchen Oppenheim am Rhein. In Oppenheim zogen sich die Juden in ihre Wohngebiete zurück, setzten ihre Häuser in Brand und ließen sich mit all ihrem Hab und Gut verbrennen.

In Erfurt wurden im August des Jahres 1348 über 3000 Juden angeklagt, die Brunnen der Stadt vergiftet zu haben. Alle angeklagten Juden wurden getötet.

In Straßburg baute man auf dem Judenfriedhof ein gewaltiges hölzernes Gerüst. Dann trieb man fast die gesamte jüdische Gemeinde auf das Gerüst. Wer sich taufen ließ, also zum Christentum übertrat, dem schenkte man das Leben. Viele kleine Kinder wurden gegen den Willen ihrer Eltern getauft. Dann wurde das Gerüst angezündet. 2000 Juden kamen in den Flammen um.

Juden wurden verbrannt, gehängt, geviertelt, gerädert, erwürgt, erschlagen oder im Sumpf ertränkt. Rechtfertigen sollte diese grausame Verfolgung der Vorwurf der Brunnenvergiftung.

Daß dies nur ein Vorwand war, zeigt die Stadtgeschichte Nürnbergs. Dort brachte man 570 Juden auf grausame Weise um – obwohl die Pest die Stadt verschont hatte!

„Hostienfrevel"

Um diese Ereignisse aus dem Mittelalter zu verstehen, muß man die christliche Liturgie kennen: Besonders wichtig im christlichen Gottesdienst ist die Hostie. Sie wird sowohl bei der katholischen Meßfeier und Kommunion, als auch in den evangelischen Kirchen beim Abendmahl gebraucht. Die Hostie selbst ist ein ungesäuertes Brot aus Weizenmehl und Wasser. Es wird in der Form einer Oblate gebacken. Dieses vom Priester geweihte Brot hat für die gläubigen Christen einen hohen Symbolwert. Im Jahr 1215 hatte Papst Innocenz III. erklärt, daß die geheiligte Hostie der wahre Leib Christi sei. Wer eine Hostie ißt, wird darum des Leibes Christi teilhaftig. Wer aber diese geweihte Hostie mißachtet, wer sie schändet und sie, wie man damals den Juden vorwarf, mit Messern durchbohrt, der tötet auch – wieder – Jesus Christus.

Wir sahen schon, daß ein solches Denken in jener Zeit nicht ungewöhnlich war.

Man warf also den Juden vor, sie würden Hostien durchstechen und damit Jesus Christus neu leiden lassen. Aber nicht nur das. Man beschuldigte sie, sie würden geweihte Hostien stehlen, sammeln, zerkleinern und in einem Mörser zerrei-

Darstellung einer angeblichen Hostienschändung auf einem Flugblatt aus dem Jahr 1591. Die Überschrift lautet:
„Eine erschreckliche Neue Zeitung / so sich im 1591. Jahr zu Preßburg in Ungarn zugetragen / wie daselbst etliche Juden zwei geheiligte Hostien nahmen / damit einen schändlichen Mißbrauch und Gotteslästerung geübt aber heftig von Gott gestrafet worden / allen frommen Christen zu einer Warnung."
Rechts ist eine Synagoge dargestellt, darin Juden, wie sie Hostien durchstechen. Auf dem Tisch in der Mitte werden die Hostien zerrieben, um daraus das Blut des Heilands zu gewinnen. Aber Gott straft die Sünder: Er steckt die Synagoge in Brand. Im Hintergrund sieht man, wie drei Juden an Pfählen gehenkt worden sind. Davor liegen drei Juden am Boden. Ihnen werden die Bäuche aufgeschlitzt

ben. Dabei entstünde ein roter Saft: das Blut Christi. Dieses Blut aber besäße wundersame Heilkraft.

Der den Juden unterstellte Hostienfrevel mußte einem gläubigen Christen als schweres Verbrechen, als stärkste Mißachtung der eigenen Religion erscheinen. Die strengsten Strafen und die härteste Verfolgung schienen deshalb gerechtfertigt.

Wieder gab es eine Welle der Grausamkeiten:

In Deggendorf an der Donau wurden im Spätsommer des Jahres 1337 die gesamte jüdische Gemeinde getötet.

In Ehingen im Württembergischen wurden 80 Juden hingerichtet.

In Pforzheim und in Koblenz wurden im Jahr 1267 alle jüdischen Bewohner gerädert und gehenkt. Besonders grausam und fanatisch ging dabei ein Adeliger namens Rindfleisch vor. Er scharte eine Gruppe von Gleichgesinnten um sich und tilgte vom Mai bis September des Jahres 1298 insgesamt 146 Judengemeinden aus. In Rothenburg wurden etwa 500 Juden ermordet, in Nürnberg 618 und in Würzburg mehr als 1000. Aber nicht nur Rindfleischs Anhänger mordeten. In Sinzig trieb man die gesamte jüdische Gemeinde in die Synagoge und zündete sie an. Die Menschen verbrannten bei lebendigem Leib.

Auch wenn es in jener Zeit weder Zeitungen, Radio oder Fernsehen gab, so kannte man doch Mittel und Wege, um wichtige Nachrichten und Ereignisse schnell in einem größeren Gebiet zu verbreiten. Von in Holz geschnitzten oder in Kupfer gestochenen Druckvorlagen stellte man Flugblätter her. Die waren billig und ließen sich schnell verteilen. Einige Flugblätter, auf denen Greuelmärchen über die Juden verbreitet wurden, sind erhalten. So auch das aus Preßburg, das wir auf der vorhergehenden Seite abgebildet sehen.

Eine brennende Mühle

Versetzen wir uns zurück in das Jahr 1235. Es ist Weihnachten. Der Ort, an dem die folgende Geschichte spielt, ist eine Mühle bei der Stadt Fulda. Der Müller, seine Frau und die größeren Kinder sind in der Kirche. Zwei kleine Kinder bleiben zu Hause. Es ist kalt. Der Ofen kommt gegen die Kälte kaum an. Plötzlich schlagen Flammen zum Himmel. Die Mühle brennt. Die zu Hause gebliebenen Kinder kommen ums Leben. Die Menschen strömen aus der Kirche. Sie sind entsetzt über das Unglück. Schnell bildet sich ein Gerücht: Wie kann so ein Unglück am Geburtstag Jesu passieren? Hat da jemand nachgeholfen? Waren das vielleicht die Juden? – Wehe den Juden!

Es gibt kein Halten mehr. Niemand bewahrt Besonnenheit. Andere, sehr viel näher liegende Erklärungen für das Unglück finden kein Gehör.

In jener Nacht werden in Fulda 32 Juden ermordet.

Aber nicht nur in Fulda, überall im Land werden Juden umgebracht. Anlässe finden sich immer wieder. Überall schwirren Greuelmärchen herum, die von ungeheuerlichen

Verbrechen, von geheimen und verbotenen Kulten der Juden wissen wollen. Eine dieser unheilvollen Greuelgeschichten ist die vom „Ritualmord". Ein Ritual ist ein feierlicher Brauch beim Gottesdienst. Bei jüdischen Gottesdiensten, so ging damals das Gerücht, würde man aus dem Blut von ermordeten Christen – meist Kindern – eine geheimnisvolle Medizin herstellen. Kaiser, Bischöfe, sogar Päpste kämpften gegen die Lüge von den angeblichen Ritualmorden. Vergeblich. Wieder gab es einen Anlaß für grausame Verfolgungen. Opfer waren jetzt die jüdischen Gemeinden von Würzburg, Ulm und Mainz. Man vertrieb sie aus ihren Heimatstädten.

Noch schlimmer traf es die jüdische Bevölkerung in München. Alle Juden, derer man habhaft werden konnte, sperrte man in die Synagoge, legte Feuer und ermordete so 180 Menschen.

Johannes von Capistrano, ein Mönch aus dem Orden der Franziskaner, tat sich bei der Verfolgung der Juden besonders unrühmlich hervor. Auch er hielt jene judenfeindlichen Predigten, die jüdische Gläubige über sich ergehen lassen mußten. Solche Predigten, die es zum Beispiel in Nürnberg und Wien gab, sprachen dem jüdischen Glauben jegliches Recht ab. Jüdi-

Öffentliche Verbrennung von Ketzern. An den spitzen Hüten sind Juden zu erkennen. Holzschnitt aus dem 15. Jahrhundert

sche Gläubige konnten sich diesen Bekehrungsversuchen nur unter Gefahr schwerster Strafen entziehen.

Capistrano war auch einer derjenigen, der die äußere Kennzeichnung der Juden verlangte. Ein gelber Flikken, der sogenannte „Judenfleck", sollte alle Anhänger des jüdischen Glaubens als eine eigene, vor allem aber minderwertige Gruppe ausweisen.

Auf Capistranos Betreiben hin wurden die Juden aus Bayern ausgewiesen. In Breslau, auch das eine Stadt, in der Capistrano gegen die Juden predigte, kam es zu Judenverbrennungen. Im Jahr 1442 verbannte man die Juden aus München und Oberbayern, acht Jahre später aus Niederbayern und 1499 dann auch aus Nürnberg. Erst 1693 (fast

Zeitgenössische Darstellung des angeblichen Ritualmordes an dem Jungen Simon von Trient

200 Jahre später!) durften wieder Juden Nürnberg betreten – aber auch dann erst gegen Zahlung eines Leibzolles und in Gegenwart einer „Geleitperson". Erst im Jahr 1800 wurde die Verbannung endgültig aufgehoben.

Das folgenschwere Gerücht von den angeblichen Ritualmorden gab es nicht nur in Deutschland. In Norditalien trieb der Franziskanerpater Bernardino da Feltre (1438–1494) sein Unwesen. Seine Hetzpredigten gegen Juden führten zum Untergang zahlreicher jüdischer Gemeinden, wie in Ravenna oder in Trient.

Es war auch in Trient, wo sich folgende Geschichte ereignete:

Wenige Tage vor Ostern des Jahres 1475 verschwand ein kleiner Junge. Er war der Sohn eines Gerbers, war drei Jahre alt und hieß Simon. Man fand nur noch die Leiche des Kindes. Die Leiche entdeckt hatte ein Mann namens Samuel, ein Jude. Samuel berichtete seinen Fund der Obrigkeit, dem Bischof von Trient. Von diesem Vorfall hörte auch der Franziskanermönch Bernardino da Feltre, der zufällig in der Stadt weilte. Aus der Nachricht machte er sofort eine Anschuldigung gegen die Juden: nur die Juden könnten den Jungen ermordet haben. Man setzte zehn jüdische Bürger gefangen und klagte sie des Mordes an. Einer von ihnen, ein Greis von achtzig Jahren, gestand nach achttägiger Folter. Dieses angebliche Geständnis genügte. Trient, heute in Italien gelegen, war damals eine deutschsprachige Stadt und gehörte zum Herzogtum Tirol. Der Herzog von Tirol protestierte gegen den Prozeß, und sogar Papst Sixtus IV. erhob Einspruch. Vergeblich.

Das Urteil wurde gefällt: Todesstrafe. Die zehn Juden wurden öffentlich verbrannt. Doch die Verfolgung hatte damit kein Ende gefunden. Noch ein Jahr später wurden Juden öffentlich verbrannt.

Die Leiche des kleinen Gerbersohnes, der unter dem Namen „Simon von Trient" bekannt wurde, hat man einbalsamiert und öffentlich zur Schau gestellt.

Schnell entstand das Gerücht von der übernatürlichen Wirkung dieses Leichnams. Prediger verkündeten:

„Wer die Gebeine des kleinen Simon sieht, dem werden große Wunder teilhaftig."

Aus nah und fern kamen Menschen nach Trient. Wallfahrten setzten ein.

Im Jahr 1965 (nach nahezu 500 Jahren!) erklärte der Erzbischof von Trient, man wisse jetzt auf Grund von Studien, daß die jüdischen Märtyrer einem Justizirrtum zum Opfer gefallen seien.

Von Trödlern, Hausierern und Kesselflickern, von Kaufleuten, Ärzten und Wissenschaftlern

Die Lebensbedingungen der jüdischen Bevölkerung verschlechterten sich zwischen den Jahren 1200 bis 1400 immer mehr.

Im Mittelalter schlossen sich Handwerker in Zünften zusammen. Alle Metzger einer Stadt bildeten eine Zunft, alle Bäcker, alle Schmiede und so weiter. Diese Zünfte nahmen keine Juden auf. Juden konnten so kein Handwerk erlernen. Berufe wie der des Metzgers, Bäckers oder Tischlers usw. waren Juden verwehrt. Juden durften auch keinen Grundbesitz erwerben. Sie konnten weder Bauer noch Winzer werden.

Wovon sollte die jüdische Bevölkerung aber leben?

Erlaubt waren für sie nur noch Tä-

Bauer und jüdischer Geldverleiher.
Mittelalterlicher Holzschnitt

tigkeiten, die bei Christen unbeliebt waren oder die die Kirche den Christen untersagte. Christen verboten war das gewerbsmäßige Verleihen von Geld. Heute hilft hier die Bank. Sie leiht Geld aus – allerdings nicht kostenlos. Wer das geliehene Geld zurückzahlt, muß mehr zahlen, als er ausgeliehen hat. Dieses Mehr sind die Zinsen. Christen durften im Mittelalter nicht Geld gegen Zinsen ausleihen. Hier fanden Juden eine Möglichkeit, ihren Lebensunterhalt zu verdienen. Zwar war es auch ihnen verboten, Zinsen zu nehmen; aber das galt nur für Angehörige des eigenen Volkes. Von Christen durften Juden Zinsen nehmen. So wurden sie Geldverleiher, vor allem in großen Städten. Wer sich Geld leiht, muß eine Si-

cherheit bieten. Nur gegen ein Pfand, das im Falle der Zahlungsunfähigkeit des Schuldners von der Bank einbehalten werden kann, gibt es geliehenes Geld. Ein Pfand konnte im Mittelalter fast alles sein: es mußte nur einen Wert haben. Kleider, Schuhe, Töpfe, Flaschen, Spangen, aber auch Nutztiere wie Rinder, Schweine oder Schafe wurden als Pfand anerkannt. Pfandleiher wurde zu einem unter Juden weit verbreiteten Beruf. Konnte ein Schuldner das geliehene Geld nicht zurückzahlen, verkaufte der Pfandleiher die – meist gebrauchten – Waren. So entstand der Trödelhandel mit gebrauchten Gegenständen. Jüdische Hausierer zogen mit Koffern und Kisten in Dörfer und Städte, gingen von Haus zu Haus und boten Waren feil. Sie schlugen sich als Hausierer durch.

Der Beruf des Kesselflickers wiederum war ein seltener Beruf. Ein Zusammenschluß in städtischen Zünften lohnte sich nicht. So konnten Juden diesen Beruf erlernen.

Wir sahen schon, daß und warum viele Juden erfolgreiche Kaufleute waren. Aus dem Handel mit Geld gewannen einige jüdische Familien ein großes Kapital. Damit ließen sich neue Handelsgeschäfte oder andere Unternehmungen finanzieren. Es gab Juden, die es so zu großem Wohlstand und Einfluß brachten.

Ein am Judenhut erkenntlicher jüdischer Arzt am Krankenbett des Heiligen Basilius

Jüdischer Gelehrter im Mittelalter

Aber Juden leisteten nicht nur im Handel und in der Geldwirtschaft Herausragendes. Weithin anerkannt waren zu dieser Zeit auch jüdische Ärzte. Zwar gab es vor 400 oder 500 Jahren noch keine Ärzte, wie wir sie heute kennen. Aber es gab schon ein umfangreiches Wissen über die Wirkung von Heilkräutern, und zu einem beträchtlichen Teil stammte dieses Wissen aus alten jüdischen Schriften.

Das Beispiel der Medizin zeigt, daß sich die jüdische Bevölkerung durch eine im Vergleich zur übrigen Bevölkerung hohe Bildung auszeichnete. Vielleicht ist dies erklärbar aus der besonderen Rolle, die das Buch in der jüdischen Kultur spielte und auch nach wie vor spielt. Darüber hinaus stand zumindest ein Teil der jüdischen Bevölkerung in einem länderübergreifenden Kontakt mit anderen jüdischen Gemeinden. Auch diese Erfahrungen erweiterten den Horizont jüdischer Bildung. Im Mittelalter machten sich Kaiser, Könige, Fürsten und – auch das gab es – Päpste die außerordentliche Erfahrung und Bildung jüdischer Männer zunutze. Juden wurden hochgeschätzt als Leibärzte, als Gelehrte oder als Berater für Politik und Wirtschaft.

Juden hatten aber auch auf ganz anderen Gebieten Erfolg. So gab es zum Beispiel auch jüdische Minnesänger. Ein Minnesänger war zugleich Sänger und Schauspieler. Er schrieb Verse und Lieder und zog von Burg zu Burg, um sie vorzutragen. Bekannt sind uns ungefähr 160 Minnesänger. Einer von ihnen war „Süßkind von Trimberg", der in der Zeit um 1270 lebte. Wahrscheinlich war er Jude.

Menschen zweiter Klasse

Schon im Mittelalter mußte man Steuern zahlen, Christen wie Juden. Zu zahlen war an das Dorf oder die Stadt, wo man wohnte, oder an den König und Kaiser, dessen Untertan man war.

Aber die Steuerpflicht war nicht gleichmäßig verteilt. Juden mußten höhere Steuern bezahlen als Christen.

Bei der Besteuerung der jüdischen Bevölkerung erfand die Obrigkeit immer wieder Sondersteuern: Kaiser Rudolf machte die Juden zu sogenannten „Kammerknechten". Unter einer „Kammer" müssen wir etwa unser heutiges „Finanzamt" verstehen. Das heißt: Die Juden mußten dem Kaiser eine besondere Steuer entrichten, die sogenannte „Judensteuer". Und weil die Juden „Knechte" waren, das heißt unmittelbar dem Kaiser untergeben, durften sie auch nicht frei ihren Wohnort wählen. Kein Wegzug sollte die Einnahmen des Kaisers schmälern.

Die „Judensteuer" ging in die Kasse des Kaisers. Doch damit nicht genug. Denn dann kam zum Beispiel der Kanzler des Reichs. Zur Regierungszeit Kaiser Rudolfs war dies jeweils der Erzbischof von Mainz. Er verlangte einen sogenannten „Judenzehnten". Das war der zehnte Teil dessen, was ein jüdischer Bürger dem Kaiser schuldig war.

Kaiser Ludwig erfand den „Güldenen (goldenen) Opferpfennig". Den mußte jeder erwachsene Jude entrichten, der mehr als 20 Gulden besaß.

Als Kaiser Albrecht gekrönt wurde, verordnete er den jüdischen Gemeinden die „Kronsteuer".

Kaiser Friedrich III. forderte im Jahr 1451 den „3. Pfennig" von ihrer Habe. Als derselbe Kaiser zum Kampf gegen die Ungarn aufrief, verlangte er von der Juden eine „Beisteuer" von 400 Zentnern Pulver.

Kaiser Maximilian, der sich ebenfalls gegen die Ungarn rüstete, zog von seinen Juden eine „Beisteuer" von 2800 Gulden ein.

Vielfach mußten die Juden von ihren Landesfürsten, den Herzögen und Königen, einen „Schutzbrief" kaufen. Der sollte den jüdischen Gemeinden – die ja keine Waffen besaßen und sich daher auch nicht gegen Übergriffe wehren konnten – den notwendigen Schutz garantieren. Auch ein solcher Schutzbrief war eine Art Sondersteuer. Nicht selten enthielt er weitere Einschränkungen für die jüdische Bevölkerung. Der jüdischen Minderheit fehlte weitgehend das Recht auf Selbstbestimmung. So sollte zum Beispiel die Zunahme der jüdischen Gemeinden verhindert werden. Nur zwei Kinder in einer Familie durften heiraten. Die anderen mußten ledig bleiben oder auswandern.

Benachteiligung, ja sogar Demütigung gab es für Juden überall. So zum Beispiel auch im Gerichtswesen. Wer heute vor Gericht eine wichtige Aussage macht, muß einen Eid leisten. Meist schwört man bei Gott. Im Mittelalter war das ähnlich. Doch die Juden, die nicht an den Gott der Christen glaubten, mußten einen ganz besonderen Eid leisten, den „Judeneid". Aber dieser Eid war nicht etwa ein Eid auf den jüdischen Gott, auf Jahwe. Ein solcher Eid wurde von den christlichen Gerichten nicht anerkannt. Nicht selten wurde so aus dem Eid ein Akt der Erniedrigung und Entwürdigung. Von Ort zu Ort war das verschieden. Manchmal mußten die Juden sich mit einem Dornenkranz umgürten und nachts ins Wasser steigen. In Sachsen mußten sie auf eine besonders zugeschnittene Haut einer Sau, die vor ihrer Schlachtung trächtig gewesen war, treten und schwören.

Bild von einem Straßburger Flugblatt. Es zeigt eine jüdische Mutter und die Ferkel, die sie angeblich geboren hat. Ihr Mann trägt den Judenfleck

Juden – das waren Menschen zweiter Klasse. Sie waren häufig das Opfer übler Verleumdung.

Im Jahr 1574 wurde in Straßburg ein Flugblatt in Umlauf gebracht. Der Titel dieses Flugblattes lautete: „Eine gewisse Wunderzeitung von einer schwangeren Jüdin zu Binzwangen, vier Meilen von Augsburg, welche kürzlich den 12. September ... anstatt zweier Kinder zwei leibhafte Schweinlein oder Ferkel gemacht hat."

In einem achtzig Zeilen langen Gedicht wird auf dem Flugblatt geschildert, wie die jüdische Mutter anstatt zweier Kinder angeblich zwei Ferkel gebar. Zum Hohn heißt es an einer Stelle: „Doch ist's am besten Gott bekannt / der nicht umsonst dies Wunder hat gesandt!"

Das Ende der Welt

In alten Zeiten galten vielen Menschen besonders „runde" Jahreszahlen als Ankündigung auch besonderer Ereignisse; so zum Beispiel, als sich der christliche Kalender dem Jahr 1000 näherte und viele Menschen glaubten, das Ende der Welt sei gekommen.

Die jüdische Kultur hatte und hat eine andere Zeitrechnung. Das Jahr 5000 jüdischer Zeitrechnung entsprach dem Jahr 1239 bei den Christen. Als sich der jüdische Kalender diesem Jahr 5000 näherte, glaubten viele Christen, daß etwas Außergewöhnliches geschehen müsse. Die Erwartung von Endzeitkatastrophen aber brachte eine Unruhe in die Bevölkerung, die nur zu oft in Übergriffe gegen die andersgläubigen Juden ausartete:

29. Mai 1241. Frankfurt am Main. Aus nichtigem Anlaß dringen Christen in die Wohnungen von Juden ein. Tore und Türen werden mit Äxten zerschlagen. Die Bewohner werden zum Teil grausam ermordet. Die Synagoge wird zerstört, die heiligen Schriften verbrannt. Am Abend liegen 130 Juden in der Judengasse – tot, ihrer Kleidung beraubt, Männer, Frauen und Kinder.

Die Gasse der Juden: Das Getto

In Frankfurt – wie auch in anderen deutschen Städten – wohnten Juden entweder mitten unter der christlichen Bevölkerung oder, oft in freiwilliger Abgrenzung, in enger Nachbarschaft. Um das Jahr 1460 ordnete der Rat der Stadt an, daß die jüdische Bevölkerung geschlossen in einer besonderen Gasse wohnen müsse.

Diese erzwungene Zusammenführung der jüdischen Bevölkerung markierte für die Juden in Deutschland einen weiteren Schritt in ihrer Absonderung vom Alltag der christlichen Mehrheit.

Für die Juden wurde eine besondere Gasse gebaut: die Judengasse. Sie bestand aus elf Fachwerkhäusern, die ihre Front nach der Straße, der Gasse, hatten. In den Kellern gab es große Gewölbe, die als Lagerraum dienten. Rund um die Gasse und um die Häuser zog man eine hohe Mauer. Es gab nur drei Tore, bewacht von städtischen Wächtern. Bezahlen mußte diese Wächter die jüdische Gemeinde. Nachts waren die Tore verschlossen. Niemand konnte hinein, niemand heraus. Ein vertrauenswürdiger Bewohner hatte einen Schlüssel, damit man in dringenden Fällen Hilfe holen konnte, sei es die Feuerwehr, einen Arzt oder die Hebamme.

Solche Judengassen gab es auch in anderen deutschen Städten, zum Beispiel in Köln, Worms, Regensburg und – damals noch eine deutsche Stadt – Prag. Eine solche „Judengasse" nannte man „Getto". Das Wort „Getto" stammt aus dem Italienischen und heißt eigentlich nur „Gasse". Man hat das Wort übernommen, weil die Republik Venedig 1516 zum erstenmal ein Zwangsquartier für die jüdische Bevölkerung einrichtete; dieses Quartier hieß bald nur noch „Getto".

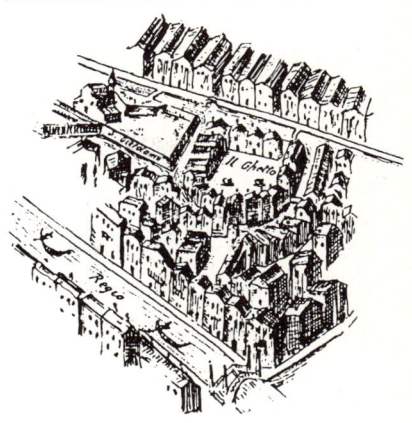

Das erste Getto in Venedig. Von ihm haben alle späteren ihren Namen

Die Frankfurter Bürger nannten das Getto ihrer Stadt „Neu-Ägypten", später „Neu-Jerusalem".

Das Getto hatte eine Synagoge und ein Gemeindehaus, in dem die Gemeindebeamten wohnten. Dies waren der Rabbiner, der Vorsänger in der Synagoge und der Schächter. Der Schächter war der Mann, der die Tiere nach religiösen Regeln tötete. Verarbeitet wurden die Tiere dann vom Metzger, der auch im Getto seinen Laden hatte.

Daneben gab es ein Tanzhaus für Geselligkeiten und Hochzeiten, zwei Wirtshäuser und eine Herberge, damit Juden, die als Händler in die Stadt kamen, übernachten konnten.

Es gab auch ein Spital, ein Krankenhaus. Es war sehr einfach eingerichtet. Außerdem mußte es noch als Fremdenherberge, Armenhaus und zeitweise sogar als Gefängnis dienen.

Das Gemeindeleben innerhalb des Gettos war der jüdischen Selbstverwaltung überlassen. Es gab eine eigene Gerichtsbarkeit und eine Art „Kulturhoheit": das Schulwesen lag ebenso wie das religiöse Leben allein in den Händen der jüdischen Gemeinde.

Diese Abgrenzung gegenüber der christlichen Mehrheit stärkte den Zusammenhalt der Juden. Vielleicht gelang es nur auf diese Weise, die Eigenart jüdischen Lebens jahrhundertelang auch in einer ganz anderen Welt zu bewahren. Doch es gab auch Nachteile: das Getto schränkte die jüdischen Bewohner stark in ihrer Handlungsfreiheit ein. Juden

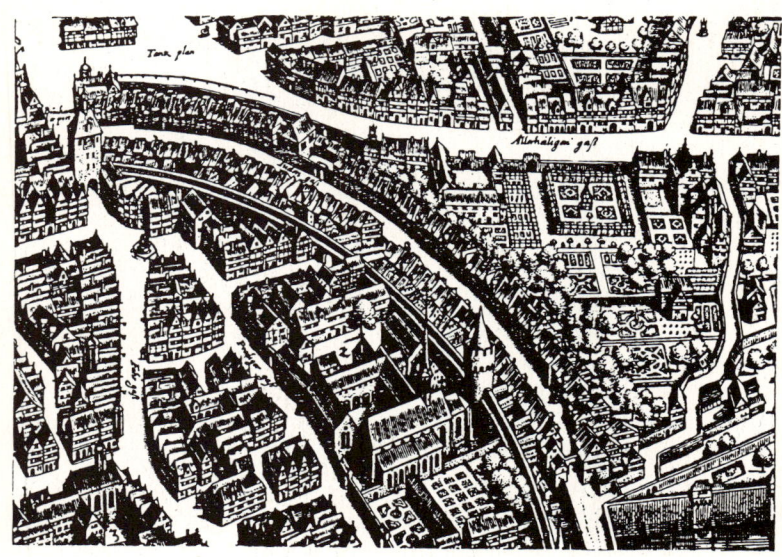

Das Getto in Frankfurt. Es ist die in großem Bogen von links oben nach rechts unten verlaufende Gasse. Wie man sieht, war die Rückfront der Häuser durch eine hohe Mauer gegen die übrige Stadt abgeschirmt

wurden immer mehr aus der Öffentlichkeit verbannt. Die Trennung zwischen Juden und christlicher Mehrheit war jetzt allein schon durch die besondere, der jüdischen Minderheit aufgezwungene Wohnform festgeschrieben.

Frankfurt war bereits im Mittelalter eine Handelsmetropole. In Frankfurt konnte man Geld verdienen. Darum zog es viele Menschen nach Frankfurt, darunter auch viele Juden.

Aus den elf Häusern bei der Gründung der Judengasse waren hundert Jahre später 195 Häuser geworden. Aus 100 Personen 3000. Das alles, obwohl die Mauern unverändert blieben. Zu den ersten drei Brunnen war kein einziger hinzugekommen. Ein Brunnen für 1000 Personen! Wie war das möglich?

Zunächst teilte man die Häuser. Dann baute man Hinterhäuser an. Schließlich baute man in die Höhe, und zwar so, daß jedes weitere Geschoß über das untere zur Straße hinausragte und der Blick zum Himmel immer enger wurde.

Dieses Spottbild auf die Juden war am Frankfurter Brückenturm angebracht. Es zeigt das Schwein als jüdische Nährmutter. Im oberen Teil sieht man den angeblich von Juden ermordeten Knaben Simon von Trient. Die Überschrift lautet: „Zu Lob und gedenkwürdigen Ehren dem ganzen wohlriechenden jüdischen Volk zu Frankfurt an den Tag gegeben." Über 300 Jahre hing dieses Bild an seinem Platz. Goethe, der es kannte, nannte es ein „Spott- und Schandgemälde"

Der 1749 in Frankfurt geborene Johann Wolfgang von Goethe hatte als Junge die Judengasse noch besucht. Im Alter erinnerte er sich: „Zu den ahnungsvollen Dingen, die den Knaben und auch wohl den Jüngling bedrängten, gehörte besonders der Zustand der Judenstadt, eigentlich die Judengasse genannt, weil sie kaum aus etwas mehr als aus einer einzigen Straße besteht, welche in frühen Zeiten zwischen Stadtmauer und Graben wie in einen Zwinger mochte eingeklemmt worden sein.

Die Enge, der Schmutz, das Gewimmel, der Akzent einer unerfreulichen Sprache, alles zusammen machte den unangenehmsten Eindruck, wenn man auch nur am Tore vorübergehend hineinsah. Es dauerte lange, bis ich allein mich hineinwagte, und ich kehrte nicht leicht wieder dahin zurück, wenn ich einmal den Zudringlichkeiten so vieler etwas zu schachern unermüdet fordernder oder anbietender Menschen entgangen war. Dabei schwebten die alten Märchen von der Grausamkeit der Juden gegen die Christenkinder, die wir in Gottfrieds Chronik gräßlich abgebildet gesehen, düster vor dem jungen Gemüt."

Nach Sonnenuntergang durfte kein Jude mehr außerhalb und kein Christ mehr innerhalb des Gettos sein. Am Sonntag, dem Ruhetag der Christen, durfte kein Jude das Getto verlassen. An christlichen Feiertagen, vor allem während der Karwoche vor Ostern, wurde die Judengasse einfach verriegelt. So blieb dies 200 Jahre lang.

Die Stadt Frankfurt bemühte sich, die jüdische Bevölkerung zahlenmäßig möglichst klein zu halten. Der Zuzug war pro Jahr auf sechs Personen begrenzt. Erlaubt waren auch nur zwölf Ehen pro Jahr. Nur zwei Kinder aus einer Ehe erhielten den Schutzbrief. Unverheiratete mußten die Stadt verlassen.

Ein Lebkuchenbäcker namens Fettmilch

Ausschreitungen gegen Juden hatten nicht immer religiöse Gründe. Manchmal reichte schon der Neid auf die erfolgreichere Konkurrenz, das größere Vermögen und ähnliche Dinge.

Blicken wir auf das Frankfurt des Jahres 1614: Es waren schlechte Zeiten. Eine Teuerung war eingetreten, den Handwerkern fehlten Aufträge. In der Judengasse aber lebten einige wohlhabende Juden.

In jenem Frankfurt lebte auch ein Rechtsanwalt mit Namen Weitz. Er war bei Juden hoch verschuldet. Weitz und der Lebkuchenbäcker Vinzenz Fettmilch taten sich zusammen. Sie wollten nichts weniger als

*Die Plünderung der Judengasse. Zwei Juden sind am Judenfleck
auf ihrer Kleidung erkenntlich*

die Macht in der Stadt. Dazu schien ihnen eine gegen die Juden gerichtete Propaganda der erfolgversprechende Weg: die Judengasse sollte erstürmt werden.

Es war am 22. August 1614. Fettmilch und seine Anhänger drangen in die Judengasse ein. Die meisten Bewohner befanden sich an jenem Nachmittag in der Synagoge. Die Männer eilten nach Hause und versperrten mit Bänken, Tischen und Stühlen Fenster und Türen zu ihren Wohnungen. Sie bewaffneten sich mit Schwertern und Hellebarden; kampflos würden sie sich nicht ergeben. Frauen und Kinder hatten sich auf den jüdischen Friedhof geflüchtet. Fettmilch versicherte den Juden, er sei nur zu ihrem Schutze gekommen. Sie sollten die Waffen niederlegen, er wolle friedlich mit ihnen verhandeln. Die Juden ließen sich überlisten und legten die Waffen nieder. Die Menge drang darauf in die Judengasse ein und plünderte die Häuser. Jeder nahm, was er gebrauchen konnte.

In einem zeitgenössischen Bericht heißt es:

„Die Plünderer verschmähten auch die unbedeutendsten Gegenstände nicht. Hühner, Gänse, Bratspieße und sogar Mistgabeln wurden mitgenommen. Die Weiber machten sich vor allem über das Geschirr und die Wäsche der jüdischen Hausfrauen her. Kachelöfen, Fenster und Wände wurden zerschlagen, Fußböden aufgerissen und Dächer abgedeckt. Die heiligen Schriften der Juden wurden aus den Fenstern auf die Straße geworfen, wo ein Feuer loderte. Die Plünderung dauerte 13 Stunden.“

Die jüdische Bevölkerung hatte sich auf dem jüdischen Friedhof versammelt, umringt von den Aufständischen, von denen die wenigsten Frankfurter waren. Rufe wie „Schlagt sie nieder!“ kamen auf.

In dem Bericht heißt es weiter:

„Fettmilch stellte sich mit seinen Getreuen dicht vor das Tor, hinter ihm eine wüste Menge, und weidete sich an dem Anblick der Wehrlosen, die mit Bangen aus seinem Munde die Entscheidung über ihr ferneres Schicksal erwarteten.

Ihrem Flehen um Schonung setzte er nur Hohn und Spott entgegen. Die Angst der Eingeschlossenen wuchs von Minute zu Minute. Sie machten sich auf das Schrecklichste gefaßt. Viele hielten ihre letzte Stunde für gekommen, legten sich Sterbegewänder an und beteten die üblichen Gebete. Manche trafen Vorbereitung, Hand an sich zu legen, falls der Pöbelhaufen auf den Friedhof dränge.“

Endlich erfuhren sie, was Fettmilch mit ihnen im Schilde führte. Fettmilch gebot ihnen, die Stadt Frankfurt zu verlassen, da die Bürgerschaft sie angeblich nicht länger unter sich dulden wollte. Um ein Uhr des folgenden Tages verließen die Juden die Stadt: Männer, Frauen und Kinder – insgesamt 1380 Personen.

Doch Kaiser Matthias griff ein. Er erließ Haftbefehl gegen die Anführer. Fettmilch wurde in einer Frankfurter Schenke gefaßt. Man nahm ihn gefangen, und nach einem gescheiterten Fluchtversuch wurde er zum Tode verurteilt.

In dem Bericht heißt es:

„Die Verurteilten wurden um sieben morgens zur Richtstätte auf den Roßmarkt geführt, wo das Schafott errichtet war. Den Schuldigen wurde das Urteil vorgelesen. Sieben Rädelsführer wurden zum Tode verurteilt.

Fettmilch wurde alsdann dem Scharfrichter übergeben, der ihm zunächst zwei Finger der rechten Hand abhackte und darauf den Körper mit dem Schwert hinrichtete. Der Körper wurde dann gevierteilt,

Der Auszug der Frankfurter Juden im August 1614. Zeitgenössischer Kupferstich

der Kopf auf eine eiserne Stange gesteckt und auf dem Brückenturm
aufgerichtet.
Sein Haus wurde dem Erdboden
gleichgemacht. Seine Familie mußte
das Land verlassen."

Am gleichen Tag, am 28. Februar
1616, hielt die jüdische Gemeinde
mit Trommeln und Pfeifen feierli-
chen Einzug in Frankfurt. Die Stadt
mußte ihnen den angerichteten
Schaden ersetzen, der Kaiser gab ih-

nen Wohnrecht auf „ewige Zeiten".

Aber diese „ewigen Zeiten" währten nur 300 Jahre, bis zum Jahr 1933.

Der Mönch aus Eisleben

Im Mittelalter hatten die Päpste große Macht. Sie regierten die Kirche – ihre Macht wetteiferte mit der von Königen und Kaisern.

Zu jener Zeit lebte in Deutschland ein Mönch mit Namen Martin Luther. Er kritisierte bestehende Mißstände der Kirche. Er verlangte eine Reform der Kirche. Für ihn hatte nicht der Papst die oberste Autorität, sondern die Bibel, das überlieferte Wort Gottes.

Luther rückte mit seiner Reform die Bibel in das Zentrum der Kirche. Sollte die Reform gelingen, mußte die Bibel allerdings den Gläubigen leichter zugänglich sein als bisher. Luther übersetzte darum die Bibel in die deutsche Sprache.

Bis dahin gab es die Bibel nur in ganz wenigen, kostbaren Handschriften; ein weiterer Umstand, der den Gläubigen den Zugang zur Bibel erschwerte. Erst Gutenbergs Erfindung, der Buchdruck mit auswechselbaren Buchstaben, änderte dies. Die Bibel konnte jetzt schneller, einfacher und so auch billiger vervielfältigt werden.

Luthers Kirchenreform führte zur Spaltung der Kirche in „katholische" und „evangelische" Christen.

Luther hat für viele Christen die Kirche verändert. Gab es jetzt – zumindest in Teilen der christlichen Kirche – auch ein größeres Verständnis für die jüdische Glaubensgemeinschaft? – Zunächst schien es so.

Luther hatte eine Schrift verfaßt mit dem Titel „Daß Jesus Christus ein geborener Jude sei". In dieser Schrift konnte man unter anderem folgende Sätze lesen:

„Denn unsere Narren, die Päpste, Bischöfe, Sophisten und Mönche, die groben Eselköpfe, haben bisher also mit den Juden verfahren, daß, wer ein guter Christ wäre gewesen, hätte wohl möchte ein Jude sein ... Denn sie haben mit den Juden gehandelt, als wären es Hunde, und nicht Menschen, und sie um ihre Habe gebracht. Und doch sind sie Blutsfreunde, Vettern und Brüder unseres Herrn. Kein Volk hat Gott gleich ihnen ausgezeichnet, ihrer Hand die Heilige Schrift anvertraut."

Diese Kritik an der bisherigen Haltung der Kirche gegenüber den Juden ließ die jüdische Bevölkerung auf eine Wende zum Besseren hoffen.

Doch auch Luther sah in den Juden weniger Anhänger einer eigenständigen, in ihrem eigenen Recht der christlichen Kirche gleichwertige Religion. Auch er sah in den Juden vor allem Ungläubige, die zum „wahren" Glauben, dem – von ihm reformierten – Christentum bekehrt werden sollten.

Aber Luthers Bekehrungsversuche blieben wirkungslos. Und nicht nur das. Zugleich gab es ein neues Aufleben, eine Stärkung jüdischer Kultur und Religion. In dieser Zeit gibt es einen deutlichen Einfluß mosaischer Gesetze in Teilen des über die Frage der Kirchenspaltung verunsicherten Christentums. Ein Beweis dafür sind die wiederholten Bilderstürme (1523 und 1526) vor allem in Norddeutschland. Der jüdische Glaube an einen einzigen und unsichtbaren Gott fand auch unter Christen Anhänger: sie zerstörten christliche Darstellungen Gottes und wandten sich gegen die Dreifaltigkeitslehre der christlichen Kirche. Statt der christlichen Lehre von Gott-Vater, Gott-Sohn und Heiligem Geist hielten sie es mit dem strengen jüdischen Monotheismus.

Luther sah seine Reform gefährdet. Seine Haltung gegenüber der jüdischen Religion änderte sich. Er sah in ihr mehr und mehr einen dem Christentum gefährlichen Gegner. Genauso wortgewaltig, wie er zunächst für die Juden eingetreten

Titelblatt von Luthers Schrift
„Von den Juden und ihren Lügen"

war, kämpfte er jetzt gegen sie. Im Jahr 1543 erschien seine Schrift „Von den Juden und ihren Lügen". Darin heißt es unter anderem:

„Was wollen wir Christen nun tun mit diesem verworfenen, verdammten Volk der Juden? Ich will meinen treuen Rat geben. Erstlich, daß man ihre Synagogen oder Schulen anstecke. Zum anderen, daß man ihre Häuser desgleichen zerbreche und zerstöre. Zum dritten, daß man ihnen die Betbücher nehme. Zum vierten, daß man ihren Rabbinern bei Leib und Leben verbiete,

hinfort zu lehren. Daß man das freie
Geleit und das Recht auf der Straße
ganz aufhebe, den Wucher verbiete
und ihnen alle Barschaft und Kost-
barkeiten an Gold und Silber weg-
nehme, denn sie haben durch ihren
Wucher doch alles nur gestohlen
und geraubt."

In dieser Feindschaft zum Judentum
folgten Luther die meisten deutschen und schweizerischen Refor-
matoren. Trotzdem haben die antijüdischen Schriften Luthers keine
unmittelbaren Folgen gehabt. Die
regierenden Fürsten lehnten die Be-
folgung der Ratschläge Luthers ab.
Dennoch ist diese judenfeindliche
Haltung des frühen Protestantismus
nicht folgenlos geblieben. Auf Luther wurde in diesem Punkt immer
wieder einmal Bezug genommen,
zuletzt in der Zeit des Nationalsozialismus, also im zwanzigsten Jahrhundert.

Doch gab es zur Zeit Luthers auch
eine andere, eine aufgeklärte Haltung gegenüber der jüdischen Minderheit.

Ein großer Gelehrter:
Johannes Reuchlin

Die Stadt Pforzheim liegt im nörd-
lichen Schwarzwald. Sie vergibt im
Abstand von mehreren Jahren den
sogenannten „Reuchlinpreis". Er ist
benannt nach dem größten Sohn

Johannes Reuchlin

der Stadt: Johannes Reuchlin, der
dort im Jahr 1455 geboren wurde.

Reuchlin war einer der berühmtesten Gelehrten seiner Zeit. Man
zählt ihn zu den sogenannten Humanisten, die durch umfassende
Bildung einen Ausweg aus der Enge
des mittelalterlichen Denkens suchten. Er selbst war Rechtsanwalt,
Richter, Professor, Gesandter und
Dichter. Deutsch war seine Muttersprache. Latein hatte er gelernt, um
Jura studieren zu können. Im Auftrag eines Fürsten unternahm er im
Alter von 43 Jahren eine Reise nach
Italien. Es war seine dritte Reise in
dieses Land. In Italien lernte er
Griechisch und – das war damals
sehr ungewöhnlich – die hebräische
Sprache, die Sprache der Juden.

Reuchlin, ein Christ, lernte Hebräisch. Reuchlin, ein weithin anerkannter Gelehrter, las die Schriften der Juden. Er vertrat eine aufgeklärte Haltung gegenüber der jüdischen Kultur. Er hatte keine Vorurteile gegenüber Andersgläubigen.

Erst das Studium der heiligen Schriften der Juden konnte zu einer unverfälschten Kenntnis von deren Kultur führen. Reuchlin gab sogar eine Sprachlehre für die hebräische Sprache heraus. In Ingolstadt lehrte er Hebräisch.

Reuchlin, der Zeitgenosse Luthers, trat also für ein neues Verhältnis zwischen Christen und Juden ein, ein Verhältnis ohne abwertende Vorurteile.

Zu jener Zeit machte ein Mann namens Pfefferkorn von sich reden. Wo Pfefferkorn geboren war, weiß man nicht. Er hatte das Fleischerhandwerk erlernt. Im Alter von etwa 35 Jahren ging er aus Süddeutschland nach Köln.

Pfefferkorn war Jude. In Köln ließ er sich taufen. Er trat zum Christentum über. Wer seinen Glauben wechselt, den nennt man „Konvertit". Solche Konvertiten zeigen nicht selten eine starke Ablehnung gegenüber ihrem alten Glauben. Pfefferkorn, ein Jude, wandelte sich zu einem erbitterten Gegner seiner früheren Glaubensbrüder.

Es gelang ihm, mehrere Schriften

Spottbild auf den jüdischen Gelehrten Joselmann, genannt „Josel von Rosheim". Es zeigt ihn mit einer heiligen Schrift in der einen und dem Geldbeutel in der anderen Hand

(die er vermutlich gar nicht selbst geschrieben hatte) zu veröffentlichen. Diese Schriften verleumdeten die jüdische Kultur. Pfefferkorn wurde damit bekannt. Kaiser Maximilian gab ihm den Auftrag, alle jüdischen Bücher, die, wie es hieß, den christlichen Glauben schmähten, zu beschlagnahmen. Pfefferkorn machte sich ans Werk.

Aber es gab Widerspruch. Vielleicht zum erstenmal kämpften in dieser Zeit des Humanismus berühmte und angesehene christliche Gelehrte für das Recht der Juden auf eine eigene Kultur. Vor allem Reuchlin wandte sich gegen Pfefferkorn. Er verfaßte eine Gegenschrift. Darin hieß es:

„Diese Bücher enthalten die Glaubenslehre der Juden, damit beleidigen sie keinen anderen Menschen. In ihrem Glauben sind sie nur Gott verantwortlich, genauso wie die Christen. Niemals hat Gott den Christen verboten, mit den Juden zu verkehren, zu handeln, zusammenzusein. Wir sollen ihre Kinder nicht ohne ihren Willen taufen und ihre Bücher nicht ohne ihren Willen an uns nehmen, denn ihre Bücher sind ihnen so lieb wie ihre Kinder."

Es gab einen Streit der Gelehrten in Deutschland und auch in Frankreich. Viele hielten es mit Pfefferkorn, viele mit Reuchlin. Die Kölner Dominikaner klagten Reuchlin der Ketzerei an. Er wurde auch verurteilt. Aber man konnte ihn nicht auf den Scheiterhaufen bringen. Sein Einfluß, die Anerkennung, die seine Gelehrsamkeit gefunden hatte, war zu groß, auch für die Macht des Kaisers.

Der falsche Messias

Wir sahen, wie sich seit den Kreuzzügen und der schlimmen Kreuzzugspropaganda das Verhältnis zwischen Christen und Juden immer mehr verschlechterte. Immer mehr sah sich die jüdische Glaubensgemeinschaft gegenüber der christlichen Mehrheit benachteiligt. Die jüdischen Gemeinden lebten in ständiger Bedrohung und Gefahr. Unter diesem Druck von außen schlossen sich die Juden noch enger zusammen, suchten Trost in ihrer Religion – und in der neuen Hoffnung auf den Messias, den „Erlöser": auf einen Mann, der so mächtig sein würde, wie es einst König David war.

Und einmal schien es, als sei der Messias in der Tat gekommen:

Izmir – früher Smyrna – ist heute eine Stadt in der Türkei. Etwa um das Jahr 1650 lebte dort ein Jude mit Namen Sabbatai Zwi. Er war ein außergewöhnlicher Mensch. Er war sehr fromm, sang die alten jüdischen Lieder und umgab sich mit einer Schar von Jüngern – so wie einst Jesus Christus. Sabbatai Zwi gewann immer mehr Anhänger, die für ihn warben. Sie schickten Briefe an die jüdischen Gemeinden in ganz Europa, auch an die in Deutschland. Es hieß darin, der Messias sei gekommen. Viele Juden glaubten das.

Sabbatai Zwi reiste dann von Stadt zu Stadt und ließ sich als Messias feiern. Aber die jüdischen Priester, die Rabbiner, hatten Zweifel. Man wollte ihn prüfen. Da stellte sich heraus, daß Sabbatai Zwi nur mangelhafte Kenntnisse der heiligen

Der „falsche Messias" Sabbatai Zwi

Ein Präsident dankt

Nicht nur in Deutschland, auch in anderen Ländern wurden die Juden verfolgt. Aus dem katholischen Spanien wurden sie 1492 ausgewiesen. Mehrere hunderttausend Personen mußten innerhalb von nur drei Monaten Spanien verlassen. Auch diese Zwangsausweisung bedeutete für die Geschichte der Juden in Europa – ähnlich wie die ersten Verfolgungen im Zusammenhang mit den Kreuzzügen – einen Einschnitt. Die spanischen Juden waren die älteste und größte jüdische Minderheit im mittelalterlichen Europa gewesen. Hier lag zeitweise das religiöse und kulturelle Zentrum des Judentums. Das Studium des Alten Testaments, das Studium der religiösen Gesetze und ihre Kommentierung standen in hoher Blüte. Viele jüdische Geschichtsdarstellungen sehen in dieser Zeit ein „Goldenes Zeitalter" jüdischer Gelehrsamkeit und Wissenschaft.

All dies fand ein plötzliches Ende mit der Ausweisung. Das jetzt national und religiös geeinte Spanien war nicht mehr bereit, im eigenen Land eine fremde Minderheit zu dulden. Viele Juden suchten eine neue Heimat in den Ländern rund um das Mittelmeer oder in Afrika. Die meisten strömten aber in das benachbarte Portugal.

Schriften besaß. So wurde er als „falscher Messias" entlarvt. Das Aufsehen, das Sabbatai Zwi erregte, machte ihn auch dem Sultan verdächtig. Der ließ ihn verhaften und stellte ihn vor die Wahl: Tod oder Übertritt zum Islam!
Sabbatai Zwi entschied sich für den Islam. Er wurde Mohammedaner. Er war also kein Märtyrer, der sich für seinen Glauben an die mosaischen Gesetze geopfert hätte. Die Juden nannten ihn fortan einen Betrüger.

Aber auch hier sollte ihr Aufenthalt nicht von Dauer sein.

Wohin konnten sie noch gehen?

Viele gingen in Länder, in denen man gegenüber Juden duldsamer, toleranter war. Das waren vor allem die Niederlande und Nordamerika.

Blicken wir zunächst auf die Niederlande:

In den reichen und regen Handelsstädten wie Rotterdam und Amsterdam fanden jüdische Kaufleute ein gutes Betätigungsfeld. Die Wirtschaft des Landes blühte auf – auch dank der Juden.

Aber nicht nur als Kaufleute wirkten die neu hinzugezogenen Juden. Auch in Kultur und Wissenschaft leisteten Juden viel. Ein Beispiel dafür ist Manasse ben Israel. Er lebte von 1604 bis 1657. Seine Eltern hatten Portugal verlassen müssen, als Manasse noch ein Kind war. Manasse ben Israel war ein großer Gelehrter. Er verfaßte Schriften und Bücher. Sechs Sprachen beherrschte er in Wort und Schrift: Hebräisch, Holländisch, Portugiesisch, Englisch, Spanisch und Italienisch. Zu seinen Freunden zählte auch der berühmte Maler Rembrandt. Rembrandt war es auch, der ihn malte. Er nannte das berühmte Bild „Rabbi von Amsterdam".

Viele Juden wanderten auch nach Amerika aus, vor allem nach Nordamerika, in das Gebiet, wo heute die Vereinigten Staaten von Amerika liegen. Diesen Staat gab es damals noch nicht. Die ersten Ansiedler hatten die Indianer, die Ureinwohner des Landes, zurückgedrängt. Das besetzte Gebiet wurde englische Kolonie. Im Jahr 1775 erhob sich die Kolonie gegen das Mutterland. Es begann der „Unabhängigkeitskrieg". Nach drei Jahren hatten die Siedler ihre Freiheit erkämpft. Der neue Staat waren die „Vereinigten Staaten von Amerika", die USA.

Während des Krieges hieß der Anführer der Aufständischen George Washington. Im Freiheitskampf gegen England unterstützten ihn viele Juden.

Washington wurde auch der erste Präsident des neuen Staates. Als er gewählt worden war, schickten ihm Vertreter der jüdischen Gemeinden ein Glückwunschschreiben. In einem Brief bedankte sich der Präsident. Es war das erste Mal, daß der Präsident eines Staates sich bei seinen jüdischen Mitbürgern bedankte.

Im ersten Jahr des Krieges verkündeten die Amerikaner eine sogenannte „Unabhängigkeitserklärung". Dieses bedeutende Dokument enthält auch die feierliche Erklärung der Gleichheit aller Menschen. Hier bot sich vielleicht zum erstenmal eine Möglichkeit für ein freies Leben

Das Schreiben des Präsidenten George Washington an die Juden

der jüdischen Gemeinden auch unter einer christlichen Mehrheit. Es heißt darin:

„Alle Menschen sind als gleich erschaffen, und allen hat der Schöpfer bestimmte unveräußerliche Rechte verliehen: das Recht auf Leben, Freiheit und Glück." Und an anderer Stelle: „Niemand darf wegen seiner religiösen Überzeugung einer Bedrückung ausgesetzt sein."

Diese Erklärung gab allen verfolgten Minderheiten – also auch den Juden – Hoffnung. Eine neue Zeit hatte begonnen, das Zeitalter der Demokratie, der Duldsamkeit, der Toleranz. Zwar dauerte es noch Jahrzehnte, bis diese Entwicklung auch in Deutschland Fuß faßte. Aber die Verhältnisse begannen sich zu verändern. Juden waren nicht mehr einfach nur Menschen zweiter Klasse. Allmählich wurden sie gleichberechtigte Bürger des Staates.

Eine neue Zeit bricht an

Entdeckungen und Erfindungen

Wir haben am Ende des letzten Kapitels den Dingen vorgegriffen. Die „neue Zeit", von der wir sprachen, begann schon 300 Jahre früher mit einer Reihe von neuen Entdeckungen und großen Erfolgen in den Wissenschaften.

Lange Zeit hatte man geglaubt, die Erde sei eine Scheibe und die Sonne drehe sich um die Erde. Der Gelehrte Kopernikus behauptete jetzt, daß die Erde keine Scheibe sei, sondern eine Kugel. Die Erde bewege sich um die Sonne, nicht aber die Sonne um die Erde.

Christoph Kolumbus war es, der dies beweisen wollte. Er fuhr mit drei Schiffen nach Westen – und wollte vom Osten her wieder heimkehren. Das ist nur auf einer Kugel möglich. Die Fahrt um den Erdball gelang Kolumbus nicht. Ein bisher unbekannter Erdteil versperrte ihm den Weg. Dieser Erdteil bekam später seinen Namen nach dem Seefahrer und Reiseberichter Amerigo Vespucci: Amerika.

Von Kolumbus wird vermutet, daß er ein Jude war. In seiner Jugend

Die „Santa Maria" des Christoph Kolumbus

hat er Briefe in hebräischer Sprache geschrieben, in der Sprache der Juden. Unter seinen neunzig Begleitern auf der Fahrt in die unbekannte Welt waren mehrere Juden, darunter ein jüdischer Offizier und zwei jüdische Schiffsärzte. Zu jener Zeit vertrieb man allerdings die Juden aus dem katholischen Spanien. Der letzte Tag, an dem sie sich noch in

Spanien aufhalten durften, war der 2. August 1492. Am 3. August 1492 stach Kolumbus in See, nur einen Tag später.

Eine neue Zeit kündigte sich an. Das Bild der Welt änderte sich. Kopernikus' wissenschaftliche Arbeit brachte neues, die Menschen von alten Ängsten befreiendes Wissen über den Planeten Erde. Das Wissen von der Welt wuchs enorm: Der Seefahrer Vasco da Gama entdeckte den Seeweg nach Indien um Afrika. Magellan umsegelte als erster die Welt.

In Deutschland entwickelte um das Jahr 1450 Gutenberg die Technik des Buchdrucks mit auswechselbaren Buchstaben. In Nürnberg bauten der Seefahrer Behaim den ersten Globus und Peter Henlein die erste Taschenuhr. In Nürnberg lebte auch Albrecht Dürer, einer der größten Maler in der Geschichte der deutschen Kunst.

Zu ändern begann sich auch das Verhältnis von Christen und Juden in Deutschland. Wir sahen schon das frühe Beispiel des Humanisten Reuchlin. Nach und nach erwarben sich die Juden nun ihnen bislang verwehrte Rechte. Sie durften religiöse Gemeinden bilden, durften Grund und Boden kaufen und darauf Synagogen bauen. Trotzdem waren sie noch immer benachteiligt. Sie mußten Schutzgelder an die

In Mainz erfand um das Jahr 1450 Johannes Gutenberg die Kunst des Buchdrucks mit auswechselbaren Bleibuchstaben. Das erste gedruckte Buch war die Bibel. Schon bald nach der Erfindung wurden auch die Juden Meister des Buchdrucks. Die Abbildung zeigt ein Blatt aus einem im Jahr 1527 in Prag gedruckten jüdischen Gebetbuch

Fürsten bezahlen, höhere Steuern als die Christen entrichten und waren in ihrer Bewegungsfreiheit eingeschränkt. Aber der lange Weg zur vollen Gleichberechtigung der jüdischen Bevölkerung war beschritten worden. Ein Weg, dessen Ziel erst in fast 350 Jahren erreicht sein sollte.

Von Wucherern und der Hölle

Wir hörten schon, daß es den Christen im Mittelalter verboten war, Geld gegen Zinsen auszuleihen, die Juden dagegen von Andersgläubigen Zins nehmen durften. Das Geldgeschäft wurde so zu einem wichtigen Gewerbe für die jüdische Minderheit. Doch das Ausleihen von Geld gegen Zinsen wurde von vielen Zeitgenossen nicht anerkannt. Es gab noch kein Verständnis für eine Geldwirtschaft. In weiten Kreisen der Bevölkerung galt daher jeder Zins – egal wie hoch – als Wucher, als ungerechtfertigtes Gewinnstreben.

Nürnberger Flugblatt aus dem Jahr 1480. Es warnt vor dem angeblichen jüdischen Wucher und zeigt einen jüdischen Geldverleiher mit Familie. Ein Städter und ein Bauer kommen mit Leihpfändern

Jüdische Geldverleiher kamen so in den Ruf der Wucherei. Und seit dieser Zeit warf man den Juden immer wieder vor, sie würden sich rücksichtslos bereichern. In der antijüdischen Propaganda findet sich immer wieder das Schreckens- und Haßbild vom geldgierigen Juden. Tatsächlich aber war der Einfluß der Juden auf das Geldgeschäft auch schon im Mittelalter begrenzt, vor allem nach der Vertreibung der Juden im Gefolge der Pestepidemien von 1348/49. Jüdische Geldverleiher waren zunehmend nur für kleine Kredite zuständig, und auch das eher auf dem Land und in Kleinstädten. Das große Geschäft, die hohe Geldpolitik, blieb christlichen Handelshäusern und Unternehmungen, wie den Fuggern oder den Welsern, vorbehalten.

Auf Abbildungen und Flugblättern wurde immer wieder auf Wucherer hingewiesen und vor ihnen gewarnt. Wucher galt als eine Art Diebstahl. Auf schwerem Diebstahl aber stand die Todesstrafe. Dem jüdischen Geldverleiher drohte immer die Anklage wegen Wucherei – ein neuer Grund für die Herabsetzung und Verfolgung der jüdischen Minderheit.

Auch in der neuen Zeit durften sich die Juden also längst nicht sicher fühlen. Wir sahen, was 1614 in Frankfurt geschah.

1670 wurden die Juden aus Wien vertrieben. Wien war damals eine der größten Städte der Welt. Viele Juden hatten sich dort niedergelassen. Kaiser Leopold I. war mit einer streng katholischen Spanierin verheiratet. Sie war es, die – nach spanischem Vorbild – die Vertreibung der Juden betrieb.

Ein dreiviertel Jahrhundert später, unter Kaiserin Maria Theresia, führte Österreich Krieg gegen Preußen. Die Stadt Prag gehörte damals zu Österreich. Die Kaiserin beschuldigte die Prager Juden, sie hätten Preußen unterstützt. So mußten die Juden im Jahr 1745 auch Prag verlassen.

Aber die Ausweisungen aus Wien und Prag sollten nicht lange währen. Die Herrscher fanden keinen Ersatz für die hohen Steuern und Abgaben, die die jüdische Bevölkerung zuvor entrichtet hatte.

Die Geschichte des Knaben Simon Abele

Immer wieder haben Christen versucht, Juden von ihrem Glauben abzubringen und zum Christentum zu bekehren. Schon im Mittelalter hatte es Streitgespräche zwischen christlichen und jüdischen Religionsgelehrten gegeben. Juden sollten von der angeblichen Unterlegenheit ihrer Religion überzeugt werden. Insgesamt aber hatten diese Bemühungen nur wenig Erfolg.

Mehr Erfolg erhoffte man sich von der Bekehrung jüdischer Kinder. Vielleicht weil man dachte, daß Kinder in ihrem Glauben noch nicht so gefestigt sein konnten.

Durch viele Jahrhunderte hindurch wurde immer wieder die nachstehende Geschichte in verschiedenen Formen erzählt:

Ein kleiner jüdischer Junge geht gegen den Willen seines Vaters in den christlichen Unterricht. Der Vater wirft den Abtrünnigen in die Flammen und tötet ihn. Aber die Jungfrau Maria rettet ihn wie durch ein Wunder.

Ein Fall, in dem ein jüdischer Vater sein Kind getötet hat, weil es zum Christentum übertreten wollte, ist uns bekannt: Im Jahr 1694 tötete der Jude Lazar Abele seinen Sohn Simon. Daraus entstand eine gegen die jüdische Religion gerichtete Legende: Simon Abele wurde darin zum Märtyrer, einem Heiligen. Landauf, landab wurde seine Geschichte erzählt, gar auf Flugblättern verbreitet. Ein neues Greuelmärchen über „die" Juden war im Umlauf.

Die Geschichten vom Jud Süß und vom Prager Juden Lippold

Joseph Süß Oppenheimer, genannt Jud Süß. Die Geschichte der deutschen Juden kennt eine schillernde Figur: Joseph Süß Oppenheimer. Bekannt wurde er als „Jud Süß". Er lebte vor etwa 200 Jahren.

Joseph Süß Oppenheimer war klug, geschickt und vor allem auf seinen Vorteil bedacht. Er war in Heidelberg geboren und hatte in Prag und Wien gelebt. Dann zog es ihn nach Frankfurt. In Frankfurt kamen die reichsten Leute Deutschlands zusammen. In einer solchen Stadt konnte man Geschäfte machen, große Geschäfte sogar.

Joseph Süß Oppenheimer handelte mit teuren Seidenstoffen aus China, wertvollem Porzellan und kunstvollen Silberwaren. In Frankfurt tat er sich um. Er machte die Bekanntschaft der Mächtigen und Reichen. Er lernte auch Prinz Karl Alexander von Württemberg kennen. In Stuttgart regierte zu der Zeit Herzog Ernst Ludwig über das Land Württemberg. Als er starb, wurde sein Vetter Karl Alexander Herrscher über das Land, denn Ernst Ludwig hatte keine Nachkommen.

Damit begann der sagenhafte Aufstieg des Jud Süß. Der neue Herzog, sein Freund, verlieh ihm den Titel „Geheimer Finanzrat". Seine erste und wichtigste Aufgabe bestand darin, Geld für den Herzog aufzutreiben. Geld war bei den deutschen Fürsten damals stets knapp. Der finanzielle Aufwand für ein Leben ganz in verschwenderischem Luxus war enorm. Dazu kamen die außerordentlich hohen Kosten für die neue Armee:

Früher gab es keine „stehenden Heere", die auch in Friedenszeiten bestanden. Erst wenn Krieg drohte oder schon ausgebrochen war, wurden Soldaten angeworben. War der Krieg aus, entließ man die Armee. Die jetzt anstehende Umstellung auf ein stehendes Heer, das auch in Friedenszeiten bezahlt werden mußte, kostete riesige Summen. Der Geheime Finanzrat Jud Süß sollte dieses Geld beschaffen. Und er beschaffte das Geld – ohne sich selbst dabei zu vergessen. Die Bevölkerung mußte zahlen.

Beamte zum Beispiel mußten eine besondere Abgabe an den Fürsten aufbringen. Diese Abgabe nannte man den „Besoldungsgroschen", weil das Gehalt der Beamten Besoldung heißt. Bald aber sprach man nur noch vom „Judengroschen". Wollte jemand Richter oder Pfarrer werden, so bekam er erst dann eine Stelle, wenn er sich ein solches Amt kaufen konnte. Aber Ämterkauf war nicht nur im Lande Württemberg üblich. Das gab es auch in anderen Ländern und auch unter „Geheimen Finanzräten", die Christen waren.

Jud Süß verkaufte alles: Stoffe, Porzellan, Pferde, Kanonen, Gewehre, Pulver, Gewürze, Gold und Silber. Er beschaffte seinem Herzog viel Geld – und sich auch. Jud Süß wurde reich. Wenn jemand ein Lotterielos kaufte verdiente der Herzog daran – und Jud Süß auch. Wenn jemand einen Löffel Salz in seine Suppe gab, verdiente der Herzog daran – und Jud Süß auch. Wenn jemand eine Pfeife anbrannte, verdiente der Herzog daran – und auch Joseph Süß Oppenheimer, den sie Jud Süß nannten. Jud Süß hatte das Monopol, das Allein-Verkaufsrecht, über Glücksspiele, Salz und Tabak.

Jud Süß wurde reicher und reicher. Und je reicher er wurde, desto größer wurde die Schar seiner Neider und Gegner. So konnte es nicht mehr lange weitergehen. Die drückende Last der Abgaben stürzte das Volk in Not. Aber der Geldbedarf des Herzogs war grenzenlos. Zum Sündenbock für diese Not des Volkes wurde der Mann, der dem Herzog das Geld beschaffte und dabei seinen eigenen Vorteil nicht vergessen hatte. Zum Sündenbock wurde Jud Süß.

Herzog Karl Alexander starb nach einer Regierungszeit von nur viereinhalb Jahren. Sein Tod war auch das Ende von Jud Süß. Jud Süß wurde verhaftet und eingesperrt. Der Prozeß gegen ihn dauerte ein ganzes Jahr.

Im Prozeß spielten Neid und persönliche Rache mit. Doch da Jud Süß keine Verbrechen nachzuweisen waren, hoffte er mit einer kurzen Freiheitsstrafe davonzukommen. Aber dieser Angeklagte war Jude. Und der Jude Süß wurde zum Tode verurteilt. Die jüdischen Gemeinden in Württemberg boten dem neuen Herzog 50 000 Gulden für die Freilassung. Eine gewaltige Summe. Vergeblich.

Am frühen Morgen des 4. Februar 1738 wurde Jud Süß in den großen Rathaussaal gebracht. Zahlreiche Zuschauer waren erschienen. Die in Schwarz gekleideten Richter verkündeten das Urteil: Tod durch den Strang. Jud Süß wehrte sich gegen dieses Urteil und schrie immer wieder, daß ihm Unrecht geschehe. Ein Richter zerbrach den Stab. Dem Verurteilten wurde ein Strick um den Hals gebunden. Das Urteil war unabänderlich.

Jud Süß wurde noch einmal in seine Zelle gebracht. Hier hatte er Gelegenheit, sein Testament zu machen. Er war sehr vermögend. Mehrere hundert Bücher waren sein Eigentum, zahlreiche wertvolle Gemälde, vier Pferde, drei Kutschen, kostbare Möbel. Er vermachte sein Vermögen seiner Mutter, seinen Geschwistern und den Synagogen im Lande. Alle Versuche den zum Tod Verurteilten zum Christentum zu bekehren, schlugen bis zuletzt fehl. Joseph Süß Oppenheimer, genannt „Jud Süß", blieb seinem jüdischen Glauben treu.

Joseph Süß Oppenheimer wird zur
Richtstätte gefahren.
Zeitgenössischer Holzschnitt

Seine Hinrichtung erregte großes Aufsehen im gesamten Land. In einem Bericht darüber heißt es:

„Der Zulauf des Volkes war unbeschreiblich groß, indem nicht nur die Stadt- und Landleute aus allen benachbarten Örtern, sondern auch viele Fremde aus entlegenen Städten und Dörfern als Zuschauer zugegen waren."

Auch der Hergang der Hinrichtung selbst ist überliefert:

„Süß stieg laut betend die Stufen der Leiter hinauf. Man hatte über dem Galgen, ihm zum Hohne und Spott, einen rot angestrichenen Käfig gebracht, an dem die ganze Schlosserzunft gearbeitet haben soll. In diesem Käfig endete das Leben des Jud Süß.

Er starb, auf den Lippen das ,Höre Israel', daß Gott unser Gott ist und daß er einzig ist."

Der Prager Jude Lippold. Prag ist heute die Hauptstadt der Tschechischen Republik. Vor 400 Jahren war Prag eine deutsche Stadt. In Prag befand sich damals die größte Judengemeinde. Einer dieser Prager Juden hieß Lippold. Er kam aus Prag nach Berlin. Berlin gehörte damals zu Preußen. Es wurde regiert von Kurfürst Joachim II. Lippold begann seine Laufbahn als Kammerdiener beim Fürsten. Bald aber hatte er es zum Münzmeister gebracht. „Münzmeister", das bedeutete: Er hatte allein das Recht, Münzen prägen zu lassen. Er allein hatte das Recht, mit Edelmetallen wie Gold und Silber zu handeln.

Lippold prägte Münzen für seinen Herren – und vergaß dabei sich selbst nicht. Er machte einen schnellen und steilen Aufstieg, genau wie fast 200 Jahre später Jud Süß.

Lippold genoß hohes Ansehen. Sein Fürst war ihm zugetan. Lippold beschaffte ihm das notwendige Geld. Der Fürst strahlte im Glanz. Einmal ritt er zu einem Fest in einem wertvollen Zobelmantel. Das Pferd war mit Goldblättchen behangen.

Aber so, wie es später Jud Süß ergehen sollte, erging es auch dem Prager Juden Lippold:

Als sein Fürst am 2. Januar 1571 starb, war Lippold an seinem Sterbebett. Dies zeigt, welche Stellung, welche Achtung und welches Vertrauen sich Lippold erworben hatte.

Aber Stellung und Achtung waren nur an den Gönner gebunden. Schon am Tag darauf ließ der Sohn und Nachfolger des Fürsten den Münzmeister verhaften. Es wurde bekannt, daß das Land mit zweieinhalb Millionen Gulden verschuldet war. Das war eine große, eine sehr große Summe. Aber Lippolds Buchführung war in Ordnung. Er hatte stets auf Anordnung des Fürsten gehandelt.

Da tauchte das Gerücht auf, er sei in den letzten Stunden bei seinem Fürsten gewesen. Konnte er ihn da nicht vergiftet haben?

Lippold wurde gefoltert. Unter unerträglichen Schmerzen gestand er, seinem Herrn Gift gegeben zu haben. Zurück im Gefängnis, widerrief er. Abermals wurde er gefoltert. Wieder gestand er, obwohl sein Herr gar nicht an einer Vergiftung gestorben war. Diesmal hatte er nicht mehr die Kraft zu einem Widerruf. Am 28. Januar 1573 wurde er in Berlin enthauptet.

Der Prager Jude und Jud Süß erlebten ein Schicksal, für das sich noch mehr Beispiele finden.

Im Fürstentum Ansbach war Elkan Fränkel, auch er ein Jude, zum Berater des Markgrafen Wilhelm Friedrich aufgestiegen. In wichtigen Staatsangelegenheiten und Geschäften war Fränkel stets dabei. Er hatte das Recht, die Beamtenstellen gegen Geld zu verkaufen. Dabei dachte er auch an sein eigenes Vermögen. Er verdiente gut dabei. Schließlich wurde eine Untersuchung gegen ihn eingeleitet. Er wurde öffentlich gestäupt. Das hieß, er wurde an einen Pfahl gebunden und öffentlich ausgepeitscht.

Und dennoch: Es hatte sich seit dem Mittelalter etwas geändert. Zwar waren die Juden noch immer Menschen zweiter Klasse – aber manchen von ihnen war der Aufstieg in hohe Stellungen geglückt. Und auch wenn mancher steile Aufstieg mit einem jähen Fall endete, so bleibt doch festzuhalten, daß ein sozialer Aufstieg für die Juden jetzt jedenfalls möglich war.

Ein kleiner buckliger Junge

Der kleine Junge, von dem hier die Rede sein soll, hatte es nicht leicht: Er war sehr klein im Vergleich zu anderen Jungen seines Alters, er hatte einen Buckel und stotterte. Beim Gehen war er behindert. Dieser Junge lebte vor etwa 200 Jahren in der anhaltinischen Residenzstadt Dessau. Sein Name war Moses Menachem Heymann. Sein Vater war in der jüdischen Gemeinde der Stadt als Lehrer tätig.

Der kleine Moses hatte bei seinem Vater Hebräisch in Sprache und Schrift gelernt. Damals war er fünfzehn Jahre alt. Moses war ein kluger Junge. Deshalb unterrichtete ihn auch der Rabbiner Fränkel. Doch nach wenigen Jahren wurde Fränkel nach Berlin berufen und dort zum Oberrabbiner ernannt. Was sollte Moses jetzt tun?

Obwohl gehbehindert, machte sich der junge Moses auf den Weg nach Berlin. Das waren 120 Kilometer. Als er dort ankam, fand er das Südtor der Stadt für Juden verschlossen. So lief Moses um die halbe Stadt nach dem im Norden liegenden „Rosenthaler Tor". Dort zahlte er das „Judengeld", eine Sondersteuer für Juden. Erst jetzt durfte er Berliner Boden betreten. Der Zöllner hatte Schwierigkeiten mit dem Namen. Fast schon ein Zungenbrecher: Moses Menachem Heymann. Er fragte ihn nach dem Namen des Vaters. Der hieß Mendel Menachem Heymann. Kurzerhand hängte der Zöllner das Wort „Sohn" an den ersten Vornamen des Vaters und gab diesen Namen dem jungen Moses als Nachnamen: Mendelssohn. Von nun an hieß der Junge Moses Mendelssohn. Diesen Namen sollte er zeitlebens behalten.

Der Junge ging weiter bei dem Oberrabbiner Fränkel zur Schule. Als Entgelt fertigte Moses Abschriften der heiligen Schriften an. Ein jüdischer Kaufmann stellte ihm eine Dachkammer und ließ ihn an seinem Tisch mitessen.

Juden konnten damals keineswegs ihr Studium frei wählen. Erlaubt war ihnen nur das Studium der Medizin. Dazu mußte Moses Mendelssohn Latein können. Zwei Studenten, die Arzt werden wollten, brachten es ihm bei. Bald konnte Moses auch Englisch und Französisch.

Die deutsche Sprache beherrschte er meisterhaft. Er schrieb und veröffentlichte seine zahlreichen philosophischen Schriften in Deutsch. Das war keine Selbstverständlichkeit, da die Sprache der jüdischen Gebildeten bis dahin meist das Hebräische gewesen war.

Große Aufmerksamkeit fand auch seine Bekanntschaft mit dem deutschen Schriftsteller und Gelehrten Gotthold Ephraim Lessing. Lessing hatte ein Theaterstück geschrieben – „Die Juden" –, das sich gegen jede Herabsetzung der Juden wandte. Auch das war keine Selbstverständlichkeit: ein Mann vom Einfluß und Ansehen Lessings setzte sich öffentlich für die Rechte der jüdischen Minderheit ein!

Lessing *war* ein berühmter Mann. Moses Mendelssohn *wurde* ein berühmter Mann.

Moses Mendelssohns Geschichte ist

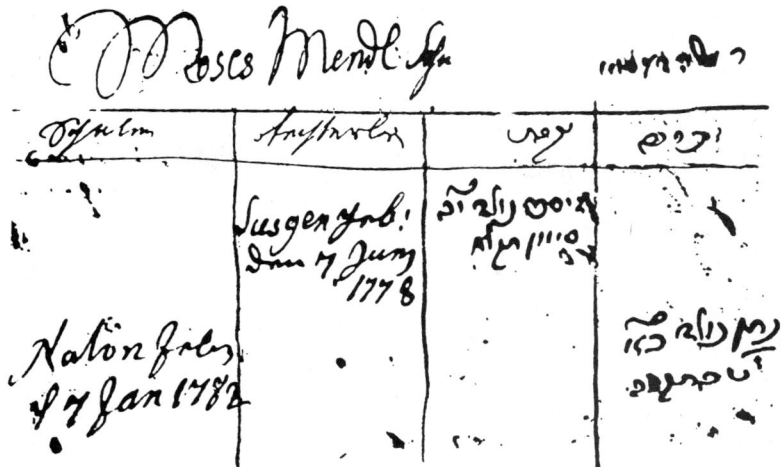

Auszug aus dem Geburtsregister, in das Moses Mendelssohn seine Kinder Natan und Susgen deutsch und hebräisch eingetragen hat

ein Beispiel. Den Juden bot sich jetzt im preußischen Staat die Möglichkeit, in die deutsche Bildungsschicht aufzusteigen. Dies gelang, obwohl die herkömmlichen Bildungseinrichtungen, vor allem eben die Universität, Juden noch weitgehend verschlossen blieben. Hilfe bot hier nur das Selbststudium oder ein Privatlehrer.

Moses Mendelssohn blieb keine Ausnahme. In Berlin, in Breslau, Königsberg und Köln entstand eine kleine Schicht gebildeter Juden, die eine gewichtige Rolle in der neuen bürgerlichen Kultur spielten. Dazu gehörten auch jüdische Frauen, Ra-

hel Varnhagen zum Beispiel, eine der großen deutschen Schriftstellerinnen des 19. Jahrhunderts. Das Interesse an einer vor allem weltlichen Bildung wuchs so auch innerhalb der jüdischen Minderheit. Eine wachsende Zahl von Juden in Deutschland wandte sich jetzt der deutschsprachigen Kultur zu. Doch diese „Haskala" – so nennen die Juden diese weltliche Bildungsbewegung – blieb auf eine schmale Schicht großstädtischer Juden begrenzt. Die große Mehrheit lebte weiterhin in den alten Traditionen.

Insgesamt jedoch läßt sich feststellen, daß die noch immer große Entfernung zwischen der jüdischen Minderheit und der christlichen und deutschen Mehrheit sich verringerte. Preußen versuchte eine möglichst starke, wirtschaftlich unabhängige Macht zu werden. Die Juden konnten hier helfen. Ihre wirtschaftlichen Fähigkeiten wurden gebraucht. Im Gegenzug gewährte man ihnen großzügigere Privilegien als bisher. Ihre Rechte wurden gestärkt, alte Beschränkungen aufgehoben. Daraufhin waren mehr und mehr Juden bereit, sich an die Gesellschaft des 18. Jahrhunderts anzupassen. Sie „assimilierten" sich, wie man sagte.

Unter der Regierung Friedrichs II., 1740–1786, gab es jedoch auch wieder Rückschritte. Die beginnende Gleichstellung der Juden schien wieder gefährdet. Friedrich verstärkte den Steuerdruck auf die jüdische Bevölkerung. Vor allem die direkten Abgaben wurden erhöht: So mußten Juden zwangsweise, zum Beispiel anläßlich einer Hochzeit, Porzellan der Berliner Manufaktur abnehmen. Die Preise waren überhöht und die Gegenstände oft nur schwer zu gebrauchen. Diese Regel wurde erst nach einer Ablösezahlung von 40 000 Talern aufgehoben.

Von den reichen Juden wollte man möglichst viele Abgaben herausschlagen, während man die armen aus dem Land zu drängen suchte. Besonders schwerwiegend waren die Eingriffe in die Ausübung der jüdischen Religion. Es wurden christliche Inspektoren in die Synagogen geschickt. Erst gegen Ende des 18. Jahrhunderts setzten sich neue Reformbestrebungen durch. Das Judenedikt von 1812 brachte den entscheidenden Durchbruch. Aus den früher nur geduldeten Juden wurden jetzt preußische Bürger jüdischen Glaubens. Alle Sonderabgaben wurden abgeschafft. Die Liste der neuen Rechte war lang: Juden durften jetzt Christen heiraten, sie konnten Grundbesitz erwerben, damit Bauer oder Winzer werden und Häuser bauen. Mit einem Schlag standen ihnen alle Berufe offen – bis auf wenige Ausnahmen: sie konnten nicht Staatsbeamte, Richter und Staatsanwälte werden. Die neuen Freiheiten brachten aber auch neue Pflichten: Juden mußten fortan im preußischen Militär als Soldaten dienen.

Zweifellos ist dieses Judenedikt von 1812 ein wichtiger Einschnitt. Die Gleichstellung der Juden – zumindest dem Gesetz nach – war weitgehend erreicht. Dennoch gab es in der Gesellschaft auch des 19. Jahrhunderts weiterhin zahlreiche Einschränkungen und Benachteiligungen für die jüdische Bevölkerung. Die volle Gleichberechtigung war auch im 19. Jahrhundert an die Taufe, also an den Übertritt zum Christentum, gebunden. Zum Christentum übergetreten sind beispielsweise Heinrich Heine, Karl Marx und Ferdinand Lassalle.

In einem anderen Land aber war man schon sehr viel weiter: in den Vereinigten Staaten von Amerika.

Sie gaben ein Beispiel, das nach Europa und hier zuerst nach Frankreich wirkte.

Freiheit – Gleichheit – Brüderlichkeit

Wie in Deutschland, so hatten auch in Frankreich Könige und Kaiser regiert. Die politische Macht lag in den Händen einer kleinen Schicht von Adligen, die schon von Geburt an die Privilegien ihres Standes besaßen. Der letzte französische König war Ludwig XVI. Seine Herrschaft war in ganz Europa berühmt und berüchtigt: niemand konnte sich einen ähnlichen Luxus, eine ähnliche Prachtentfaltung leisten. Woher aber kam das dazu notwendige Geld? Wer bezahlte diesen Reichtum?

Das Volk mußte hohe Steuern bezahlen. Oft genug war die Verteilung der Steuern ungerecht. Je weniger ein Bürger besaß, desto höher waren im Verhältnis dazu die ihm auferlegten Lasten. Das Volk war unzufrieden. 1789 gab es einen Aufstand, die „Französische Revolution" hatte begonnen. Der König wurde abgesetzt und 1793 in Paris enthauptet.

Die Aufständischen kämpften mit dem Ruf: „Freiheit – Gleichheit – Brüderlichkeit!"

Der Sieg der Revolution brachte eine neue Regierungsform: die Volksherrschaft. Nach dem alten griechischen Wort nennen wir diese Regierungsform heute noch „Demokratie".

Aber wenden wir uns zurück in das Paris des Jahres 1789.

Erstmals durften die Franzosen wählen. Die gewählten Politiker traten zu einer Versammlung in Paris zusammen. Sie verkündeten: „Alle Menschen sind gleich geboren – alle Menschen sind frei!"

Auch die Juden? Ja, auch die Juden!

In den Vereinigten Staaten von Amerika waren die Juden schon seit fast zwanzig Jahren freie Menschen. Jetzt sollte auch in Frankreich die Unterdrückung ein Ende haben. Die Emanzipation der Juden – die Gleichstellung – ging Stück für Stück voran.

Fünfzehn Jahre nach dem Ausbruch der Französischen Revolution kam der von der Insel Korsika stammende Offizier Napoleon Bonaparte in Frankreich an die Macht. Er machte sich zum Kaiser. Als Kaiser Napoleon unterwarf er sich große Teile Europas. Und mit der Unterwerfung immer größerer Teile Europas gewannen die in den unterworfenen Ländern lebenden Juden neue Freiheit.

Hier einige Stationen zur Gleichstellung der Juden erst in Frankreich, dann in Deutschland:

1791 In Frankreich erhalten die Juden die gleichen Rechte und Pflichten wie die anderen Bürger. Die Gettos werden geöffnet.

1792 In Deutschland erhalten die Juden in den Gebieten westlich des Rheins die gleichen Rechte wie die übrigen Deutschen. In Köln dürfen sich nach 368 (!) Jahren erstmals wieder Juden ansiedeln.

1796 Die Franzosen erobern Frankfurt am Main. Das Getto brennt ab. Es wird nicht wieder aufgebaut.

1798 In Frankfurt dürfen Juden an Sonn- und Feiertagen die Straße betreten.

1804 In Bayern dürfen jüdische Kinder öffentliche Schulen besuchen.

1811 In Frankfurt erhalten die Juden volles Bürgerrecht, müssen aber eine einmalige Abstandssumme von 440 000 Gulden bezahlen.

1812 Das Preußische Judenedikt.
In den deutschen Ländern Preußen und Westfalen werden die Juden gleichberechtigte Staatsbürger.
In Hessen dürfen die Juden bürgerliche Namen tragen.

1848 In der Paulskirche zu Frankfurt werden für alle Juden in Deutschland gleiche Rechte gefordert.

1871 Nach der Reichsgründung werden die Juden gleichberechtigte Staatsbürger.

Damit ist der Prozeß der rechtlichen Gleichstellung der Juden zu Ende. Juden haben von nun an die gleichen Rechte wie alle anderen Deutschen. Eine andere Frage ist es natürlich, wie diese Rechte in der Wirklichkeit eingelöst wurden. Ein Unterschied zwischen dem Recht und der Rechtswirklichkeit blieb.

Der Einzug der gewählten Politiker in die Frankfurter Paulskirche 1848. Die Nationalversammlung in der Paulskirche verlangte die völlige Gleichstellung der Juden

Von Festen und Bräuchen, Regeln und Büchern

Die christlichen Feste des Jahres wie Ostern, Pfingsten und Weihnachten erinnern an das Leben, den Tod und die Auferstehung Christi. Juden feiern andere Feste. Sie erinnern nicht an das Leben Christi, sondern sind verbunden mit der alten Geschichte des jüdischen Volkes.

Der Sabbat

Christen und Juden feiern in der Woche einen Ruhetag. Bei den Christen ist dies der Sonntag. Die Juden nennen ihren Ruhetag „Sabbat" oder – die deutschen Juden – „Schabbes". Übrigens: die Wörter „Samstag" und „Sabbat" sind miteinander verwandt. „Samstag" kommt von dem Wort „Sabbat".

Der Sabbat beginnt schon am Freitagabend bei Anbruch der Dunkelheit.

Im Kreis der jüdischen Familie findet dann eine kleine Feier statt. Die Mutter hat Mohnzöpfe gebacken, die man „Barches" nennt. Sie sind mit dem Sabbatdeckchen zugedeckt. Auf dem Tisch steht ein verzierter Kelch mit Wein, der „Kidduschbecher". Der Hausherr spricht den Se-

Zu Beginn der abendlichen Sabbatfeier zündet die Mutter das Sabbatlicht an. Holzschnitt aus dem Jahr 1695

gen über die Familie, das Brot und den Wein. Es werden Gebete vorgetragen und Lieder gesungen.

Am Sabbatmorgen, also am christlichen Samstag, findet in der Synagoge ein Gottesdienst statt. Es wird aus der Tora vorgelesen. Die Tora ist nach alter Art auf zwei Rollen aufgerollt. Die Torarolle wird aus dem Toraschrein „ausgehoben" und in feierlichem Zug zum Almemor, einer Art Altar, getragen.

Tora mit Schmuck

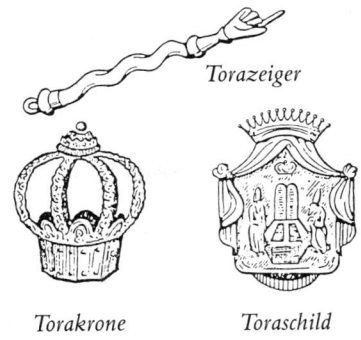

Torazeiger

Torakrone

Toraschild

Die Tora ist mit der Torakrone, mit einem Toramantel und einem Toraschild geschmückt. An jedem Sabbat wird ein bestimmtes Stück aus der Torarolle vorgelesen. Die Torarolle ist nicht gedruckt, sondern kunstvoll mit der Hand geschrieben und sehr kostbar. Deswegen darf auch nicht mit dem Finger auf die zu lesende Stelle gedeutet werden. Ein Gläubiger führt den Torazeiger auf die jeweilige Stelle. Das ist eine verzierte künstliche Hand, die meist aus Elfenbein besteht und zuweilen auch versilbert ist.

Oft findet am Nachmittag noch einmal ein Gottesdienst in der Synagoge statt.

Der Sabbat ist für die Juden der Tag der Ruhe und der geistigen Erneuerung. Er erinnert an die göttliche Weltschöpfung.

Der Sabbat ist den Juden heilig. Auf keinen Fall darf an diesem Tag gearbeitet werden. Es darf deshalb auch nicht gekocht werden. Das Essen wird schon am Tag vorher zubereitet und in einem besonderen Ofen warmgehalten. Selbst lange Spaziergänge sind am Sabbat untersagt. Nur 2000 jüdische Ellen (etwa ein Kilometer) sind dem streng Gläubigen erlaubt. Diesen Weg nennt man den Sabbatweg. In vielen Städten und Dörfern Deutschlands gab es früher einen solchen Weg. An seinem Ende befand sich oft ein Brunnen zur Erfrischung. Ein solches „Judenbrünnchen" gibt es heute noch in vielen Orten Deutschlands.

Am Samstagabend klingt der Sabbat im Kreis der Familie aus. Dieser Ausklang heißt „Hawdala". Der Vater spricht den Segen. Die kleinen Barchesschnitten werden ausgeteilt, gesalzen und gegessen. Zum Schluß wird die Kerze mit etwas Wein gelöscht.

Beim Ausklang des Sabbats am Samstagabend dürfen die kleinen Kinder auf dem Tisch stehen. Ein Kind hält eine brennende Kerze in Händen. Der Vater hält den Kelch mit Wein in der Hand und wird gleich die Flamme der Kerze mit einem Schluck Wein löschen. Holzschnitt aus dem Jahr 1723

Bessamim-Büchse. Büchsen dieser Art bestehen nicht selten aus Silber und sind reich verziert

Auf dem Tisch steht die sogenannte „Bessamim-Büchse". Es ist eine kleine, meist reich verzierte Büchse. Im Inneren befindet sich ein Gemisch aus Gewürzen wie Nelken, Zimt und Myrte aus Palästina. Öffnet der Vater die Büchse, erfüllt ein feiner Wohlgeruch das Zimmer. Dieser Wohlgeruch soll die Trauer um das Ende des Sabbats verscheuchen.

Das Laubhüttenfest und andere

Die wichtigsten christlichen Feste stellen verschiedene Stufen im Leben Christi dar: Weihnachten steht für die Geburt, Karfreitag für den Tod und Ostern für die Auferstehung Christi.

Die jüdischen Feste erinnern an die bewegte Geschichte der Israeliten im Altertum. Nennen wir einige Beispiele:

Das Pessachfest. Gefeiert am ersten Vollmond des Frühlings, erinnert es an den Auszug der Juden aus Ägypten. Das Fest dauert acht Tage. Während des Festes muß alles „Gesäuerte" gemieden werden. Brot, das mit Sauerteig gebacken ist, darf nicht gegessen werden. Stattdessen ißt man „Mazza". Das ist ungesäuertes Brot. Es soll daran erinnern, daß die Israeliten beim Auszug aus Ägypten im Altertum nur Brot in dieser Form herstellen konnten. Auch alle der Gärung unterworfenen Flüssigkeiten wie Bier oder Wein sind streng untersagt. War es doch beim Auszug aus Ägypten nicht möglich, das Ende eines Gärungsprozesses abzuwarten.

Holzschnitt aus dem 17. Jahrhundert. Er zeigt zwei Männer, die Reisig und Blätter zum Bau einer Hütte für das Laubhüttenfest geholt haben

Der erste und zweite Abend dieses Festes – der „Sederabend" – wird zu Hause im Kreis der Familie gefeiert. Es wird aus der „Haggada" vorgelesen. Die Haggada ist ein Buch, in dem Geschichten, Gleichnisse, Sagen und Sprüche stehen, die schon Kinder verstehen können.

Schawuot oder Wochenfest. Es ist das zweite große Fest und dauert zwei Tage. Es ist eine Art Ernte- und Wallfahrtsfest. Den gläubigen Juden erinnert dieses Fest an den Empfang des Zehnworts durch Moses auf dem Berg Sinai.

Das Laubhüttenfest. Es wird im Herbst gefeiert. Das Laubhüttenfest erinnert daran, daß die Israeliten bei ihrem Auszug aus Ägypten und auf ihrer Wanderung durch die Wüste in einfachen Zelten und Hütten leben mußten.

Das wichtigste Sinnbild für diesen Tag ist die sogenannte „Laubhütte", die unter freiem Himmel gebaut werden muß. Im Hof oder im Garten oder auch auf dem Balkon wird eine Hütte errichtet und mit Laub abgedeckt. Der gläubige Jude nimmt während dieses Festes seine Mahlzeiten in der Laubhütte ein. Das Laubhüttenfest entspricht etwa unserem Erntedankfest.

Das Neujahrsfest. Der Neujahrstag, der erste Tag im neuen Jahr, ist bei den Christen ein Feiertag, aber kein Fest. Anders bei den Juden. Zu Beginn ihres neuen Jahres – er liegt in unserem Monat September – feiern sie ihr Neujahrsfest. Es dauert zwei Tage. Das neue Jahr beginnt mit zehn Bußtagen. Der letzte ist ebenfalls ein Festtag: „Jom Kippur" oder der „Versöhnungstag".

Der jüdische Kalender ist nach Mond-Monaten eingeteilt. Bei Neumond, wenn der Mond am Himmel nicht zu sehen ist, wird der kommende Mond mit einer Feier in der Synagoge begrüßt.

Das Chanukka-Fest. Es wird im Dezember gefeiert. Es erinnert an die Neuweihe des Jerusalemer Tempels nach dem Sieg über die Syrer im zweiten Jahrhundert vor unserer Zeitrechnung. Das Chanukka-Fest ist das achttägige Lichtfest der Juden.

Der mittelalterliche Holzschnitt auf dieser Seite zeigt, wie ein Gläubiger in der Synagoge ein Licht eines Leuchters anzündet. Ein solcher Leuchter heißt „Menora". Am ersten Tag wird nur eine und dann jeden Tag eine weitere Kerze angezündet. Es soll dies eine sinnbildliche Erinnerung an das sogenannte Lichtwunder im Heiligtum sein, als der Ölvorrat für einen Tag einmal für ganze acht Tage reichte.

Das Purimfest. Auch dieses Fest erinnert an die frühe Geschichte des israelitischen Volkes. Es ist ein sehr ausgelassenes, fröhliches Fest und hat eine gewisse Ähnlichkeit mit

Gläubiger beim Anzünden des „Menora" genannten Leuchters

unserer Fastnacht, dem Fasching oder Karneval.

Das Wort „Purim" heißt „Lose". Erst ein Blick in die jüdische Geschichte kann diese Bezeichnung erklären:

Vor 2500 Jahren lebte in Persien König Xerxes. Seine zweite Frau war die Jüdin Esther. Der erste Minister des Königs hieß Haman. Eines Tages verweigerte ihm ein Onkel Esthers, ein Jude mit Namen Mordechaj, die gewohnten Ehrenbezeigungen. Haman, tief gekränkt in seinem Stolz als Höfling, sann auf Rache. Alle Juden im Reich sollten mit ihrem Leben büßen. Haman ließ durch das Los (Purim) entscheiden, an welchem Tag dies geschehen solle. Das Los entschied für den 13. Tag des jüdischen Monats Adar.

Aber Esther und Mordechaj konnten den König umstimmen. Haman fiel in Ungnade. Er wurde an dem Galgen gehenkt, den er für Mordechaj hatte errichten lassen.

Jedes Jahr Ende Februar/Anfang März gedenken die Juden dieser Rettung. Das Purimfest ist darum ein Freudenfest.

Tischa be-Aw. Die meisten religiösen Feste der Juden stehen eher im Zeichen der Fröhlichkeit als der Trauer. Ein Fest der Trauer ist jedoch Tischa be-Aw. Es ist ein Trauertag

zur Erinnerung an die Zerstörung Jerusalems durch den römischen Feldherrn Titus im Jahr 70, also an das Ende des jüdischen Staates.

Am Trauertag Tischa be-Aw werden Klagelieder gesungen. Der gläubige Jude fastet an diesem Tag.

Grabsteine mit merkwürdigen Zahlen

Wenn man heute einen jüdischen Friedhof betritt, sieht man eigentlich zwei verschiedene Friedhöfe. Der eine Teil scheint ungepflegt. Hier liegen die strenggläubigen Juden begraben. In diesem meist älte-

Israelitischer Friedhof, wie ihn der jüdische Graphiker E. M. Lilien vor 70 Jahren darstellte

ren Teil des Friedhofs sind die Toten in einfachen, schlichten Gräbern
bestattet. Grab- oder Blumen-
schmuck, wie man ihn im anderen
Teil (und auf christlichen Gräbern)
findet, gibt es nicht. Jeweils am
Jahrestag des Verstorbenen besuchen die Angehörigen den Friedhof.
Als Zeichen für diesen Besuch legen
sie einen Stein auf das Grab.
Einen jüdischen Friedhof gibt es
auch bei Alsbach an der Bergstraße.
Auf diesem Friedhof wurden einst
die Toten von 29 umliegenden jüdischen Gemeinden beigesetzt. Die
Zahlen auf den Grabsteinen aber
setzen den unwissenden Betrachter
in Erstaunen: So ist ein Salomon
Heyum am 28. Februar 5698 gestorben, seine Frau Sophie am 24. September 5692, sechs Jahre früher.
Dagegen schreibt der christliche Kalender noch längst nicht das Jahr
2000. Der jüdische Kalender zählt
demnach ganz anders.
Christen teilen die geschichtliche
Zeit in die Zeit vor und nach Christi Geburt. In der jüdischen Kultur
beginnt die Zeitrechnung im Jahr
3761 vor Christus. Dieses Jahr steht
für den Beginn der Weltschöpfung.
Wenn Sophie Heyum im Jahr 5692
jüdischer Zeitrechnung gestorben
ist, dann war das – nach christlicher
Zeitrechnung – im Jahr 1932. Die
hebräische Jahreszahl ist leicht in
die christliche umzurechnen. Man

zieht von der hebräischen Zahl
4000 ab und zählt 240 dazu. Überprüft an unserem Beispiel wäre das:
$5692 - 4000 = 1692 + 240 = 1932$.

Von Fleisch- und Milchspeisen

Christen kennen kaum religiös be-
gründete Einschränkungen beim Essen. Dagegen müssen gläubige Juden eine ganze Reihe von bestimmten „Speisegesetzen" einhalten.
So dürfen Juden kein Schweinefleisch essen. Das Schwein gilt in
der jüdischen Kultur als unreines
Tier. Auch der Genuß von Hasen-
oder Kamelfleisch ist untersagt. Erlaubt sind nur Säugetiere mit ge-
spaltenen Klauen.
Ein Jude darf auch kein Blut essen.
Fleisch, das er ißt, muß „koscher"
sein. Das heißt: es darf kein Blut
enthalten.
Darum werden in der jüdischen
Kultur die Tiere „geschächtet". Ein
besonders ausgebildeter Mann, der
Schächter, schneidet mit einem
haarscharfen Messer die Blutgefäße
am Hals des Schlachtviehs blitzschnell durch. Fast augenblicklich
tritt der Tod ein, und das Blut kann
ungehindert ausströmen. In der jüdischen Gemeinde hat der Schächter
eine ganz besondere Stellung. Er
muß eine Prüfung ablegen, in der er
beweist, daß er sein Handwerk be-
herrscht.

Die Hausfrau muß das vorschriftsmäßig geschlachtete Fleisch vor dem Genuß noch mehrmals salzen und wässern, damit auch der letzte Tropfen Blut entfernt wird. Erst dann ist das Fleisch „koscher", erst dann darf es ein gläubiger Jude essen.

Ein anderes Speisegesetz ist das Verbot, Milch und Fleisch zusammen zu essen. Im jüdischen Haushalt unterscheidet man daher zwischen „milchigem" und „fleischigem" Geschirr. Mit „fleischigem" Geschirr wird nur Fleisch zubereitet, mit „milchigem" nur Milchiges, also alles, was aus Milch hergestellt wird.

Von gestrengen Gläubigen

Viele Christen besuchen die Kirche nur selten. Für sie ist der Sonntag in erster Linie ein Ruhetag, nicht aber ein religiöser Feiertag.

Im Leben der Juden spielt die Religion in der Regel eine sehr viel größere Rolle. Ihr Bewußtsein von der eigenen, eigenständigen Kultur hängt an der ungebrochenen Tradition der mosaischen Religion. Diese Religion verlangt viel von den Gläubigen. Denken wir nur an die Vorschriften für den Sabbat, der von Freitagabend bis Samstagabend dauert und an dem mehrmals die Synagoge aufgesucht wird, oder an die vielfältigen Speisevorschriften.

So darf an dem achttägigen Pessachfest, das an den Auszug der Juden aus Ägypten erinnert, kein gesäuertes Brot gegessen werden. Aber welche Mühe war einst damit verbunden, nichtgesäuertes Brot, die Mazza, herzustellen: Es bedurfte eines besonderen Weizens, der nie naß geworden war, damit er nicht in Gefahr geriet, zu keimen und zu gären. Die Mühle mußte von altem Mehl gereinigt werden, der Mühlstein war frisch zu schleifen, damit auch keine Spur alten Weizens an ihm zu finden war. Und noch die Mehlsäcke mußten gründlich gewaschen und dann wieder getrocknet werden. Damit der Teig auch im Backhaus nicht gärte, durfte er nicht dem Sonnenlicht ausgesetzt werden. Das Wasser, das man zum Teig benötigte, mußte schon am Abend vorher aus einem reinen Brunnen oder aus einer reinen Quelle geholt und durch ein Tuch filtriert werden.

Diese strengen Sitten und Bräuche schufen zugleich einen starken Zusammenhalt. Ganz gleich, wo Juden in der Welt wohnten, überall teilten sie ihre Kultur und ihre Religion. Vielleicht liegt auch hier der Grund für das Überleben der Juden nach ihrer Vertreibung aus Jerusalem im Jahr 70 bis zur Gründung des Staates Israel als einer eigenständigen Religions- und Kulturgemeinschaft.

Die liberale Synagoge in Darmstadt

Die orthodoxe Synagoge in Darmstadt

Zugleich aber grenzten diese strengen religiösen Sitten und besonderen Bräuche die Juden von der jeweiligen Bevölkerungsmehrheit ab, mit der sie zusammenlebten. Daher gab es in der jüdischen Geschichte immer wieder Versuche, die alten überkommenen Regeln abzuändern und sich so der Mehrheit stärker anzupassen. Entscheidend sei, so argumentierten die Befürworter einer solchen Anpassung, nur der Geist der Religion. Äußere Regeln und Gebote dagegen könnten verändert oder aufgegeben werden.

Aber es gab auch die gegenteilige Auffassung. Gerade die strikte Einhaltung der alten Ordnung, so meinten deren Verfechter, könne die Juden, das jüdische Volk vor dem völligen Aufgehen in fremden Völkern oder Religionsgemeinschaften bewahren.

Wer sich für eine freiere Handhabung der Sitten und Bräuche entschied, den nannte man einen „Liberalen". „Liberal" ist ein lateinisches Wort und bedeutet „frei". Wer dagegen streng an den alten Sitten festhalten wollte, den nannte man einen „Orthodoxen". Dies ist ein griechisches Wort und bedeutet „rechtgläubig" oder „strenggläubig".

Liberale und Orthodoxe gibt es auch noch im heutigen Israel. Ganz allgemein läßt sich sagen, daß sich dort die traditionellen Lebensregeln für den größten Teil der Bevölkerung gelockert haben. Das gilt vor allem für die Jugend. Es gibt aber auch strenggläubige Orthodoxe, die an diesen Regeln unbedingt festhalten. So kämpfen sie unter anderem für die Einstellung des Auto- und Flugverkehrs am Sabbat.

In der Diaspora führte die unterschiedliche Auffassung über die Strenge jüdischen Lebens manchmal sogar zur Spaltung jüdischer Gemeinden. So zum Beispiel in Darmstadt. Dort wurde erstmals im Jahre 1737 eine Synagoge erbaut, in die alle Gläubigen zum Gottesdienst kamen. Später spaltete sich die Gemeinde in eine „liberale" und in eine „orthodoxe" Gemeinde, von denen jede ihre eigene Synagoge besaß.

Jüdische Geschichten

Die Kultur der Juden ist reich an Geschichten, Sagen und Märchen. Sie sind ein Spiegel jüdischen Denkens, an dem Ironie und Selbstironie besonders auffallende Züge sind. Zwei Geschichten seien hier angeführt:

Die große Schafherde

Es war einmal ein Mann, der hatte keine Arbeit und konnte kein Geld verdienen. Er dachte nur noch daran, wie er zu Geld kommen könnte.

Er grübelte und grübelte. Da kam ihm ein Gedanke. Zuerst würde er sich auf dem Markt bei den Besenbindern einige Groschen verdienen. Damit ließen sich ein paar Eier erstehen. Diese Eier würde er einer Nachbarin geben, damit deren Hennen sie für ihn ausbrüten. Aus den Küken, so sein Plan, würden Hennen. Und diese Hennen würden Eier legen, Küken ausbrüten und so weiter. Auf diese Weise würde er eines Tages viele Hennen haben. Die könnte er verkaufen und dafür ein Schaf erstehen. Dieses Schaf würde wachsen, selbst wieder Lämmer werfen, und auch aus diesen Lämmern würden Schafe, die wieder Lämmer werfen und so weiter. Auf diese Weise müßte es gelingen: aus ihm wäre endlich ein reicher Mann geworden.

Aber Schafe hält man nur außerhalb der Stadt. Man müßte sie in die Stadt bringen, aber dafür verlangt die Stadt Zoll. Der Mann beschloß, daß er keinen Zoll bezahlen würde. Er dachte lange darüber nach. Schließlich machte er sich auf zum Zollbeamten. Er sagte ihm, er hätte eine Schafherde, wolle sie in die Stadt bringen, aber dafür keinen Zoll bezahlen. Der Zollbeamte sagte ihm, wenn er Schafe in die Stadt brächte, dann müsse er auch Zoll bezahlen. Beide stritten sich. Es kam sogar zu einer Schlägerei. Schließlich fragte der Zollbeamte:

„Wo sind denn deine Schafe? Wieviele sind es denn?"

Da wurde der Mann plötzlich nüchtern. Er antwortete:

„Ich ... ich ... ich habe nur gedacht, wie das wäre, wenn ich welche hätte."

Die Löcher in der Wand

Es war einmal eine große Familie. Einer der Söhne machte mit seinem Ungehorsam Eltern und Lehrern großen Kummer. Da sagte der Vater eines Tages zu ihm:

„Höre mir gut zu, mein Sohn! Für jede Missetat, die du begehst, werde ich einen Nagel in die Wand schlagen. Damit siehst du, wieviel schlechte Taten du verübt hast."

Nach einiger Zeit wurde dem Sohn gewahr, wieviele Nägel nun schon in der Wand steckten. Da wurde er traurig und ging in sich. Er wollte bereuen.

Da sprach der Vater:

„Das ist gut mein Sohn. Von nun an werde ich für jede gute Tat einen Nagel aus der Wand ziehen."

So geschah es auch. Die Nägel wurden immer weniger, und eines Tages sagte der Sohn zum Vater:

„Vater! Schau her! Jetzt ist der letzte Nagel aus der Wand gezogen!"

Da antwortete der Vater:

„Ja, mein Sohn. Die Nägel sind nicht mehr in der Wand, aber die Löcher sind geblieben."

Sprache und Geschichte:
Deutsch und Jiddisch

Seit fast 2000 Jahren leben Deutsche (beziehungsweise Germanen) und Juden neben- und miteinander. Diese lange Zeit des Zusammenlebens läßt sich in der Sprache der Deutschen wie auch in der Sprache der Juden verfolgen. Die deutsche Sprache hat eine ganze Reihe von Wörtern aus dem Hebräischen aufgenommen. Dazu einige Beispiele. Das erste Wort ist jeweils das abgewandelte hebräische Wort:

baldowern — auskundschaften
bedeppert — eingeschüchtert
beschummeln — betrügen
Fratze — Schimpfwort für Gesicht
Ganove — Gauner, Hochstapler
Kaff — Dorf
kläffen — bellen (Hund)
Kittchen — Gefängnis
Kluft — Anzug
meschugge — verrückt
mies — ungünstig
mogeln — betrügen
Moos — Geld
Pinke — Geld
pleite — erledigt, bankrott
Ramsch — Schleuderware
schachern — handeln
schäkern — anbändeln
Schlamassel — Unglück
Schmiere stehen — bei einem Diebstahl Wache halten
schnorren — betteln
schofel — gemein
Schussel — unruhige Person
vermasseln — verderben

Der Einfluß der hebräischen Sprache auf das Deutsche beschränkt sich auf solche Lehnwörter. Die Sprache der Juden aber, soweit sie nicht das Hebräische war, hat umgekehrt sehr viel mehr von der Sprache der Bevölkerungsmehrheit, der Deutschen, aufgenommen. Bis zur Vernichtung der Juden in den Konzentrationslagern der Nationalsozialisten sprach die große Mehrheit der (vor allem ost-) europäischen Juden „jiddisch". Um das Jahr 1900 sprachen mehr als sieben Millionen Menschen diese Sprache.

Jiddisch ist das mittelhochdeutsche Wort für jüdisch. Diese Sprache war bis in unsere Gegenwart hinein die wichtigste Verkehrs- und Literatursprache der Juden. Sie entstand um das 11. und 12. Jahrhundert in der Gegend des Rheinlands. Daher weist sie in ihrem Aufbau eine große Ähnlichkeit mit der deutschen Sprache auf. Es kommt nicht von ungefähr, daß man das Jiddische früher auch das „Juden-Deutsch" genannt hat. Dennoch ist das Jiddische nicht einfach eine deutsche Mundart. Auch in der Sprache zeigt sich die besondere kulturelle und politische Geschichte der Juden.

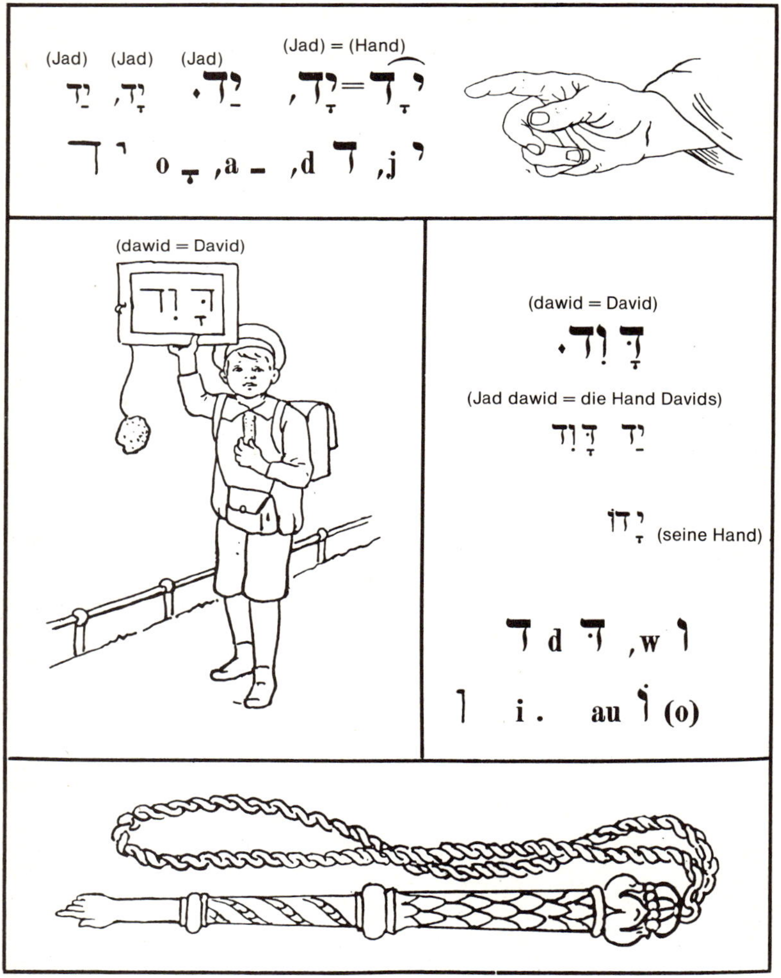

(Jad) (Jad) (Jad)   (Jad) = (Hand)

יַד, יָד   יַד . , יַד , יָד=יַד ,

יֵד ,יׁ   o ָ ,a ָ ,d ד ,j יׁ

(dawid = David)

(dawid = David)

דָּוִד .

(Jad dawid = die Hand Davids)

יַד דָּוִד

יָדׁו (seine Hand)

ו w, יׁ d ד

ו i . au ו (o)

*Erste Seite einer hebräischen Lese-Fibel für Erstkläßler,
erschienen 1928 in Frankfurt a. M.*

Neben dem germanischen Sprachanteil ist das Jiddische auch geprägt vom Hebräischen. An diesem Spracherbe haben die Juden, soweit sie nicht die jeweilige Nationalsprache – wie z. B. das Hochdeutsche – übernahmen, immer festgehalten. So wird zum Beispiel das Jiddische mit dem hebräischen Alphabet – also von rechts nach links – geschrieben.

Ein weiterer, dritter Bestandteil des Jiddischen rührt von dem Einfluß der slawischen Sprachen Osteuropas her. Hier, in Polen, der Ukraine und Weißrußland, lebte der weitaus größte Teil der Juden. Seit dem 18. Jahrhundert ist dieser Einfluß für das Jiddische zunehmend bestimmender geworden, da die Juden in den deutschsprachigen Ländern mehr und mehr Deutsch sprachen. Die Ähnlichkeit zwischen dem Jiddischen, das fast alle Juden im Osten sprachen, und der deutschen Sprache wurde geringer.

So kann man an der Geschichte der jüdischen Sprache das besondere Verhältnis von Juden und Deutschen ablesen. Heute ist das Jiddische eine gefährdete Sprache. Mit den großen Auswanderungswellen osteuropäischer Juden nach den Vereinigten Staaten von Amerika zu Beginn des 20. Jahrhunderts und dann endgültig mit der Ermordung so vieler Juden durch die Nationalsozialisten verschwand mit den Ostjuden auch deren Sprache, das Jiddische. Immer weniger Juden können und wollen heute noch diese Sprache sprechen.

In Israel, dem neugegründeten Staat der Juden, spricht man Hebräisch. Jiddisch können – falls überhaupt – nur die schon vor Jahrzehnten aus Europa emigrierten Juden. Jiddische Schriftsteller gibt es heute nur noch in den USA, vor allem in New York, der Stadt, in der mit weitem Abstand die meisten Juden leben. Aber auch dort schwindet die Zahl derjenigen, die noch das Jiddische verstehen. Einer der wenigen jiddischen Schriftsteller ist der 1934 aus Polen in die USA emigrierte Isaac Bashevis Singer. Seine Geschichten und Romane erzählen vom untergegangenen Leben der osteuropäischen Juden. Sie sind ein Zeugnis einer gewaltsam vernichteten Kultur. Isaac. B. Singer erhielt 1978 den Nobelpreis für Literatur.

Jüdische Sprichwörter und Redensarten

In Sprichwörtern und Redensarten ist viel von der Weisheit und Lebensklugheit eines Volkes aufbewahrt. Die jüdische Kultur ist reich an Sprichwörtern und Redensarten. Einige wenige seien hier zitiert:

Einen guten Menschen kann die Schenke nicht verderben, einen schlechten die Synagoge nicht bessern.

Das beste Pferd bedarf der Peitsche, der klügste Mensch des guten Rates.

Mit Gold stopft man den Leuten den Mund.

Worte soll man wiegen, nicht aber zählen.

Kinder und Narren sagen die Wahrheit.

Einem Wagen Heu, einem Betrunkenen und einem Narren geht man aus dem Weg.

Zu viel Nachdenken schadet zuweilen. Zu wenig Nachdenken schadet immer.

Wenn der Kluge irrt, irrt er gewaltig.

Wer beleidigt, beleidigt sich.

Je leerer die Fässer, desto größer der Lärm.

Leichter zehn Länder als einen Menschen kennenzulernen.

Eine Treppe fegt man von oben herab, nicht von unten hinauf.

Was deine Augen nicht gesehen, soll dein Mund nicht bestätigen.

Auf ein Auge ist mehr Verlaß als auf zwei Ohren.

Schlimmer ist eine böse Zunge als eine böse Hand.

Geld verloren, nichts verloren. Ehre verloren – alles verloren.

Seit König Salomo aufgeschrieben hat, daß die Narren alles glauben, haben sie beschlossen, nichts mehr zu glauben.

Verstand, Einsicht und Reue kommen immer zu spät.

Hochmut liegt auf dem Misthaufen. Wer will, kann ihn sich holen.

Legst du dich in die Kleie, dann schleppen dich die Schweine fort.

Über einen niedrigen Zaun springen alle Böcke.

Der jüdische Witz

Mit dem Witz verhält es sich wie mit den Geschichten, die man sich in einem Volk erzählt: auch sie sind ein Spiegel des Denkens. Der jüdische Witz ist ein gescheiter Witz. Er spielt mit Worten und mit den Regeln der Logik. Auffallend ist auch hier die Fähigkeit zur Selbstironie.

Der Lehrer stellt den Schülern die Aufgabe, Haustiere zu nennen.
Hans: „Pferdchen."
Anton: „Schweinchen."
Lehrer: „Was soll dieser Unsinn?! Das heißt ‚Pferd' und ‚Schwein'. Wozu das dumme ‚chen'?"
Moritz: „Und wenn Sie zerplatzen, Herr Lehrer: Kanin*chen!*"

Moritz kommt zu spät in die Schule. Er entschuldigt sich: „Herr Lehrer, es ist ein Glatteis draußen, daß ich bei jedem Schritt vorwärts zwei Schritte zurückgerutscht bin."
Der Lehrer zweifelt.
„Ja, wieso bist du dann da?"
Moritz: „Ich hab mich umgedreht und bin heimgegangen."

In der Schule erklärt der Lehrer den menschlichen Körper und sagt unter anderem:
„Mit der Nase riecht man, mit den Füßen läuft man."
Darauf der kleine Sali:

„Herr Lehrer! Bei meinem Onkel ist es umgekehrt. Bei dem läuft die Nase, und die Füße riechen."

Ein fremder Jude kommt in ein Städtchen und verkündet, er werde auf einem Seil zwischen dem Dach der Synagoge und dem Dach der Kirche tanzen. Er kassiert im voraus je Person fünf Groschen.
Zur angesagten Zeit läuft eine große Menschenmenge zusammen. Das Seil ist gespannt. Der Mann, der sich als Seiltänzer ausgab, klettert aus dem Dachfenster der Synagoge und erklärt:
„Meine lieben Juden! Mein Lebtag habe ich noch nie auf einem Seil gestanden. Wenn ihr aber findet, daß eure fünf Groschen mein Leben wert sind, dann versuche ich es ..."

Frau Rosenzweig erhält von ihrem Mann ein Telegramm: „Eintreffe 17.45 Ostbahnhof mitbringe Klapperschlange."
Zur angegebenen Zeit ist die Frau pünktlich am Zug. Der Mann steigt aus, begrüßt seine Frau. Sie mustert das Gepäck.
Frau: „Wo ist die Klapperschlange?"
Mann: „Ach was, Klapperschlange! Es waren noch zwei Worte frei — ich werd doch der Post nix schenken!"

Sprüche aus dem Talmud

Der Talmud ist ein Buch in hebräischer Sprache. Es ist ungewöhnlich umfangreich – ungefähr 6000 Folio-Seiten – und kennt mehr als 2000 Autoren. Dieses nach der hebräischen Bibel, der Tora, wichtigste Buch in der jüdischen Kultur entstand in jahrhundertelanger mündlicher und schriftlicher Überlieferung. Abgeschlossen wurde die Arbeit an diesem Text in Babylon im sechsten Jahrhundert unserer Zeitrechnung. Lange Zeit diente der Talmud den Juden als eine Art Nachschlagewerk für alle Gebiete des Wissens, von der Medizin, der Geschichte oder Landwirtschaft bis hin zur Religion. Es gab Zeiten, in denen der Talmud die Grundlage für die gesamte jüdische Erziehung und Bildung war. Noch immer verbindlich ist der Talmud in allen Fragen der jüdischen Religionsgesetze. Hier steht zum Beispiel geschrieben, wie der Sabbat zu begehen ist, wie die jüdischen Feste gefeiert werden und wie die Bräuche in der Synagoge einzuhalten sind. Im Talmud stehen auch Geschichten, Gleichnisse und Moralregeln. Davon wollen wir einige zitieren:

Wirf keinen Stein in den Brunnen, von dem du deinen Durst gelöscht hast.

Für drei Dinge muß man beten: einen guten König, ein gutes Jahr und einen guten Traum.

Je nach dem, wie stark das Kamel ist, so schwer ist seine Last.

Zehn Teile Schönheit kamen herab in die Welt. Jerusalem erhielt neun, der Rest der Welt einen Teil.

Fällt der Stein auf den Krug, wehe dem Krug. Fällt der Krug auf den Stein, wehe dem Krug. In jedem Fall: wehe dem Krug!

Die Jugend ist ein Rosenkranz, das Alter ist ein Dornenkranz.

Durch drei Dinge unterscheidet sich der Mensch von dem anderen: durch seine Stimme, durch sein Gesicht und durch seine Ansichten.

Sogar in Gottes Zorn ist noch Barmherzigkeit.

Sei unter denen, denen man flucht, nicht unter denen, die fluchen.

Hüte dich vor dem, der Vorteil hat von dem Rat, den er dir gibt.

Das Kamel ging auf die Suche nach Hörnern, da schnitt man ihm die Ohren ab.

Auf drei Säulen ruht der Bestand der Welt: auf der Wahrheit, auf dem Recht und auf dem Frieden.

Man darf als Richter weder über seinen Freund noch über seinen Feind sprechen.

אלו הן הלוקין   פרק שלישי   מכות   סו (ע״ג)

Eine Seite aus dem Talmud. In der Mitte stehen in großen Buchstaben die eigentlichen Gesetze, rechts und links in kleiner Schrift die Erläuterungen

Von Luftschiffern und Erfindern, von Wissenschaftlern und Künstlern

Die deutschen Juden hatten im 19. Jahrhundert das Getto verlassen. Aber nicht nur das. In einer unglaublich kurzen Zeit schafften sie den Sprung von einer benachteiligten Randgruppe in die Zentren von Technik, Kultur, Wissenschaft und Wirtschaft.

All dies aber war nur möglich in einer Zeit wie dem Deutschen Kaiserreich (1871–1918). Hier eröffneten sich bis dahin unbekannte Aufstiegschancen. Hier gab es ein neues, noch nie dagewesenes Tempo für Neuerungen in Industrie und Handwerk. Viele Juden konnten diese veränderten Verhältnisse nutzen. Die deutschen Juden hatten die große Mehrheit der deutschen Bevölkerung schnell an Bildung und Einkommen überholt.

Die Erfolgsgeschichte der deutschen Juden ist aber nur die Geschichte einer relativ kleinen Gruppe der Juden insgesamt. Die weit zahlreichere jüdische Bevölkerung im Osten Europas – das waren mehrere Millionen – lebte in ganz anderen Verhältnissen, die eher dem jüdischen Leben im Deutschland des 17. Jahrhunderts glichen.

Im Deutschen Kaiserreich lebten etwa 600 000 Juden. Das waren nur ungefähr 1 % der Bevölkerung Deutschlands. Aber mit einer bewundernswerten Energie holten die deutschen Juden das nach, was ihnen jahrhundertelang die christliche Bevölkerungsmehrheit oder aber die eigene Selbstabgrenzung zur Gesellschaft verwehrt hatte: Bildung und sozialen Aufstieg. Obwohl die jüdische Bevölkerung nur 1 % ausmachte, waren 8 % der Studenten Juden. In Fächern wie Medizin oder den Naturwissenschaften lag ihr Anteil noch deutlich höher. Vier Fünftel der deutschen Juden zählten um das Jahr 1900 zum oberen und mittleren Bürgertum. In der Tat ein erstaunlicher Aufstieg. Doch was diese statistischen Daten zeigen, beruht auf der Leistung vieler einzelner. Im folgenden seien daher einige der Erfolgsgeschichten jüdischer Männer aus Technik, Wissenschaft und Kultur nacherzählt.

Pioniere der Luft

Berlin, 3. November 1897. Auf dem Tempelhofer Feld befindet sich ein riesiges, geschoßähnliches Gebilde. Es ist ein Luftschiff, gebaut aus genieteten Aluminiumteilen. Das Luftschiff ist mit Wasserstoff-Gas gefüllt. Fassungsvermögen: rund 3697 Kubikmeter. Gesamtgewicht: nur 3560 Kilogramm, was dem Gewicht von nur zwei, drei Autos entspricht. Das Luftschiff ist samt Gasfüllung leichter als die von ihm verdrängte Luft. Es muß also in die Höhe steigen wie ein Korken im Wasser. Aber starke Taue verhindern den Aufstieg.

Nachmittags drei Uhr. Ein starker Ostwind kommt auf. Signal zum Flug. Soldaten lassen die Seile los. Das Luftschiff erhebt sich, schwebt, fliegt. Ein Daimler-Motor mit nur zwölf Pferdestärken treibt es an. Das hat es noch nicht gegeben:

— Das Luftschiff ist lenkbar.
— Das Luftschiff besteht aus genieteten Aluminiumplatten.
— Das Luftschiff ist fast gasdicht.

Bei 7,5 Meter Windstärke in der Sekunde steigt das Luftschiff 100 Meter hoch. Es steigt höher ... 200 Meter ... 300 Meter ... 400 Meter ... schwenkt und fliegt in Richtung Schöneberg.

Schließlich entgleitet das Luftschiff den Blicken der Zuschauer.

Doch das Schicksal meint es an diesem Tag nicht gut mit der genialen Idee des Konstrukteurs. Der Wind wird stärker. Es gibt eine kleine Panne. Sie hat mit der Konstruktion des Luftschiffs eigentlich nichts zu tun: ein einfacher Lederriemen zerreißt. Die Propeller stehen still. Das Luftschiff ist nicht mehr zu lenken. Die Fahrer lassen Gas ab. Das Luftschiff setzt auf einem Acker auf. Es wird gegen eine Anhöhe getrieben und zerschellt.

Aber der Beweis ist erbracht: Man kann ein fast gasdichtes, lenkbares Luftschiff aus Aluminiumplatten bauen. Der Konstrukteur ist ein deutschsprechender Holzhändler aus dem damaligen Österreich-Ungarn. Sein Name: DAVID SCHWARZ. Ein Jude.

David Schwarz ist weder in der fliegenden Zigarre, noch unter den Zuschauern. Ein Jahr zuvor war er gestorben — aus Freude. Nach vielen Rückschlägen hatte ihn das Preußische Kriegsministerium endlich aufgefordert, das von ihm entworfene Luftschiff zu bauen. Als David Schwarz das Telegramm in Händen hielt, erlag er einem Herzschlag.

Als an jenem grauen Novembertag das Schwarz'sche Luftschiff auf dem Tempelhofer Feld bei Berlin in die Höhe stieg, stand ein Mann unter den Zuschauern: Graf Ferdinand von Zeppelin. Der Graf hatte gleichzeitig mit David Schwarz an der Konstruktion eines lenkbaren Luftschiffes begonnen. Aber der jüdische Holzhändler war ihm zuvorgekommen. Doch erst unter dem Namen „Zeppelin" wurde das Luftschiff weltweit bekannt.

Jüdische Wissenschaftler, Konstrukteure und Flugpioniere hatten überhaupt an der Entwicklung der Luftfahrt großen Anteil.

Der Jude RUDOLF BERLINER flog mit dem Freiballon „Siemens-Schukkert" in der Zeit vom 8. bis 10. Februar 1914 von Bitterfeld bis zum Ural. Mit dieser Fahrt stellte er einen neuen Weltrekord auf: 3052 Kilometer. Schon zehn Jahre vorher hatte ARTHUR BERSON, auch er Jude, im Ballon „Phönix" eine Höhe von 9115 Metern erreicht. Niemals zuvor war ein Mensch so hoch in der Luft gewesen.

Im Segelflug stellte ROBERT KRONFELD in den Jahren 1929/1930 allein vier Weltrekorde auf. Als erster Mensch flog er 143, 150, 151 und 164 Kilometer im Einsitzer. Am 22. Juni 1931 überflog Kronfeld als erster Mensch im Segelflugzeug den Ärmelkanal zwischen Frankreich und England. Robert Kronfeld lebte in Wien. Als die Deutschen 1938 in Österreich einmarschierten, ging der Jude Kronfeld ins Exil. 1948 stürzte er tödlich ab.

Ein bedeutender Pionier der Luftfahrt war auch der 1872 in Wien geborene und 1940 in Berlin gestorbene Jude EDMUND RUMPLER. Nach den Plänen des österreichischen Ingenieurs Etrich baute er in Berlin ein Flugzeug, das in die Fluggeschichte eingehen sollte: die „Rumpler-Taube". Das war 1910. Schon zwei Jahre vorher hatte Rumpler in Berlin die erste deutsche Flugzeugfabrik gegründet. Die Rumpler-Taube war das erste Flugzeug, das mit einem 8-Zylinder-Motor ausgestattet war. Die Tragflächen waren der Natur nachgebildet. Sie waren nach der Art des Zanonia-Samens verspannt. Die Zanonia ist eine Kletterpflanze. In ihren kürbisartigen Früchten befinden sich viele Samen mit gleitflugtüchtigen Flügeln, die der Luftfahrt als Vorbild gedient haben.

Edmund Rumpler war nicht nur Flugzeugkonstrukteur. Von ihm stammen auch wichtige Neuerungen auf dem Gebiet des Automobilbaus. Auf ihn gehen zurück:
— das erste Auto in Stromlinienform,
— das erste Auto mit Schwingachse,
— das erste Auto mit Vorderradantrieb.

Die pferdelose Kutsche

Einige der ersten Passanten, die je eine „pferdelose Kutsche" gesehen haben, so wird berichtet, seien in Ohnmacht gefallen oder vor dieser unerklärlichen Maschine davongelaufen.

Eine „pferdelose Kutsche" – das war ein Auto. Damals sagte man „Automobil". Das war vor hundert Jahren. Nikolaus Otto hat den Gasmotor erfunden. Unsere heutigen Autos fahren mit diesem Otto-Motor. Benzin wird zu Gas zerstäubt und entzündet.

Gleich mehrere Erfinder kamen auf den Gedanken, einen solchen Motor in eine Kutsche einzubauen. In Deutschland waren dies Gottlieb Daimler in Stuttgart und Karl Benz in Mannheim.

Aber schon zwanzig Jahre vorher war ein anderer Deutscher auf diesen Gedanken gekommen: SIEGFRIED MARCUS. Siegfried Marcus war 1831 in Malchin in Mecklenburg geboren. Marcus war Jude. Siegfried Marcus konnte – anders als vielleicht noch 50 Jahre früher – Mechaniker werden. Im Alter von 22 Jahren ging er nach Wien und eröffnete dort eine mechanische Werkstatt. 1846 baute er den ersten Kraftwagen mit Benzinmotor. Zur ersten Fahrt lud er die Gäste eines benachbarten Cafés ein. Bald aber sollten solche Fahrten von der Polizei verboten werden: angeblich verursachten sie zuviel Lärm. 1875 baute Marcus ein Auto mit dem von Nikolaus Otto erfundenen Benzinmotor. Neu daran war, daß das Gasgemisch magnetisch-elektrisch gezündet wurde.

Siegfried Marcus war ein großer Erfinder. Insgesamt erhielt er 76 Patente für seine Erfindungen. Eine davon war der „Wiener Zünder", eine Vorrichtung, die beim Aufschlag eine Granate zur Explosion bringt. Marcus steckte alles Geld, das er verdiente, in seine Erfindungen. Als junger Mann hatte er in Deutschland mit Werner von Siemens die erste unterirdische Telegraphenleitung von Berlin nach Magdeburg verlegt. Dabei hatte er ein Relais erfunden. Mit einem solchen Gerät kann man einen starken Strom mittels eines schwachen Fernstromes ausschalten oder einschalten. Die sächsische Regierung hatte ihm dafür den stolzen Preis von 2000 Talern bezahlt. Seine bedeutendste Erfindung aber blieb der Bau des ersten Automobils.

Greifen wir aus der Vielzahl jüdischer Erfinder des deutschen Sprachraumes noch einige weitere heraus:

Der 1875 in Nienburg geborene und 1925 in Berlin gestorbene RUDOLF ABRAHAM erzeugte als erster Kraft durch die Ausnutzung von Ebbe und Flut.

HERMANN ARON erfand den elektrischen Zähler und LEO ARONS die Neonröhre und die Quecksilberlampe. Der in Hannover geborene Jude E. BERLINER erfand das Grammophon und die Schallplatte. Der ebenfalls in Hannover geborene REINHOLD RÜDENBERG erfand das Elektronenmikroskop.

LEO GRAETZ aus Breslau erfand die nach ihm benannte „Graetz'sche Zelle". Mit ihrer Hilfe kann man Wechselstrom in Gleichstrom umwandeln.

Der Physiker HEINRICH HERTZ war der Enkel eines Hamburger Juden. Hertz entdeckte die nach ihm benannten elektrischen Wellen. Sie bilden die Grundlage der heutigen Funktechnik. Sein Name ist in der Abkürzung Hz die Maßeinheit für die Anzahl der Schwingungen je Sekunde.

Der in Darmstadt geborene Chemiker JUSTUS VON LIEBIG war der Sohn einer jüdischen Mutter. Liebig war einer der bedeutendsten deutschen Chemiker. Er hat das Betäubungsmittel Chloroform entdeckt. Auf seinen Forschungen beruhen die künstliche Düngung und die Gewinnung des nach ihm benannten Fleischextrakts.

Erfolgsgeschichten gibt es auch auf dem Gebiet der Wirtschaft. Auch hier nur wenige Beispiele:

PHILIPP ROSENTHAL schuf ein bedeutendes Porzellanunternehmen in Selb. Es zählt noch heute zu den namhaftesten Betrieben dieser Art.

Der Jude SILVERBERG gründete im Rheinland das größte Braunkohleunternehmen der Welt.

Der Pulverfabrikant aus Schweden

Schwarzpulver ist ein Sprengstoff. Aus ihm werden Granaten, Gewehrmunition und andere Geschosse hergestellt. Schwarzpulver wird aus Holzkohle, Schwefel und Salpeter hergestellt. Die Herstellung war schon im Mittelalter bekannt. Ein neues Zeitalter begann, als ALFRED NOBEL, ein Schwede, das Sprengöl Nitroglyzerin zu Sprengstoff verarbeitete: Das Dynamit war erfunden.

Nobel baute mehrere Fabriken in Europa, darunter auch in Deutschland. Aus seinem riesigen Vermögen stiftete er 30 Millionen schwedische Kronen. Von den Zinsen dieser Geldsumme werden in jedem Jahr Preise für die hervorragendsten Leistungen in den Naturwissenschaften, der Medizin, der Wirtschaftswissenschaft, der (Friedens-) Politik und der Literatur vergeben. Es sind dies die sogenannten „Nobelpreise". Sie wurden erstmals im Jahre 1901 verliehen. Ein Nobelpreis ist für einen Wissenschaftler oder Schriftsteller die höchste Auszeichnung.

Von 1901 bis 1933 – dem Jahr, in dem Adolf Hitler an die Macht kam – hatten vierzig Deutsche den Nobelpreis erhalten. Von diesen vierzig waren elf Juden. Wir erinnern uns: Der Anteil der Juden an der Gesamtbevölkerung betrug damals etwa 1%.

Wer waren diese elf jüdischen Nobelpreisträger? Greifen wir zunächst drei Beispiele heraus:

ALBERT EINSTEIN ist wohl der größte deutsche Physiker. In Ulm geboren, dann in München aufgewachsen, wirkte er in Zürich, Prag und Berlin als Professor. Den Nobelpreis erhielt er im Jahr 1921. Als Hitler in Deutschland an die Macht kam, wurde Albert Einstein ausgebürgert. Er starb 1955 in den USA.

PAUL EHRLICH wurde 1854 in Strehlen geboren. Strehlen lag in Schlesien, das heute zu Polen gehört. Paul Ehrlich war Direktor eines Institutes in Frankfurt am Main. Dort entwickelte er neue Medikamente. Er bekam den Nobelpreis für Medizin im Jahr 1908.

PAUL HEYSE war ein berühmter Schriftsteller seiner Zeit. Er wurde 1830 in Berlin geboren und starb 1914 in München. Den Nobelpreis für Literatur erhielt er im Jahr 1910.

Die weiteren acht deutsch-jüdischen Nobelpreisträger waren:

ADOLF BAEYER. Er erhielt den Nobelpreis im Jahr 1905 für seine Arbeiten auf dem Gebiet der Farbstoffe.

OTTO WALLACH. Für seine Forschungen auf dem Gebiet der Riech- und Duftstoffe wurde er 1910 mit dem Nobelpreis ausgezeichnet.

FRITZ HABER. Er war Chemiker. Mit Carl Bosch entwickelte er das Verfahren zur Luftstickstoffgewinnung. Den Nobelpreis erhielt er 1918. 1933 mußte er aus Deutschland emigrieren.

OTTO MEYERHOF. Er arbeitete über die menschlichen Muskeln, insbesondere ihr Reaktionsvermögen. Dafür wurde er im Jahr 1922 mit dem Nobelpreis für Chemie ausgezeichnet.

JAMES FRANCK. Er war Atomphysiker; zusammen mit GUSTAV HERTZ erhielt er den Preis im Jahr 1926.

OTTO WARBURG. Er erhielt den Preis im Jahr 1931. Er war einer der Begründer der Krebsforschung.

„Ich bin Deutscher, und ich bin Jude"

Herausragende Leistungen deutscher Juden finden sich auch in Kunst und Kultur.

FELIX MENDELSSOHN-BARTHOLDY, 1809 in Hamburg geboren, trat schon mit neun Jahren als Pianist auf. Er wurde einer der bedeutendsten deutschen Komponisten.

GIACOMO MEYERBEER war ein berühmter deutscher Dirigent und Komponist. Eigentlich hieß er Jakob Meyer Beer. Im Alter von sieben Jahren erregte er schon großes Aufsehen als Pianist. Als Zwölfjähriger hatte er schon eine Reihe von Musikstücken komponiert. Seine Opern hatten vor allem in Paris Erfolg.

JACQUES OFFENBACH wurde 1819 in Köln geboren. Er ging mit 14 Jahren nach Paris. Dort wirkte er als Komponist und Kapellmeister. Welterfolg hatte er mit der Oper „Hoffmanns Erzählungen".

GUSTAV MAHLER war Österreicher. Er lebte von 1860 bis 1911. Gustav Mahler war ein bedeutender Komponist und einer der großen Dirigenten seiner Zeit.

Max Liebermann. Selbstbildnis

MAX LIEBERMANN zählt zu den bekanntesten deutschen Malern. Er wurde 1847 in Berlin geboren. Er starb zwei Jahre nach Hitlers Machtergreifung in seiner Geburtsstadt. Die Nationalsozialisten hatten dem 86 Jahre alten Künstler „Malverbot" erteilt. Acht Jahre später

wollte die Geheime Staatspolizei seine Witwe abholen – ins Konzentrationslager. Die 78 Jahre alte Frau nahm Gift.

Einer der bedeutendsten deutschen Schriftsteller war der 1797 in Düsseldorf geborene HEINRICH HEINE.

Heinrich Heine

Heine arbeitete auch als Journalist. Als Berichterstatter einer deutschen Zeitung lebte er lange Zeit in Paris. Dort starb er auch im Jahr 1856.

LUDWIG BÖRNE wurde 1786 in Frankfurt am Main geboren. Eigentlich hieß er Löb Baruch. Der Schriftsteller schrieb in Deutsch und Französisch. Seit 1837 lebte er in Paris.

Der Schriftsteller BERTHOLD AUERBACH war 1812 in Nordstetten geboren und starb 1882 in Cannes in Frankreich. Seine „Schwarzwälder Dorfgeschichten" machten ihn zu einem der meistgelesenen Erzähler in der zweiten Hälfte des 19. Jahrhunderts.

MAXIMILIAN HARDEN war ein politischer Schriftsteller. Er wurde 1861 in Berlin geboren und starb im Jahr 1927 in der Schweiz.

JAKOB WASSERMANN zählte zu den bedeutendsten Schriftstellern zwischen den Jahren 1920 und 1930. Wassermann stammte aus Fürth. Damals war in Fürth jeder zwölfte Bürger Jude. Jakob Wassermann lebte in München, Wien und in der Steiermark in Österreich. 1921 veröffentlichte er ein Buch unter dem Titel „Mein Weg als Deutscher und Jude". Darin beschrieb er sein Leben. Auf der letzten Seite heißt es:

„Ich bin Deutscher, und ich bin Jude, eines so sehr und so völlig wie das andere, keines ist vom anderen zu lösen."

Kein Jude ist so bekannt geworden, hat eine solche weltweite Wirkung erreicht wie KARL MARX. Er wurde in Trier geboren. Aus politischen Gründen mußte er Deutschland verlassen und lebte in London. Karl Marx war ein großer Gelehrter. Seine Lehre wurde nach ihm benannt: der „Marxismus". Die kommunistischen Staaten in der ganzen Welt beriefen sich darauf. Seine Bücher sind in fast alle Sprachen der Welt übersetzt. Die bekanntesten sind „Das Kapital" und „Das Kommunistische Manifest".

Karl Marx lebte von 1818 bis 1883.

Die Lehre des Karl Marx versuchte in Deutschland unter anderen der Politiker FERDINAND LASSALLE in die

Ferdinand Lassalle

Wirklichkeit umzusetzen. Lassalle wurde 1825 in Breslau geboren und starb 1864 in Genf. Er hatte 1863 den „Allgemeinen Deutschen Arbeiterverein" gegründet. Dieser Verein war die Keimzelle der heutigen SPD.

Wir hörten bereits, daß die Juden auch im Wirtschaftsleben Deutschlands eine große Rolle spielten. In Frankfurt hatten schon immer viele Juden gewohnt. Eine Familie wurde weltweit bekannt: An ihrem Haus hing ein rotes Schild. Das Haus hieß darum „Haus zum rothen Schild". Nach diesem Haus gab sich die Familie den Namen: ROTHSCHILD. Später zogen sie in ein anderes Haus um, aber der Name „Rothschild" blieb.

Der bekannteste der Rothschilds war Mayer Amschel Rothschild. Er lebte von 1743 bis 1812. Von Beruf war er Kaufmann und Bankier. Er brachte es zu einem ansehnlichen Vermögen. Mayer Amschel Rothschild hatte fünf Söhne. Man nannte sie die „Fünf Frankfurter". Der Vater gab seinen Söhnen folgenden Rat mit für das Leben:

„Ihr müßt einig sein wie die fünf Finger einer Hand. Jeder für sich ist vollkommen selbständig. Aber wenn einer in Not ist, muß der andere helfen."

Der älteste Sohn behielt das Bankhaus in Frankfurt. Die vier anderen gingen in vier große Städte und gründeten dort neue Banken: Wien – Neapel – Paris – London. Die Banken in Paris und London bestehen heute noch.

Heimweh nach Zion

Ein Mann und sein Buch

Der Mann, von dem im folgenden die Reden sein soll, hieß Theodor Herzl. Sein Buch hat den Titel „Der Judenstaat".

Der Jude Theodor Herzl wurde im Jahr 1860 in Budapest geboren. Die Stadt gehörte damals zum Staat Österreich-Ungarn. Der Vater Theodor Herzls war ein wohlhabender Bankier. Theodor Herzl erhielt eine erstklassige Ausbildung und erlernte sechs Sprachen. Als junger Mann studierte er Rechtswissenschaften in Wien. Er schrieb Geschichten, Romane und Theaterstücke. Im Alter von 33 Jahren ging er nach Paris. Dort arbeitete er als Berichterstatter einer deutschsprachigen Zeitung in Wien.

Sein Buch „Der Judenstaat" erschien 1896 und wurde weithin bekannt. Herzl war einer der ersten, der das Judentum, das sich bis dahin nur als eine religiöse und kulturelle Gemeinschaft verstanden hatte, auch als eine nationale Einheit sah.

In einer Zeit, in der in vielen europäischen Ländern erneut eine gegen die Juden gerichtete Stimmung auf-

DER

JUDENSTAAT.

VERSUCH

EINER

MODERNEN LÖSUNG DER JUDENFRAGE

VON

THEODOR HERZL
DOKTOR DER RECHTE

LEIPZIG und WIEN 1896.
M. BREITENSTEIN'S VERLAGS-BUCHHANDLUNG
WIEN, IX., WÄHRINGERSTRASSE 5

Titelblatt der ersten Ausgabe von Theodor Herzls „Der Judenstaat"

kam, suchte er die „Judenfrage" politisch zu lösen. Herzl war der Wortführer für all jene Juden, die nicht mehr an den Erfolg der jüdischen Anpassung an die christliche und jeweilige nationalstaatliche Umwelt glaubten. Statt einer immer weitergehenden Anpassung – bis hin zur Nichtunterscheidbarkeit – wollte er die nationale Selbstbe-

Wenn ich das heute laut sagte, würde mir ein universelles Gelächter antworten. Vielleicht in fünf Jahren, jedenfalls in fünfzig wird es jeder einsehen.

Teil eines handschriftlichen Briefes von Theodor Herzl aus dem Jahr 1897. Der Brief beschäftigt sich mit der Errichtung des Judenstaates. Herzl schrieb: „Wenn ich das heute laut sagte, würde mir ein universelles Gelächter antworten. Vielleicht in fünf Jahren, jedenfalls in fünfzig Jahren, wird es jeder einsehen."

stimmung der Juden. So wie im 19. Jahrhundert Deutschland und Italien zu einer nationalen Einheit gefunden hatten, so sollten jetzt die Juden aus aller Welt als *ein* Volk einen eigenen Staat gründen.

Theodor Herzl sah sich als Politiker – weniger als religiöser Führer. Dennoch beruht sein Erfolg auch darauf, daß der Gedanke eines eigenen Judenstaats auch bei strenggläubigen Juden Zustimmung fand. Für sie war die von ihm propagierte Rückkehr der Juden nach Palästina eine Erfüllung uralter religiöser Forderungen. Die Rückkehr in die alte Heimat sollte dem kommenden Messias den Weg bereiten.

Herzls Gedanken lassen sich vereinfacht in drei Kernpunkte fassen. Er meinte:
– Im Altertum bildeten die Juden einen eigenen Staat.
– Dann wurden sie in alle Welt zerstreut.
– Nun sollen die Juden wieder einen eigenen Staat bilden, in dem sie eine neue Heimat finden.

Kein Ort war dafür geeigneter, kein Ort schien den Juden mit größerem Recht dazu ausersehen als die alte Heimat: Palästina. Aber in Palästina lebten jetzt Araber. Und Palästina stand zu dieser Zeit unter der Hoheit der Türkei. Die Erde war aufgeteilt. Wie sollten die Juden da Raum für einen eigenen Staat finden? Wie könnte es gelingen, sich in einem Land anzusiedeln, das an der Wende zum 20. Jahrhundert von mehr als 700 000 Arabern bewohnt wurde?

Mit Gewalt sollte das Land nicht erobert werden. Theodor Herzl und die von ihm gegründeten Institutionen wollten den ansässigen Arabern das Land abkaufen. Stück um Stück. Allmählich sollte so ein jüdischer Staat auf einem eigenen Territorium entstehen. Zion ist der heilige Berg in Jerusalem. „Zionisten" nannte man die Juden, die für die Gründung eines neuen Staates in Palästina eintraten.

Aus allen Teilen der Welt wanderten Zionisten in Palästina ein und kauften Acker um Acker, Land um Land. Besonders viele Juden kamen aus Rußland, Polen und Rumänien. Dort waren sie auch im 20. Jahrhundert grausamen Verfolgungen, den sogenannten „Pogromen" (russisch: Verwüstung) ausgesetzt.

So zum Beispiel im Jahr 1903, als am Ostersonntag in der russischen Stadt Kischinew das Getto gestürmt wurde. Über 1500 jüdische Geschäfte und Häuser wurden geplündert oder zerstört. 600 Juden wurden verletzt, etwa fünfzig getötet.

Theodor Herzl verhandelte mit Königen und Kaisern, mit dem Sultan von Konstantinopel, dem Zaren von Rußland und dem Papst in Rom. Er sammelte Geld in aller Welt, damit auch mittellose Juden aus Osteuropa in Palästina einwandern und Land erwerben konnten. Aber jener Mann, der Juden aus der ganzen Welt für das Ziel eines neuen Judenstaates gewonnen hatte, sollte die Verwirklichung seiner Pläne und Hoffnungen nicht mehr erleben.

Im Jahr 1904 starb Theodor Herzl in Wien – erst 44 Jahre alt. Fünf Jahre später gründeten sechzig jüdische Familien in einer Dünenlandschaft am Mittelmeer die erste rein jüdische Stadt. Sie gaben ihr den Namen nach einem Roman Herzls: „Altneuland". In der hebräischen Sprache heißt das: Tel Aviv.

Ein wichtiger Brief

Immer mehr Juden wanderten in Palästina ein. Im Jahr 1917 gab es bereits 80000 jüdische Siedler. Der Erste Weltkrieg, der 1914 begonnen hatte, war noch nicht zu Ende. Die Türkei kämpfte auf deutscher Seite gegen England. So waren die Türken bei den Verlierern des Krieges. Sie mußten große Teile ihres Landes abgeben. Auch Palästina, das an England fiel.

1917 schrieb der englische Außenminister Lord Balfour einen Brief an den bekannten Zionisten Rothschild in New York. Es sollte einer der wichtigsten Briefe in der langen Geschichte des jüdischen Volkes werden. In dem Brief, der sogenannten „Balfour-Erklärung", stand, daß die Engländer für die „Errichtung einer nationalen Heimstätte des jüdischen Volkes in Palästina" eintreten würden.

Das war ein großer Erfolg für die Zionisten. Zum erstenmal hatte eine

Weltmacht sich für die Verwirklichung ihrer Ideen ausgesprochen.

Aber damit waren längst nicht alle Probleme gelöst. Der Anspruch des jüdischen Volkes auf eine „Heimstätte" hatte Anerkennung gefunden – aber die Juden waren in Palästina nur eine Minderheit inmitten der Araber. Das Interesse der Juden an einem eigenen Staat und die Interessen der palästinensischen Araber waren schwerlich in Einklang zu bringen. Zwar hatten die Engländer nun eine Garantie für den Judenstaat gegeben, aber es war noch ein langer und dornenvoller Weg bis zu dessen Verwirklichung.

Juden und Araber

Inmitten der Araber bildeten die Juden eigene Siedlungsgemeinschaften. Sie hatten ihr eigenes Geld, ihre eigenen Steuern, eigene Polizisten und eigene Richter. Sie waren ein „Staat im Staate".

Aus aller Welt waren sie gekommen, die Zionisten. In den jüdischen Siedlungen sprach man über vierzig verschiedene Sprachen. Schließlich einigte man sich auf eine: Hebräisch.

Je mehr Juden in Palästina einwanderten und dort Land erwarben, um so stärker wurden die Araber zurückgedrängt. Diese zunehmende Verdrängung ließ unter den Arabern einen immer stärkeren Widerspruch gegen den Zionismus entstehen. Schon im ersten Jahrzehnt dieses Jahrhunderts gab es blutige Zusammenstöße zwischen Juden und Arabern. Es ist ein Streit, der bis heute andauert.

1948, drei Jahre nach dem Ende des Zweiten Weltkriegs, wurde der heutige Staat Israel gegründet. Der Mann, der den Anstoß dazu gegeben hatte, wurde 1945 – 41 Jahre nach seinem Tod – in der neuen Heimat in Jerusalem beigesetzt: Theodor Herzl.

Der Erste Weltkrieg

Der Tag, als der Krieg begann

Die Bergstraße führt am Fuße des Odenwaldes entlang. Sie beginnt in Darmstadt und endet in Heidelberg. Alljährlich im Frühjahr kommen Tausende an die Bergstraße, um die Baumblüte zu bewundern. Wenn Ostern spät liegt, blühen schon die Mandelbäume. Am Anfang der Bergstraße, am Fuße der Burg Frankenstein, liegt Eberstadt. Heute ein Stadtteil von Darmstadt, war Eberstadt bis 1937 ein selbständiges Städtchen.

Eberstadt besitzt keine besonderen Bauwerke. Es hat keine großen Männer hervorgebracht. Nur dreißig Kilometer im Norden liegt Frankfurt mit seiner seit Jahrhunderten bekannten jüdischen Gemeinde. Dreißig Kilometer gegen Süden liegt Heppenheim. Dort hat bis zum Jahr 1938 der große jüdische Religionsphilosoph und Erneuerer der jüdischen Mystik Martin Buber gelebt.

Eberstadt selbst war ein Ort wie Hunderte anderer in Deutschland.

Eberstadt an der Bergstraße. Das Bild zeigt vorne rechts die „alte Synagoge", die vorher das Rathaus des Städtchens gewesen war. Sie wurde 1914 durch einen prachtvollen Neubau ersetzt

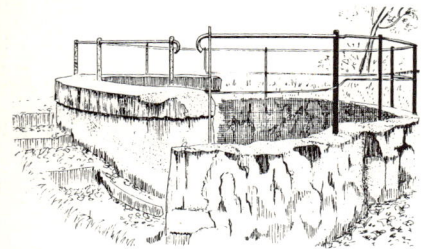

Das „Judenbrünnchen" bei Eberstadt. Hier endete der „Sabbatweg" der Eberstädter Juden

Er hätte ebensogut Ebersheim, Ebersdorf oder Ebershausen heißen können. Was in diesem kleinen Flecken am Fuß der Burgruine Frankenstein geschah, hätte so oder ähnlich in vielen anderen deutschen Städten und Dörfern geschehen können:

Wir schreiben den 1. August 1914. Ein heißer Sommertag. Es gibt noch kein Radio, kein Fernsehen, wohl aber den Telegraphen und das Telephon. Wie ein Lauffeuer geht die Nachricht durch das Städtchen:

„Krieg! Krieg gegen Frankreich!"

An jenem Nachmittag geht Siegmund Joseph die Straße entlang. An seiner Rechten führt er seinen sechs Jahre alten Sohn Ludwig. Vater und Sohn bleiben vor der im Rohbau fertiggestellten neuen Synagoge stehen. Die kleine jüdische Gemeinde hat dafür große Opfer gebracht. Der Vater erklärt dem Sohn, daß er hier einmal am Gottesdienst teilnehmen wird.

Ein junger Mann kommt ihnen entgegen. Er ist 19 Jahre alt, Student. Es ist Hugo Heyum, ein Mann, den der Autor dieses Buches zu den Geschehnissen in jener Zeit noch befragen konnte. An diesem 1. August 1914 gibt es nur ein Thema: den Krieg. In der kleinen Stadt ist Unruhe. Rufe werden laut: „Hurra! Hurra!" „Es lebe der Kaiser!"

Fast alle Deutsche, ob Christen oder Juden, sind erregt, nicht selten sogar begeistert. Das erste Gefühl in diesen Tagen und Wochen ist der Patriotismus. Wer kann, wer jung ist und gesund, meldet sich freiwillig zur Armee. Auch Hugo Heyum, der junge Student, erzählt, daß er sich bereits – wie schon sein Bruder Leo – als Kriegsfreiwilliger gemeldet habe. Siegmund Joseph hält diese Entscheidung für richtig. In diesen Tagen gibt es keinen Unterschied zwischen Christen und Juden.

Die drei Spaziergänger im Eberstadt des Jahres 1914 waren mosaischen Glaubens, waren Juden. Was ist aus ihnen geworden? Wie ist es ihnen in jener Zeit und später ergangen?

Hugo Heyum ist vier Jahre lang Soldat gewesen. Sein um ein Jahr älterer Bruder Leo fiel bereits wenige Wochen nach Kriegsbeginn. Hugo ging 1933 nach Amerika in die Emigration.

Und was weiß man vom Schicksal des Siegmund Joseph und seines Sohnes Ludwig?

Die Geschichte des jüdischen Bürgers Siegmund Joseph

Siegmund Joseph war Kaufmann in Eberstadt. Er handelte mit Textilien und Eisenwaren. Die Baukonjunktur um die Jahrhundertwende hatte das Geschäft blühen lassen. In seiner Freizeit betätigte er sich im örtlichen Turnverein. Siegmund Joseph war ein angesehener Bürger.

Seine Geschichte hat nichts Besonderes. Sie ist ganz von der Zeit bestimmt, in der er lebte. Der Ausbruch des Ersten Weltkrieges machte ihn, einen deutschen Juden, zum glühenden Patrioten. Für ihn wie für Hunderttausende war dieser Krieg eine „heilige Sache". Frauen und Kinder jubelten den Soldaten zu, schmückten die Pferde mit Blumensträußen. An den Eisenbahnwaggons, die Soldaten an die Front beförderten, klebten Plakate: *An Weihnachten zu Hause!*

Für Kaiser und Reich zogen die Soldaten 1914 ins Feld, unter ihnen auch der Jude Siegmund Joseph aus Eberstadt, 32 Jahre alt. Der Familienvater war kein Freiwilliger ge-

wesen; man hatte ihn „gezogen". Er war einberufen worden – aber nicht gegen seinen Willen.

Die große Mehrzahl der Juden war, nicht anders als die übrige Bevölkerung, zu großen Opfern bereit. So waren auch die Brüder Heyum nur zwei von 991 jüdischen Studenten, die sich freiwillig gemeldet hatten. Der älteste Kriegsfreiwillige war der 68 Jahre alte General Walter von Mossner, ein Jude. Und auch der jüngste Kriegsfreiwillige war Jude. Er hieß Joseph Zippes. Es gelang ihm, sich unter ältere Soldaten zu mischen. Er wurde schwer verwundet. Beide Beine mußten ihm amputiert werden. Joseph Zippes war 13 Jahre alt.

Ein Jude, der vom ersten Tag an Dienst tat, war Hugo Gutmann aus Nürnberg. Später diente er als Leutnant und Regimentsadjutant im 16. Reserve-Infanterie-Regiment. Hugo Gutmann war es, der einem Gefreiten namens Adolf Hitler das Eiserne Kreuz 1. Klasse verlieh.

Aber kehren wir noch einmal nach Eberstadt zurück. Fahren wir fort mit der Geschichte des jüdischen Bürgers Siegmund Joseph.

Ostern 1915 war ein besonderer Tag für seine Frau. Als sie am Morgen die „Eberstädter Zeitung" aufschlug, fand sie darin ein Gedicht ihres Mannes, der in Frankreich an der Front war:

DIE DRESCHER
von Siegmund Joseph, Eberstadt

Wir haben erfüllt des Kaisers Wort:
„Und nun wollen wir sie dreschen!"
Wir haben gedroschen an manchem Ort
Die Friedensfeinde, die frechen.

„Ich kenne keine Parteien mehr!"
Und auch keine Konfessionen.
Wir dreschen weiter das welsche Heer,
Wir dreschen die Russen-Legionen.

Wir dreschen gemeinsam den grimmigsten Feind,
Den ehrlos-gemeinen Briten.
Gedroschen wird er gemeinsam vereint
Von Christen und Israeliten.

So lauteten die ersten drei Strophen des Gedichtes von Siegmund Joseph. Es mutet uns heute merkwürdig an. Sein Pathos, sein bedingungsloser Patriotismus erscheint uns fremd, der Landsknechtton den Schrecken des Krieges unangemessen. Es zeigt aber, und nur deshalb ist es zitiert, daß sich der Verfasser mindestens ebenso sehr als Deutscher wie als Jude fühlte. Wie er aber dachten damals viele, wenn nicht die Mehrzahl der Juden in Deutschland.

Drei Tage nach der Veröffentlichung des Gedichts war Siegmund Joseph tot. Dieselbe Zeitung, die seine patriotischen Verse gedruckt hatte, brachte nun einen Nachruf:

„Den Heldentod fürs Vaterland erlitt Herr Siegmund Joseph. Erst vor wenigen Wochen ist der hier allgemein beliebte Heimatsgenosse hinausgezogen und wird sein Tod allseits größte Anteilnahme an der Trauer seiner Angehörigen hervorrufen.

Der Turnverein verliert einen eifrigen Förderer in ihm.

Ehre seinem Andenken."

Im Ersten Weltkrieg fielen von der kleinen jüdischen Gemeinde Eberstadts vier jüdische Bürger. In der gesamten deutschen Armee gab es 96 000 jüdische Soldaten, von denen sich 10 000 freiwillig gemeldet hatten.

Ludwig Joseph, Siegmund Josephs Sohn, floh aus dem nationalsozialistischen Deutschland nach Holland und kämpfte dort im Untergrund. Er rettete jüdische Bürger vor der

Todes-Anzeige.

Auf das Tiefste erschüttert, teilen wir Freunden und Bekannten hierdurch mit, daß unser innigstgeliebter, treubesorgter Gatte und Vater, unser lieber Sohn, Bruder, Schwiegersohn und Schwager

Herr

Siegm. Joseph

am Mittwoch den 14. April im Alter von 33 Jahren den Heldentod fürs Vaterland bei den Kämpfen im Westen gestorben ist.

Eberstadt, Mannheim, Darmstadt, 19. April 1915.

Im Namen der trauernden Hinterbliebenen:

Frida Joseph geb. Meyer.

Die Todesanzeige des Siegmund Joseph aus Eberstadt

Deportation ins Konzentrationslager und wurde nach dem Krieg von der Holländischen Regierung dafür ausgezeichnet.

Ein Student der Chemie

Am Beispiel des Städtchens Eberstadt und des Ersten Weltkrieges zeigte sich, daß große Teile der jüdischen Bevölkerung sich „assimiliert" hatten. Das heißt, sie hatten sich an das deutsche Bürgertum angepaßt. Sie vertrauten darauf, daß das Verhältnis zwischen Deutschen und Juden, zwischen der Mehrheit und der Minderheit, sich immer weiter verbessern würde.

Aber nicht alle Juden sahen in Deutschland ihre Heimat. Nicht alle waren bereit, sich völlig der deutschen Gesellschaft anzupassen. Erinnern wir uns an die von Theodor Herzl organisierte Bewegung der Zionisten. Die Zionisten hatten eine andere Vorstellung von der Zukunft. Sie propagierten den eigenen und eigenständigen jüdischen Staat in Palästina.

Sie sahen in der völligen Anpassung an das jeweilige Land, in dem die Juden lebten, den Verlust der jüdischen Eigenart. Sie fürchteten, eine so weit gehende Anpassung, wie sie große Teile der jüdischen Bevölkerung in Deutschland vollzogen hatte, gefährde die jüdische Religion, die jüdische Kultur und das Recht des jüdischen Volks auf die politische Selbstbestimmung.

Bleiben wir in dem Städtchen am Fuße des Frankensteins, das heute ein Stadtteil von Darmstadt ist. Im Jahr 1892/93 studierte in Darmstadt unter vielen anderen Studenten Chaim Weizmann Chemie. Um sich seinen Lebensunterhalt zu verdienen, arbeitete er als Lehrer. Er wohnte in Pfungstadt, zwei Kilometer von Eberstadt entfernt. In Pfungstadt gab es das „Israelitische Lehr- und Erziehungsinstitut". Es war ein Gymnasium mit Internat. Die Schüler kamen auch aus dem Ausland. Es waren vorwiegend Juden, aber nicht nur. Von den 98 jüdischen Schülern kamen 28 aus dem Ausland, zwölf Schüler waren evangelisch, zwei katholisch.

Der junge Chemiestudent gab an dieser Schule die Fächer Russisch und Hebräisch. Er beobachtete scharf seine Umwelt und machte sich Gedanken zur Frage der Assimilation oder Nicht-Assimilation. Später schrieb er ein Buch über sein Leben. Darin steht auch ein Kapitel über jene Jahre in Pfungstadt:

„Pfungstadt war meine Einführung in eines der traurigsten Kapitel jüdischer Geschichte, nämlich die des angepaßten deutschen Judentums auf dem Höhepunkt ihrer illusorischen Sicherheit, worauf sie auch noch sehr stolz waren. Das deutsche Judentum versuchte unter allen Umständen sich anzupassen, um von den Deutschen als Deutsche anerkannt zu werden, wodurch aber ihre Identität verlorenging. Die kleine Stadt war in ganz Deutschland berühmt für ihre Brauerei, und unter den Juden bekannt für ihre jüdische Schule, geleitet von Dr. Barness. Dieser unterrichtete streng getreu den Richtlinien der Frankfurter – jüdischen – Orthodoxie. Am Sabbat wurde kein Unterricht abgehalten, jeden Tag dreimal gebetet. Aber das war nicht die Orthodoxie, die ich zu Hause kennen und lieben gelernt hatte. Sie war floskelhaft, unrealistisch und hatte keinen völkischen Hintergrund, es fehlte ihr an Farbigkeit und Wärme. Sie konnte nicht in das Leben des Lehrerkollegiums und der Schule eindringen, sondern war lediglich eine kalte Disziplinierung, die von außen kam.

Dr. Barness war vollständig angepaßt und fühlte sich in seiner Überzeugung als Deutscher. Diese Philosophie predigte er tagein, tagaus bei jeder sich bietenden Gelegenheit, besonders aber beim Thema Antisemitismus, welches sich in diesen Tagen tief durch Deutschland fraß. Nicht einmal Dr. Barness konnte das Vorhandensein von Judenhaß ignorieren.

Doch sah er dies als Resultat eines geringschätzigen Mißverständnisses an. Wenn Deutsche antisemitisch eingestellt waren, so nur deshalb, weil sie nicht um die vollwertigen Qualitäten eines Juden wußten. Diese mußten eben belehrt werden, das war alles. Ein bißchen Aufklärung, und alles würde sich in Luft auflösen.

Trotz meiner jugendlichen Naivität konnte ich Dr. Barness selbstzufriedene Philosophie nicht verdauen, und obwohl sie von allen Mitgliedern des Lehrerkollegiums verdaut wurde, möchte ich nicht glauben, daß dies für die Mehrheit der deutschen Juden charakteristisch war."

So Chaim Weizmann. Als im Jahr 1948 der jüdische Staat Israel gegründet wurde, wurde Chaim Weizmann dessen erster Präsident.

Die Weimarer Zeit

Die neue Verfassung

Die „Weimarer Zeit" war die Zeit zwischen den Jahren 1919 und 1933. Im Jahr 1918 war der Erste Weltkrieg zu Ende gegangen. Bis dahin hatte in Deutschland ein Kaiser regiert.

Kaiser Wilhelm II. mußte nach dem verlorenen Krieg Deutschland verlassen und lebte fortan in Holland.

Jetzt sollte das ganze Volk – bzw. die von ihm gewählten Vertreter – regieren. Die Monarchie war zu Ende. In Deutschland gab es zum erstenmal eine „Volksherrschaft", eine Demokratie, so wie heute in der Bundesrepublik.

Weimar ist eine Stadt in Thüringen. In Weimar kamen nach dem verlorenen Krieg Politiker zusammen und berieten über eine neue Verfassung, die die politische Ordnung des demokratischen Deutschlands regeln sollte.

An der Spitze des Staates stand nach der neuen Verfassung der Reichskanzler. Er war der Chef der Regierung. Ihm zur Seite standen die Minister. Daneben gab es den Reichspräsidenten. Das Volk wählte die Parteien. Die Parteien wählten die Regierung. Ab dem 21. Lebensjahr durfte jeder Deutsche wählen.

Weil die Politiker damals in der Stadt Weimar tagten, nennt man diese Verfassung die „Weimarer Verfassung". Ein Mann, der zu dieser Verfassung einen entscheidenden Beitrag geleistet hat, war Hugo Preuß. Hugo Preuß war Jude.

Die Legende vom Dolchstoß

Die Weimarer Republik stand unter einem unglücklichen Stern. Sie hatte die Folgen eines verlorenen Krieges zu tragen. Deutschland mußte den Siegern Ersatz für die Zerstörungen und hohen Kosten des Krieges leisten. Große Gebiete wurden von Deutschland abgetrennt. Darüber hinaus mußten riesige Summen bezahlt werden. Dies alles wurde in einem umfangreichen Vertrag festgelegt. Die Sieger (Franzosen, Engländer und Amerikaner) übergaben diesen Vertrag an die deutschen Politiker im Schloß zu Versailles bei Paris. Es war der „Vertrag von Versailles".

In Deutschland herrschten Not und Elend. Die Arbeitslosigkeit war hoch und stieg immer weiter. Politische und wirtschaftliche Krisen erschütterten die Gesellschaft.

Viele Zeitgenossen konnten sich mit Deutschlands Kriegsniederlage nicht abfinden. Sie wollten nicht wahrhaben, daß der Krieg militärisch verloren worden war. Hatte nicht bei Kriegsende kein einziger feindlicher Soldat auf deutschem Boden gestanden? Den Grund für die Niederlage suchten viele bei der politischen Opposition während der Monarchie, die im Verlauf des Krieges immer mehr für dessen rasche Beilegung eingetreten war. Als es gar zu Aufständen gekommen war und zu einer Revolution, hieß es bald, die Heimat sei den Soldaten in den Rücken gefallen. Die Front „draußen" sei geschwächt worden durch die Front im eigenen Land. Das kämpfende Heer, die zu allen Opfern bereiten Patrioten seien im eigenen Land verraten worden, verraten worden von den „Linken" – gemeint waren vor allem die Kommunisten, aber auch die Sozialdemokraten – und den Juden. Wieder einmal mußten die Juden als Sündenböcke herhalten.

Diese unwahre Darstellung, diese Legende, nennt man „Dolchstoßlegende". In Wirklichkeit müßte sie „Dolchstoßlüge" heißen.

Der Wahrheit die Ehre!

„Die Juden waren allesamt Drückeberger"

behaupten fanatische Judenhasser, obgleich zum allermindesten feststeht:

8000 deutschjüdische Soldaten fielen im Kampf.

17000 deutschjüdische Soldaten erwarben das E. K. II.

900 deutschjüdische Soldaten erwarben das E. K. I.

„Die Juden leisteten gar nichts im Kriege"

verkünden die Judenhetzer. Allgemein bekannte Tatsachen aber sind:

Die jüdischen Professoren Frank und Caro erzeugten aus der Luft Kalkstickstoff zur Rettung der Landwirtschaft.

Der Jude Professor Neuberg erfand Ersatz für Glyzerin zur Kriegsfortführung und für Heilzwecke.

Der Jude Professor Wassermann wirkte hervorragend als Bekämpfer von Wundstarrkrampf und Seuchen.

Der jüdische Kaufmann Koppel stiftete das Kaiser-Wilhelm-Haus für Kriegsbeschädigte.

Die jüdischen Kaufleute Rathenau und Ballin führten mit großer Aufopferung die Rohstoffversorgung im Kriege durch.

Mit diesem Flugblatt wehrte sich die „Reichsvereinigung jüdischer Frontsoldaten" gegen antijüdische Angriffe

Die Politiker der Weimarer Republik bemühten sich, Not und Elend zu lindern. Zeitweise gab es 35 Parteien. Davon hatte aber die Hälfte keine besondere Bedeutung. Ihr Stimmenanteil war bei den Wählern zu gering. Eine wichtige Partei war die SPD, die es heute noch gibt. Eine andere Partei war die Zentrumspartei; sie könnte man etwa vergleichen mit der heutigen CDU/CSU. Dann gab es eine Partei, die großen Zulauf hatte: die Kommunisten, die KPD. Die Kommunisten sahen einen Ausweg aus der Not der Krise nur in einer völligen Veränderung der Gesellschaft. Großgrundbesitz und Großindustrie sollten dem Staat gehören. Nur so sei die wirtschaftliche Ungerechtigkeit zu beseitigen.

Verschärft wurde die allgemeine Not und Krise durch eine unbegrenzte Inflation: Da die Regierung kein Geld hatte, ließ sie einfach Geld drucken. Die Menge des Geldes stieg immer weiter – ohne daß im gleichen Maß auch die Herstellung von Gütern schritthalten hätte. Die Folge davon war, daß die Preise für die vorhandenen Waren immer weiter stiegen. Schließlich kostete eine Schachtel Zündhölzer eine Million Mark. Ersparnisse, für die nicht wenige jahrelang gearbeitet hatten, wurden jetzt wertlos. Am Ende reichten sie vielleicht gerade noch für einen Laib Brot. Das führte zu viel Unzufriedenheit. Zeitweise gab es in Deutschland sechs Millionen Arbeitslose.

Der Mord in der Königsallee

AEG ist eine Abkürzung. Sie steht für „Allgemeine Elektrizitätsgesellschaft". Die AEG ist eine der größten deutschen Firmen. Sie wurde gegründet von Emil Rathenau. Sein Sohn und Nachfolger war Walther Rathenau. Er war Politiker und In-dustrieller. Im Ersten Weltkrieg war Walther Rathenau verantwortlich für die Rohstoffversorgung des Deutschen Reiches. Während der Weimarer Zeit war er ein bedeutender Politiker. Walther Rathenau war Mitglied der Friedenskommission beim Vertrag von Versailles. Er war nacheinander Wiederaufbauminister und Reichsaußenminister und damit einer der bekanntesten Politiker der Weimarer Zeit. Man warf ihm vor, daß er jeden Wunsch der Sieger erfülle, obwohl dies nicht stimmte. Jene Gruppen, die die „Dolchstoßlegende" verbreiteten, waren zugleich die schärfsten Gegner Rathenaus. Aber Rathenau wurde noch aus einer anderen Richtung angefeindet: von den sogenannten „Antisemiten", denn Walther Rathenau war Jude. „Antisemit" heißt soviel wie „Feind der Juden": die Sprache der Juden, das Hebräische, zählt zur Sprachengruppe der Semiten. Wer gegen die Juden war, war also Antisemit.

In den Jahren nach dem Krieg hatte der Antisemitismus starken Zulauf. Obwohl der Anteil der jüdischen Bevölkerung zahlenmäßig gering war, spielte der Antisemitismus eine immer größere Rolle in der Politik. Antisemitismus und ein extremer Nationalismus verbanden sich zu einer gefährlichen Hetze. In den Zeiten der wirtschaftlichen Not dürfte dabei auch der Neid eine Rolle gespielt haben: unter den Juden gab es, wie wir schon hörten, viele erfolgreiche Geschäftsleute.

Der 22. Juli 1922 in Berlin. Reichsaußenminister Walther Rathenau fährt an diesem Tag im offenen Wagen in sein Büro im Auswärtigen Amt. Sein Wagen wird unbemerkt von einem anderen verfolgt. In diesem Wagen sitzen: der 25jährige frühere Seeoffizier Erwin Kern, sein gleichaltriger Freund Herman Fischer und der 22 Jahre alte Ernst Werner Techow. Sie setzen zum Überholen an. Kern richtet eine Maschinenpistole auf den Reichsaußenminister und drückt ab. Fischer wirft eine Handgranate in den Wagen. Das Opfer sinkt in sich zusammen. Walther Rathenau ist tot.

Für Walther Rathenau findet in Berlin eine große Gedenkfeier statt. Die Regierung setzt eine Million Mark für die Ergreifung der Täter aus. Aus freiwilligen Spenden erhöht sich dieser Betrag auf viereinhalb Millionen Mark.

Die Täter können zunächst entkommen. Wenige Wochen später werden zwei von ihnen gestellt. Die Kugel eines Kriminalbeamten trifft Kern. Fischer erschießt sich vor seiner Festnahme. Nur Techow überlebt. Die Mutter Walther Rathenaus schreibt seiner Mutter diesen Brief:

„In namenlosem Schmerz reiche ich Ihnen, Sie ärmste aller Frauen, die Hand. Sagen Sie Ihrem Sohn, daß ich im Namen und Geist des Ermordeten ihm verzeihe, wie Gott ihm verzeihen möge, wenn er vor der irdischen Gerechtigkeit ein volles offenes Bekenntnis ablegt und vor der göttlichen bereut. Hätte er meinen Sohn gekannt, den edelsten Menschen, den die Erde trug, so hätte er eher die Mordwaffe auf sich selbst gerichtet, als auf ihn. Mögen diese Worte Ihrer Seele Frieden geben." MATHILDE RATHENAU

Adolf Hitler

Adolf Hitler stammte aus Braunau, das ist eine Stadt am Inn. Der Fluß trennt an dieser Stelle Deutschland und Österreich. Adolf Hitler war Österreicher. Er hatte keine geregelte Schulausbildung und keine abgeschlossene Berufsausbildung. Nach seinen Angaben war es sein Wunsch gewesen, Kunstmaler zu werden.

In Österreich gab es damals eine starke antijüdische Stimmung. Auch Adolf Hitler war Antisemit. Im Laufe der Jahre sollte sich sein Antisemitismus zu einem fanatischen Haß steigern.

In jungen Jahren ging Adolf Hitler nach München. Hier schlug er sich als Gelegenheitsarbeiter und Postkartenmaler durch. Im Ersten Welt-

Nationalsozialistische
Deutsche Arbeiter=Partei

Seit 2 Jahren wird unsere Bewegung

verlästert und **verleumdet**

wie keine zweite.

Bald sind wir „Bolschewisten", dann wieder „Reaktionäre", bald „Monarchisten" und bald „Revolutionäre", je nach dem Bedarf unserer Angreifer.

Der Kampf, den wir seit Jahr und Tag nun führen gegen das politische Gründer- und wirtschaftliche Spekulantengesindel, wird von diesem in schlauer Weise den Massen als

„Kampf gegen den Volksstaat"

vorgeschwindelt.

Die Verlogenheit dieser von den Agenten des wahrhaftigen Völkertyrannen, der jüdisch-internationalen Weltbörse, ausgestreuten Verleumdung aufzudecken, halten wir

Freitag, den 17. Februar 1922
im Bürgerbräukeller, Rosenheimer Straße

eine große **Volksversammlung** ab.

Es wird sprechen:

Herr **Adolf Hitler** über:

„Volksrepublik oder
Judenstaat"

Beginn der Versammlung 8 Uhr abends. Juden ist der Zutritt verboten.
Zur Deckung der Saal- und Plakatunkosten M. 1.— (Eintritt.
Kriegsbeschädigte frei.

Der Einberufer: Für die Parteileitung A. Drexler.

Adolf Hitler spricht.
Plakat aus dem Jahr 1922

Nationalsozialistische
Deutsche Arbeiter-Partei

Wer soll außer
Landes exportiert
werden?
Deutsche Arbeiter
oder
jüdische Ausbeuter?

Hierüber spricht am **Donnerstag**
den **10. Oktober 1929**, abends 8 Uhr im
Bürgerbräu-Keller, Rosenheimerstr.:

Julius

Streicher

Erscheint in Massen! ● Juden ist der Zutritt verboten

Julius Streicher spricht.
Plakat aus dem Jahr 1929

krieg war er Soldat im deutschen Heer. Nach dem Krieg arbeitet Adolf Hitler für die bayerische Regierung. Er besuchte Versammlungen der verschiedensten Parteien. Darüber erstattete er Bericht.

Bei dieser Beschäftigung lernte er in München die „Deutsche Arbeiter-Partei" kennen. Diese Partei gab es seit 1919; sie hatte nur wenige Mitglieder. Ihr Gründer war der Eisenbahnbeamte Drexler. Adolf Hitler trat dieser Partei bei. Im Jahre 1920 änderte sie ihren Namen: sie nannte

sich jetzt „Nationalsozialistische Deutsche Arbeiterpartei", abgekürzt NSDAP. Ihre Anhänger waren die „Nationalsozialisten" oder die „Nazis". Im Sommer 1921 wurde Adolf Hitler zum Vorsitzenden dieser Partei gewählt.

Jede Partei hat ein Programm. Darin ist festgelegt, welche Ziele die Partei anstrebt. Das Programm der NSDAP bestand aus 25 Punkten. Drei von diesen 25 Punkten waren ausschließlich gegen die Juden gerichtet. In einem Punkt hieß es:

„Volksgenosse kann nur sein, ohne Rücksicht auf Konfession, wer deutschen Blutes ist. Kein Jude kann daher Volksgenosse sein."

Das Programm der Nationalsozialisten war eindeutig antisemitisch. Unter den Anhängern gruppierten sich bald einige Leute enger um Hitler. Einer hieß Hermann Göring. Er war im Ersten Weltkrieg Offizier gewesen, genauso wie Ernst Röhm, den Hitler später ermorden ließ. Ferner gehörte dazu der arbeitslose Lehrer Julius Streicher. Er wurde vor allem bekannt durch seine antisemitische Hetzzeitung „Der Stürmer". Ebenfalls dazu gehörte der Diplomlandwirt Heinrich Himmler.

Hitler hatte sich mit einer Art Privatpolizei umgeben. Diese Truppe nannte er „Schutz-Staffel". Das war die SS. Ihr Führer wurde Himmler. Später wurde er Chef der Geheimen Staatspolizei, der Gestapo. Himmler unterstanden später auch alle Konzentrationslager.

Eine andere Gruppe von Anhängern war die SA. SA ist die Abkürzung von „Sturm-Abteilung". Ihr Führer war Ernst Röhm.

Am 9. November 1923 wollte Hitler in Bayern durch einen Staatsstreich die Macht erlangen. Von überall her hatte er seine SA-Leute kommen lassen. Aber der · Putsch mißlang. Es gab eine Reihe von Toten. Hitler wurde verhaftet. Ein Gericht verurteilte ihn zu fünf Jahren Festungshaft. Er wurde aber vorzeitig entlassen. Während der Haft schrieb er ein Buch mit dem Titel „Mein Kampf", in dem er seine Ziele festlegte. Darin heißt es:

„Hätte man zu Kriegsbeginn und während des Krieges einmal zwölf- oder fünfzehntausend dieser hebräischen Volksverderber so unter Giftgas gehalten, wie Hunderttausende unserer allerbesten deutschen Arbeiter aus allen Schichten und Berufen es im Felde erdulden mußten, dann wäre das Millionenopfer der Front nicht vergeblich gewesen. Im Gegenteil: Zwölftausend Schurken zur rechten Zeit beseitigt, hätte vielleicht einer Million ordentlicher, für die Zukunft wertvoller Deutscher das Leben gerettet."

Hitler hat von Anfang an keinen Zweifel an seinem Haß gegen die Juden gelassen.

Hitlers Anhängerschar wurde größer und größer. Der Nationalsozialismus wurde zu einer Massenbewegung.

Am 31. Mai 1962 wurde in Jerusalem der SS-Führer Eichmann nach einem Prozeß hingerichtet. Eichmann war unter Hitler der Leiter der Judenabteilung der Gestapo. Ankläger für den Staat Israel war Gideon Hausner. Dieser Mann schrieb später in seinem Buch „Die

Vernichtung der Juden" über Hitler:

„Hitler besaß die erstaunliche Gabe, an die Massen zu appelieren, er verstand es, ihre tiefsten Gefühlsregungen aufzurühren, und lieferte ihnen mit großem Geschick ein Ventil für ihre unterdrückten Wünsche und Begierden. Er war nicht nur von einem glühenden Bewußtsein seiner Mission erfüllt, sondern auch vom grenzenlosen Glauben an seine eigenen Fähigkeiten besessen."

Die Not der Weimarer Zeit kam Hitler entgegen. Die Unterschiede zwischen Arm und Reich waren kraß. 1932 gab es über 6 Millionen Arbeitslose. Die schwierige wirtschaftliche Lage ließ den Einfluß politischer Extremisten immer stärker werden. Nur radikale Maßnahmen schienen in dieser Not noch helfen zu können. Hitler versprach „Arbeit und Brot". Das überzeugte viele, trotz der zweifelhaften Ziele und Methoden seiner Partei.

Entschiedene Gegener der Nationalsozialisten waren die Kommunisten. Ihre Stellung unter den Arbeitern war stark. Wer dagegen Besitz hatte, befürchtete die Enteignung, die die Kommunisten propagierten. Hitler schien dagegen das kleinere Übel. Und versprach er nicht ein wieder erstarktes Deutschland? Hitlers Propaganda, ein Gemisch von gewalttätigem Antisemitismus und gefährlich übersteigertem Nationalismus, zeigte bald eine große Wirkung. Seine Partei gewann bei den Wahlen zum Reichstag immer größere Stimmenanteile. Die Zahl der Parteimitglieder stieg immer schneller. Bei den Reichstagswahlen schnellte der Stimmenanteil von 18,2% (1930) auf 37,4% (Juli 1932). Der Mann, der die politische Propaganda der Nationalsozialisten organisierte, war Joseph Goebbels.

Hitlers Aufstieg schien unaufhaltsam. Auch die „Dolchstoßlegende" wußte er für seine Ziele zu nutzen. Viele ehemalige Soldaten schlossen sich dem Nationalsozialismus an.

Der Erste Weltkrieg war im November 1918 zu Ende gegangen. Die Politiker der Weimarer Zeit nannte Hitler „Novemberverbrecher". Er behauptete, sie allein wären an der Not in Deutschland schuld.

Und immer wieder behaupteten Hitler und seine Anhänger: „Die Juden sind unser Unglück!"

Die NSDAP wurde immer stärker. Die demokratischen Parteien waren zu schwach und zu uneinig, um der drohenden Machtübernahme durch die Nationalsozialisten entschlossen entgegenzuwirken. Adolf Hitler wurde am 30. 1. 1933 Reichskanzler.

Das Dritte Reich

Der Reichstag brennt

Als Adolf Hitler im Januar 1933 an die Macht kam, war er fest entschlossen, die Demokratie in Deutschland abzuschaffen. Schon vorher hatte er daraus keinen Hehl gemacht.

Wenige Wochen nach der Machtübernahme zündete ein Holländer in Berlin das Gebäude des Reichstages an. Der Reichstag der damaligen Zeit ist zu vergleichen mit unserem heutigen Bundestag. Hitler und Göring behaupteten rundweg: „Das waren die Kommunisten! Das waren die Sozialdemokraten!"

Noch in der gleichen Nacht setzte eine Verfolgung der KPD und der SPD ein. Namhafte Führer beider Parteien wurden verhaftet und eingesperrt – ohne Gerichtsverfahren, ohne Urteil. Eine beispiellose Jagd auf alle Gegner der Nationalsozialisten begann. Am schlimmsten traf es die Kommunisten. Sie hatten schon vor 1933 gewarnt: „Wer Hitler wählt, wählt den Krieg!"

Schließlich wurde die KPD verbo-

Nach dem Reichstagsbrand.
Plakat der NSDAP

ten, die SPD und auch alle anderen Parteien, dann sogar die Gewerkschaften. In Deutschland gab es nur noch eine Partei: die NSDAP. Deutschland war eine Diktatur geworden. Diktator war der „Führer" Adolf Hitler.

Deutsche Studenten marschieren
wider den
undeutschen Geist

Bücherverbrennung

Von verbrannten Büchern und von Menschen in der Fremde

10. Mai 1933. Frankfurt am Main. Adolf Hitler ist seit einem Vierteljahr in Deutschland an der Macht. Der „Römerberg" ist ein freier Platz in Frankfurt vor dem „Römer", dem alten Rathaus. Es ist dunkel. Auf dem Römerberg sind Hunderte von jungen Leuten versammelt. Die meisten sind Studenten. Viele tragen die Uniform der SA. Andere sind in Zivil. Sie tragen Armbinden mit dem Hakenkreuz.

Die Straße heran kommt ein Wagen. Es ist ein Mistkarren mit schweren Holzspeichenrädern. Er wird von zwei Ochsen gezogen. Neben dem Wagen gehen Studenten. Vor dem Wagen marschieren ihre Lehrer, die Professoren. Sie marschieren nicht in Straßenanzügen. Sie tragen die Tracht der Universität: dunkle Talare, auf den Köpfen Barette.

Auf dem Wagen liegen haufenweise Bücher. Ein Holzstoß ist bereits errichtet worden. Er wird entzündet. Die Flammen züngeln empor. Eine Rede wird gehalten. Die Studenten werfen die Bücher in die Flammen, verbrennen sie. Die Nationalsozialisten behaupten, diese Bücher wären „undeutsch". Die Namen der Verfasser werden genannt. Nicht wenige von ihnen zählen zu den berühmtesten Schriftstellern deutscher Sprache:

BERTOLT BRECHT – LION FEUCHTWANGER – ALFRED DÖBLIN – SIGMUND FREUD – ERICH KÄSTNER – HERMANN KESTEN – HEINRICH MANN – KARL MARX – ERICH MARIA REMARQUE – ARTHUR SCHNITZLER – KURT TUCHOLSKY – ARNOLD ZWEIG – STEFAN ZWEIG.

Unter diesen Schriftstellern und Dichtern waren Juden; aber nicht alle waren Juden. Bücher von Juden durften in Deutschland nicht mehr gelesen werden. So wie in Frankfurt, wurden am gleichen Abend und auf fast gleiche Weise in vielen Städten Deutschlands Bücher verbrannt. Diese Bücher durften von nun an in Deutschland nicht mehr gedruckt, verlegt und verkauft werden. Die Autoren dieser Bücher durften in Deutschland nichts mehr veröffentlichen.

Öffentliche Bücherverbrennungen sind in der Geschichte nichts Neues. Schon vor Jahrhunderten hat man Bücher öffentlich verbrannt. Und immer war es ein Zeichen größter Intoleranz.

Der jüdische Dichter Heinrich Heine hatte schon hundert Jahre zuvor geschrieben: „Das war ein Vorspiel nur, dort wo man Bücher verbrennt, verbrennt man am Ende auch Menschen."

Niemand mochte wohl damals ahnen, daß sich diese hundert Jahre alte Voraussage schon zehn Jahre nach jenem Maitag grausam erfüllen sollte.

Hitler und seine Anhänger, die Nationalsozialisten, kannten keine Toleranz, keine Duldsamkeit, gegenüber Andersdenkenden. Andersdenkende – das waren Kommunisten, Sozialdemokraten, vor allem aber Juden.

Die Nationalsozialisten bestimmten, welches Buch gelesen und welches Bild betrachtet werden durfte. Wer nicht so schrieb und nicht so malte, wie es die Regierung wünschte, galt als „undeutsch", als „entartet".

„Undeutsche" Bücher wurden verbrannt, die Bilder „entarteter Künstler" wurden aus den Museen entfernt.

Der österreichische Maler OSKAR KOKOSCHKA arbeitete als Kunstprofessor in Dresden. Er war kein Jude, aber seine Kunst galt als „entartet". Im Jahr 1934 ging er nach Prag in die Tschechoslowakei und nach deren Besetzung durch die Deutschen im Jahr 1938 nach England.

Die Flucht in die Fremde – die „Emigration" – bedeutete für viele Auswanderer: Ausgestoßensein, Einsamkeit, Verlassenheit. Für viele Menschen bedeutete dies auch finanzielle Sorgen und Armut.

Da war zum Beispiel der Schriftsteller PAUL ZECH. Auch Paul Zech war kein Jude. Er hatte studiert, als Bergmann und Metallarbeiter gearbeitet. Zeit seines Lebens hatte er ein Dutzend Romane, viele Gedichte und auch Theaterstücke geschrieben. Vor der Machtergreifung Hitlers war er als Lektor in einem Verlag beschäftigt. Er hatte zu entscheiden, welche Manuskripte der Verlag zum Druck und Verkauf annehmen, welche er ablehnen sollte. Eines Tages kam ein Manuskript auf seinen Schreibtisch. Es stammte von einem gewissen Dr. Goebbels. Dieser Mann war einer der führenden Nationalsozialisten. Zech lehnte ab und schrieb eine vernichtende Kritik. – Als die Nationalsozialisten an die Macht kamen, sperrten sie Paul Zech für kurze Zeit ein. Nach seiner Freilassung ging der Schriftsteller nach Argentinien, wo schon sein Bruder lebte. Paul Zech ging es schlecht. Er lebte von Hilfsarbeiten, von Almosen. Er wurde krank. Zwar schrieb er weiter Bücher – aber er fand keine Leser. Nur ein einziges Buch wurde in der Emigration von ihm veröffentlicht. Es war ein Gedichtband. Nur ganze elf Exemplare wurden verkauft. Am 7. September 1946 starb Paul Zech – in der Fremde.

In der Fremde starb auch der in Aschaffenburg geborene Maler ERNST LUDWIG KIRCHNER. Er hatte keine finanziellen Sorgen. Er war kein Jude. Trotzdem galten auch seine Bilder als „entartete Kunst". Als die Nationalsozialisten 1933 an die Macht kamen, begnügten sie sich nicht damit, seine Wandmalereien in der Kirche von Königstein nur zu übertünchen; sie kratzten sie aus der Wand. Kirchner emigrierte in die Schweiz. Die Einsamkeit löste bei ihm Niedergeschlagenheit und Schwermut aus. Kirchner war ein bekannter Maler, nicht nur in Deutschland, auch im Ausland, vor allem aber in den USA. An seinem 58. Geburtstag 1938 erhielt er nicht einen einzigen Glückwunsch. Wenige Tage später tötete er sich durch zwei Schüsse ins Herz.

Das Leben der jüdischen Wissenschaftler, Gelehrten und Künstler änderte sich mit der Machtergreifung der Nationalsozialisten fast über Nacht zum Schlechteren. Viele mußten auswandern, waren auf einmal abgeschnitten von ihren Freunden, ihrem gewohnten Leben.

ALBERT EINSTEIN, der bedeutende Physiker und Träger des Nobelpreises, emigrierte in die USA – und sprach nie mehr ein Wort in seiner Muttersprache.

Der Schriftsteller THOMAS MANN wanderte aus. Seine Frau war Jüdin.

Die Schriftstellerin NELLY SACHS wanderte aus. Die geborene Berlinerin ging nach Schweden ins Exil. 1966 erhielt sie den Nobelpreis für Literatur – als erste Frau des deutschen Sprachraumes.

Mancher Emigrant kam in der fremden Welt nicht zurecht. Not, Heimweh und Einsamkeit machten mutlos und niedergeschlagen. STEFAN ZWEIG, auch er einst ein vielgelesener Schriftsteller, und seine Frau Elisabeth nahmen sich in Brasilien das Leben. In seinem letzten Brief schrieb er an einen Freund: „Die Einsamkeit ist deprimierend."

Der in Berlin geborene jüdische Schriftsteller KURT TUCHOLSKY legte in Schweden Hand an sich.

Der in Darmstadt geborene Dichter KARL WOLFSKEHL wählte in Neuseeland den Freitod, der Schriftsteller ERNST TOLLER in New York.

Der in Aachen geborene Schriftsteller WALTER HASENCLEVER ging nach Frankreich. Als die Deutschen während des Zweiten Weltkrieges das Land besetzten, nahm sich Walter Hasenclever in einem Internierungslager das Leben.

Nur die wenigsten fanden sich im neuen Land, im Exil wirklich zurecht. CARL ZUCKMAYER, jüdischer Herkunft und in Rheinhessen geboren, ging nach Amerika und wurde Farmer. Einem Freund schrieb er: „Wenn ich einen Zentner Kartoffeln hebe, die ich selbst produziert habe, habe ich auch das Gefühl, daß meine Existenz auf dieser Erde noch nicht ganz sinnlos ist".

Auswandern mußten die jüdischen Schriftsteller LION FEUCHTWANGER, HERMANN KESTEN, ALFRED POLGAR und viele andere.

Ermordet in Konzentrationslagern wurden die jüdischen Schriftsteller ERICH MÜHSAM, PAUL KORNFELD und die Dichterin GERTRUD KOLMAR – um nur einige zu nennen.

Den Freitod wählten der Kulturhistoriker WALTER BENJAMIN, der Dramatiker ALFRED WOLFENSTEIN, der Schriftsteller JOSEPH ROTH.

Diese lange Reihe von Namen zeigt, daß Juden, trotz ihrer geringen Zahl im Vergleich zur Mehrheit der Deutschen, einen großen Anteil an der deutschen Kultur hatten. Noch in den zwanziger Jahren war Berlin eine Hauptstadt der Kunst, des Theaters und des Films, wie es kaum eine zweite in der Welt gab, vergleichbar nur noch mit Paris und New York. Mit dem zunehmenden Antisemitismus, der mit der Machtübernahme der Nationalsozialisten durch kein Gesetz, keine Moral mehr begrenzt war, ging auch diese Zeit großer Leistungen in Kultur und Wissenschaft zu Ende. Die terroristische Politik Hitlers trieb eine große Zahl der fähigsten Künstler, Literaten und Wissenschaftler ins

Ausland. Dieser Verlust konnte nie wieder ausgeglichen werden.

Die nachstehenden deutsch-jüdischen Filmregisseure blieben in den USA oder gingen in die USA: ERNST LUBITSCH – MAX OPHÜLS – OTTO PREMINGER – BILLY WILDER – FRITZ KORTNER – FRITZ LANG – ERICH POMMER.

Die Filmschauspielerin ELISABETH BERGNER ging nach England, ebenso wie der Filmschauspieler ADOLF WOHLBRÜCK.

In die Fremde gingen auch die Komponisten ARNOLD SCHÖNBERG, PAUL ABRAHAM und KURT WEILL, ebenso PAUL DESSAU.

Der berühmte Komponist PAUL HINDEMITH ging 1935 ins Exil, zuerst in die Tschechoslowakei, dann in die USA. Seine Frau war Jüdin, und er wollte sich nicht von ihr trennen.

Ebenfalls mit einer Jüdin war der nicht-jüdische Schauspieler JOACHIM GOTSCHALK verheiratet. Als die nationalsozialistische Regierung die Scheidung erzwingen wollte und seine Frau ins Konzentrationslager deportiert werden sollte, wählte der 37 Jahre alte Künstler mit seiner Frau Meta und seinem achtjährigen Sohn Michael den Freitod. Der Schauspieler überließ seinen Schädel dem Deutschen Theater Berlin – zur Benutzung in Hamlets Totengräberszene.

„Die Juden sind unser Unglück"

„Der Stürmer". Im Dritten Reich waren alle Zeitungen gleichgeschaltet. Das hieß: Sie schrieben nur, was die Nazi-Regierung erlaubte. Natürlich schrieben sie auch gegen die Juden. Von allen Zeitungen der damaligen Zeit tat sich eine mit Abstand hervor. Sie erschien in Nürnberg und hieß „Der Stürmer". In fast allen deutschen Dörfern und Städten wurde „Der Stürmer" in Schaukästen öffentlich ausgehängt – damit jedermann ihn lesen konnte.

Herausgegeben wurde die Zeitung von Julius Streicher. Er hatte mit Hitler am Putschversuch 1923 in München teilgenommen. Seit jener Zeit erschien „Der Stürmer" – bis zum Kriegsende und Ende des Dritten Reiches im Jahr 1945. Die Zeitung „Der Stürmer" hatte nur eine Aufgabe: Haß gegen die Juden zu predigen.

Nicht selten holte er uralte Greuelmärchen hervor und tischte sie den Lesern auf. Die Lügen von den Brunnenvergiftungen, den Ritualmorden und ähnlichem Unsinn wurden wieder und wieder erzählt. Und – viele Leser glaubten dies sogar.

Was Hitler, was die Nationalsozialisten von den Juden hielten, das druckte „Der Stürmer" ab. Für die

Titelseite der Zeitung „Der Stürmer"
vom Mai 1937

Nationalsozialisten waren die Juden eine „Rasse". Eine andere Rasse waren die „Arier". Zu den Ariern gehörten auch die Deutschen. Aber nicht nur das. Nach einer pseudowissenschaftlichen Rassenlehre waren die Arier eine „hochwertige Rasse", die allen anderen weit überlegen sein sollte. Im stärksten Gegensatz zu den Ariern aber sollten die Juden stehen. Sie waren nach dieser Lehre eine „minderwertige Rasse".

Eine Hetze gegen die Juden setzte ein, die keine moralischen und keine gesellschaftlichen Grenzen mehr kannte. Die Juden wurden „Volksverderber", „Schmarotzer", „Parasiten", „Bazillen" oder „Ratten" genannt. Sie hätten den „deutschen Volkskörper verseucht" und müßten darum „beseitigt" werden.

Der Historiker Walther Hofer schreibt in seinem Buch „Antisemitismus im Dritten Reich":

„Das Bild des Juden wurde zur Teufelsfratze verzerrt, der Jude zum Brunnenvergifter der Menscheit und insbesondere der germanischen Rasse gestempelt, kurz: der Jude wurde zur Inkarnation (Verkörperung) alles Bösen, Schlechten und Dunklen. Nach Hitler gab es sogar eine jüdische Weltverschwörung, die sich nicht nur die systematische Zersetzung und Vernichtung der arischen Rasse zum Ziel gesetzt, sondern auch schon den ersten Weltkrieg und die Revolution von 1918 gegen Deutschland entfacht habe."

Und er fährt fort:

„... wer Menschen mit ‚Parasiten', ‚Bakterien' oder ‚Ungeziefer' vergleicht, wer von ‚Infektion' (Ansteckung) und ‚Desinfektion' (Entseuchung) spricht, von ‚verseuchen' und ‚säubern', wer eine bestimmte Art von Menschen als ‚Untermenschen' und ‚Bestien' bezeichnet – der kann nur Vernichtung und Ausrottung meinen und wollen."

„Der Stürmer" war das Hetzblatt, das im Haß gegen die Juden allen anderen Zeitungen voranging. Immer wieder hieß es: „Die Juden sind unser Unglück! – Juda verrecke!" Wer den „Stürmer" las, dem mußte Angst werden um die Juden im Nazi-Deutschland.

Der Herausgeber Streicher war ein Günstling Hitlers. Aber das schützte ihn nicht davor, daß er gegen Ende der Hitler-Zeit in Ungnade fiel. Er hatte sich ungerechtfertigt bereichert. So erhielt er Redeverbot. Nach dem Kriege wurde er in einem der „Nürnberger Prozesse", dem gegen die Hauptkriegsverbrecher, zum Tode verurteilt und im Oktober 1946 hingerichtet.

Diese Eiseskälte. Als am 30. Januar 1933 Adolf Hitler in Deutschland an die Macht kam, begann der Leidensweg der Juden. Schon am 1. April desselben Jahres pflanzten sich in ganz Deutschland SA-Männer vor jüdischen Geschäften auf. Ihre Aufgabe war es, kaufwillige Bürger einzuschüchtern oder, falls dies nötig sein sollte, direkt am Einkauf zu hindern. Doch das war nur der Anfang.

Viele Juden hatten die Zeichen der Zeit erkannt und wanderten aus. Im

Aufruf zum Boykott jüdischer Geschäfte

ersten Jahr der nationalsozialistischen Herrschaft, 1933, waren es etwa 37 000 Personen. Unter ihnen war auch Ludwig Joseph aus Eberstadt, jener Junge, dessen Vater im Ersten Weltkrieg gefallen war und über den wir bereits berichtet haben.

Ludwig Joseph war mittlerweile 25 Jahre alt. Er ging nach Holland. Dort arbeitete er in einer großen Getreidefirma als Qualitätsprüfer. Hin und wieder kam er „nach Hause" – nach Eberstadt. Welche Gefühle und Empfindungen hatte er bei diesen Besuchen? Er erzählt:

„Ich habe damals in Holland gelebt und vieles anders gesehen als die Deutschen, also auch die Eberstädter. Ich kam des öfteren nach Eberstadt. Nein, es geschah mir nichts . . . niemand tat mir etwas . . . aber wenn man dann einmal in die Heimat kam . . . man traf einen alten Freund, den man von der Schule, der Straße her kannte . . . gewiß, man grüßte sich, man sprach miteinander . . . aber etwas war dazwischen: eine Kälte. Diese Kälte tat sehr weh, diese Eiseskälte . . ."

Wie wirkte sich der Antisemitismus im Alltag aus? Bleiben wir wiederum in Eberstadt, jenem Städtchen, das genausogut Ebersheim oder Ebersbach heißen könnte, ging es doch in Deutschland überall gleich zu.

In Eberstadt lebte auch Elisabeth Müller. Sie war verheiratet und war 1935 gerade 32 Jahre alt. Die Familie Müller wohnte gegenüber dem jüdischen Viehhändler Reinheimer. Die Reinheimers hatten eine Tochter, Ruth. Sie war damals 21 Jahre alt. Ruth Reinheimer hatte an ihrem Fahrrad eine Panne. Herr Müller reparierte das Rad. Dies mußte jemand gesehen haben. Elisabeth Müller erinnert sich im Jahr 1981 so daran:

„Am nächsten Morgen, so gegen fünf Uhr, klopfte jemand an unseren Fensterladen. Ein Bekannter hatte uns geweckt. Wir waren erschrocken. Auf unser Hoftor war das Wort ‚Judenknecht' aufgemalt. Das Tor war mittelgrün. Die Buchstaben waren beige. Sie waren etwa einen Meter groß und so breit wie eine Hand."

Ruth Reinheimer emigrierte nach Holland. Ihr Vater starb an den Folgen der Mißhandlungen während der sogenannten „Reichskristallnacht", die Mutter wurde im Konzentrationslager ermordet.

Die Gesetze von Nürnberg. Nürnberg ist eine alte deutsche Stadt. Im Mittelalter war sie eine der bedeutendsten deutschen Handelsstädte. Während der Zeit der nationalsozialistischen Herrschaft sollte Nürnberg traurige Berühmtheit erlangen. In Nürnberg erschien

Reichsbürgergesetz
vom 15. September 1935

Gesetz zum Schutze des deutschen Blutes
und der deutschen Ehre
vom 15. September 1935

Gesetz zum Schutze der Erbgesundheit des
deutschen Volkes (Ehegesundheitsgesetz)
vom 18. Oktober 1935

nebst allen Ausführungsvorschriften
und den einschlägigen Gesetzen und Verordnungen

erläutert von

Dr. Wilhelm Stuckart und Dr. Hans Globke
Staatssekretär   Oberregierungsrat
im Reichs- und Preußischen Ministerium des Innern

C. H. Beck'sche Verlagsbuchhandlung
München und Berlin 1936

*Titelblatt des Kommentars zu den
sogenannten „Nürnberger Gesetzen"*

boten. Trotzdem geschlossene Ehen sind nichtig, auch wenn sie zur Umgehung des Gesetzes im Ausland geschlossen sind".

Mit Beginn der nationalsozialistischen Herrschaft wurden die Rechte der Juden immer mehr eingeschränkt. Die „Nürnberger Gesetze" stellten einen tiefen Eingriff in die Rechte der Juden dar.

Wie sich die „Nürnberger Gesetze" im Alltag auswirkten, zeigt der nachstehende Zeitungsartikel. Er stand 1935 in der Nummer 29 des „Stürmer". Die Namen der Beteiligten, die Anfangsbuchstaben des Verfassers des Artikels und die Straße, in welcher sich der Vorfall abspielte, wurden gestrichen:

„Der Stürmer". In Nürnberg fanden alljährlich die großen Parteitage der NSDAP statt.

Im Spätsommer des Jahres 1935 wurden drei Gesetze veröffentlicht, die als die „Nürnberger Gesetze" bekannt wurden. Sie sollten vor allem die Beziehungen zwischen „Juden" und „Ariern" regeln.

Im ersten Absatz des „Gesetzes zum Schutz des deutschen Blutes und der deutschen Ehre" hieß es:

„Eheschließungen zwischen Juden und Staatsangehörigen deutschen oder artverwandten Blutes sind ver-

Demonstration in Eberstadt

Seit langem war es in Eberstadt an der Bergstraße bekannt, daß sich das „deutsche" Mädchen nicht schämte, zu dem jüdischen Kaufmann

Beziehungen zu unterhalten. Am Donnerstag, den 4. Juli d. J. gaben sich die beiden wieder ein Stelldichein. Lange genug hatte die Eberstädter Bevölkerung diesem schändlichen Tun und Treiben zugesehen. Nun aber machte sie ihrem Herzen Luft.

Um die elfte Abendstunde versammelten sich vor dem Hause des Mädchens in der ungefähr 100 bis 150 deutsche Männer und Frauen. Die Erregung über das artvergessene deutsche Mädchen wurde größer und größer. Die Menschenmenge hätte beinahe das Hoftor eingedrückt. Die herbeigeholte Polizei hatte alle Mühe die Volksgenossen zu beruhigen und zum Weitergehen zu veranlassen.

Die Juden und Judenknechte von Eberstadt aber seien für alle Zukunft gewarnt. Die Eberstädter Nationalsozialisten nahmen offene Augen und Ohren. Sie dulden nicht, daß sich deutsche Mädchen dem Juden an den Hals werfen. Sie dulden aber auch nicht, daß der ehrliche deutsche Kaufmann von Judenknechten, die im jüdischen Geschäft laufen, boykottiert und damit zugrunde gerichtet wird.

„Stürmer"-Artikel aus dem Jahr 1939

Dabei muß erwähnt werden, daß sich der Vorfall in Eberstadt im Juli abspielte, also zwei Monate vor der Veröffentlichung der Nürnberger Gesetze. Diese Tatsache zeigt, daß diese Gesetze keineswegs über Nacht kamen.

Bis zum Beginn des Zweiten Weltkrieges im Jahre 1939, also innerhalb von sechseinhalb Jahren, wurden insgesamt 210 antijüdische Maßnahmen getroffen.
Greifen wir die wichtigsten heraus, auch bis in den Krieg hinein:

1. 4. 1933: Boykott aller „nichtarischen" Geschäfte.
      „Nichtarische" Justizbeamte erhalten in Preußen Zwangsurlaub.
7. 4. 1933: Juden dürfen kein Rechtsanwaltbüro eröffnen.
11. 4. 1933: Alle Beamten mit mindestens einem jüdischen Großelternteil werden aus dem Staatsdienst entlassen.
22. 4. 1933: Jüdische Ärzte dürfen nicht mehr für Krankenkassen tätig sein.
      Juden dürfen keine Patentanwälte mehr sein.
25. 4. 1933: Die Zahl der jüdischen Studenten an Hochschulen und Universitäten wird beschränkt.
4. 5. 1933: Alle jüdischen Arbeiter und Angestellten bei Behörden werden entlassen.
11. 1. 1934: Juden dürfen nur in Ausnahmefällen den Doktorgrad erwerben.
5. 2. 1934: Jüdische Medizinstudenten werden nicht mehr zur Staatsprüfung zugelassen.
8. 12. 1934: Jüdische Apotheker werden nicht mehr zur Prüfung zugelassen.
6. 9. 1935: Jüdische Zeitungen dürfen nicht mehr in Geschäften oder an Kiosken verkauft werden.
14. 11. 1935: Juden verlieren das Wahlrecht.
21. 12. 1935: Jüdische Notare, Ärzte, Professoren und Lehrer dürfen nicht mehr im Staatsdienst tätig sein.
15. 10. 1936: Jüdische Lehrer dürfen keinen Privatunterricht mehr erteilen.
26. 1. 1937: Juden dürfen keine Viehhändler mehr sein.
5. 2. 1937: Juden dürfen keine Jäger mehr sein.
13. 2. 1937: Juden dürfen nicht mehr Notar werden.
15. 4. 1937: Juden dürfen den Doktorgrad nicht mehr erwerben.
2. 7. 1937: Die Zahl jüdischer Schüler an Schulen wird beschränkt.
26. 4. 1938: Juden, die mehr als 5000 Mark besitzen, müssen dies anmelden.

14. 6. 1938: Alle jüdischen Gewerbebetriebe werden erfaßt und gekennzeichnet.

20. 6. 1938: Juden dürfen keine Behörden betreten.

11. 7. 1938: Juden dürfen sich nicht an Kurorten aufhalten.

25. 7. 1938: Jüdische Ärzte erhalten Berufsverbot.

27. 7. 1938: Alle nach Juden benannten Straßen müssen umbenannt werden.

27. 9. 1938: Berufsverbot für jüdische Rechtsanwälte.

5. 10. 1938: Juden müssen ihre Reisepässe abgeben. Neue Reisepässe werden nur beschränkt ausgestellt und erhalten den Aufdruck J (Jude).

9. 11. 1938: Die sogenannte „Reichskristallnacht".

11. 11. 1938: Juden dürfen keine Waffen besitzen.

12. 11. 1938: Juden dürfen keine Kinos, keine Konzerte und keine Theater mehr besuchen.

15. 11. 1938: Jüdische Kinder dürfen keine öffentlichen Schulen mehr besuchen.

29. 11. 1938: Juden dürfen keine Brieftauben mehr halten.

3. 12. 1938: Juden müssen ihre Führerscheine abgeben.

6. 12. 1938: Jüdische Studenten werden von Hochschulen und Universitäten ausgeschlossen.

1. 1. 1939: Juden erhalten Kennkarten. Juden müssen einen Zwangsvornamen annehmen. Männliche Juden erhalten zu ihrem Vornamen den Namen „Israel", weibliche den Zusatz „Sara".

17. 1. 1939: Berufsverbot für jüdische Zahnärzte, Tierärzte, Apotheker, Zahntechniker, Heilpraktiker und Krankenpfleger.

30. 4. 1939: Juden werden aus „arischen" Häusern ausgewiesen und in „Judenhäuser" eingewiesen.

1. 9. 1939: Ausgehbeschränkungen für Juden.

12. 9. 1939: Juden dürfen nur in besonderen Geschäften einkaufen.

23. 9. 1939: Juden müssen ihre Rundfunkgeräte abliefern.

13. 9. 1941: Juden dürfen keine öffentlichen Verkehrsmittel mehr benutzen.

19. 9. 1941: Alle Juden über sechs Jahre müssen als Kennzeichen den gelben Stern tragen.

10. 10. 1941: Wenn Juden ihren Wohnsitz verlassen wollen, müssen sie eine besondere Erlaubnis haben.

21. 12. 1941: Juden dürfen keine öffentlichen Fernsprecher mehr benutzen.

17. 2. 1942: Juden dürfen keine Zeitungen und Zeitschriften abonnieren.
15. 5. 1943: Juden dürfen keine Haustiere halten.
19. 6. 1943: Juden müssen alle elektrischen und optischen Geräte abliefern.
        Ferner: alle Fahrräder, Schreibmaschinen und Schallplatten.
20. 6. 1943: Schließung aller jüdischen Schulen.
 9. 10. 1943: Juden dürfen keine Bücher mehr kaufen.

Alle diese rechtlichen Maßnahmen gliederten die Juden aus der Gesellschaft aus. Es hatte Jahrhunderte gedauert, bis die jüdische Minderheit die rechtliche Gleichstellung erreicht hatte. Die deutschen Juden hatten sich weitgehend assimiliert, hatten sich gegenüber der deutschen Kultur geöffnet und sahen sich selbst als Deutsche. Jetzt wurden sie wieder eine von der Mehrheit der Bevölkerung scharf unterschiedene Gruppe – eine Gruppe mit minderen Rechten, schließlich eine rechtlose Minderheit. Widerspruch gab es wenig.

Die Juden selbst verkannten lange die Gefahren der nationalsozialistischen Judenpolitik. Bis zur „Reichskristallnacht" 1938, von der noch die Rede sein wird, vertraute der größte Teil der deutschen Juden auf den Staat und hoffte auf eine erträgliche Regelung des Verhältnisses von Juden und Deutschen. Erinnert man sich an die jüdischen Freiwilligen des Ersten Weltkrieges oder an die großen jüdischen Wissenschaftler, werden dieses Vertrauen und diese Hoffnung verständlich. Der ehemalige Soldat, der erfolgreiche Wissenschaftler – sie konnten oder wollten oft nicht glauben, daß ihnen in dem Land, das sie als ihr Vaterland ansahen, Gefahr für Leib und Leben drohte.

Die deutsche Öffentlichkeit, soweit sie nicht ohnehin Parteigänger der

Kinder mit dem Judenstern

Nationalsozialisten war, brachte es nicht zu einem entschiedenen und mutigen Widerstand gegen die Entrechtung der jüdischen Mitbürger. Und auch die christlichen Kirchen widersprachen nicht den wachsenden Benachteiligungen.

Aber erst die gesetzliche Entrechtung und gesellschaftliche Isolation machten es dann möglich, die jüdische Minderheit tatsächlich, wie es die Judenhetze der Nationalsozialisten immer verlangt hatte, aus der deutschen Gesellschaft zu entfernen. Entrechtung und Isolation der Juden waren die Voraussetzungen für die spätere Vernichtungspolitik.

Franz sucht Pilze. Bücher, die im Dritten Reich gedruckt und in Umlauf gebracht wurden, sollten den Nationalsozialismus verherrlichen. Selbst Kinder- und Jugendbücher waren ein Teil der nationalsozialistischen Propaganda. Sie sollten den Nationalismus predigen, für das Soldatentum werben und auch schon jugendliche Leser zum Antisemitismus erziehen. Greifen wir ein besonders schlimmes Beispiel heraus. Es erschien 1938 in Nürnberg, im Verlag „Der Stürmer" des berüchtigten Julius Streicher. Sein Titel: „Der Giftpilz". In mehreren Geschichten werden darin die Juden als feige, faul, verschlagen und als Sittlichkeitsverbrecher dargestellt. Eine Geschichte ist „Der ewi-

Titelseite des Kinderbuches
„Der Giftpilz"

ge Jude" überschrieben, eine andere „Der Viehjude", eine dritte „Der Vater des Juden ist der Teufel".

Eine Geschichte erzählt vom kleinen Franz, der mit seiner Mutter Pilze sammelt. Franz kennt sich noch nicht so gut aus und sammelt auch giftige. Die Mutter merkt das und belehrt den Jungen: „Schau Franz, genau so, wie es bei den Pilzen im Walde ist, so ist es bei den Menschen auf der Erde. Es gibt gute Pilze, und es gibt gute Menschen. Es gibt giftige, also schlechte Pilze, und es gibt schlechte Menschen. Und vor diesen schlechten Menschen muß man sich ebenso in acht nehmen wie vor den Giftpilzen."

Schließlich erfährt der kleine Franz, daß mit den Giftpilzen die Juden gemeint sind. Auf einem Bild sieht man, wie der kleine Franz der Mutter einen Pilz reicht. Darunter steht geschrieben: „Wie die Giftpilze oft schwer von den guten Pilzen zu unterscheiden sind, so ist es oft sehr schwer, die Juden als Gauner und Verbrecher zu erkennen."

In der Einleitung heißt es von den Geschichten: „Sie zeigen uns den Juden als das, was er in Wirklichkeit ist, als Teufel in Menschengestalt."

Die „Reichskristallnacht"

Die „Reichskristallnacht" war die Nacht vom 9. auf den 10. November 1938. Jene Nacht heißt deshalb „Kristallnacht", weil in ihr viel, auch Kristall, zerstört wurde. Dieses „Kristall" gehörte jüdischen Bürgern. Wenn wir heute von der „Kristallnacht" sprechen, verstehen wir darunter zwei zusammenhängende Ereignisse:
– die Zerstörung vieler Synagogen, Wohnungen und Geschäfte jüdischer Bürger und
– die Ausschreitungen gegen jüdische Bürger am Tag danach.
Wie kam es zur sogenannten „Kristallnacht"?
Man schrieb das Jahr 1938. Adolf Hitler war in Deutschland seit fünf-einhalb Jahren an der Macht. Die antisemitische Hetze sollte in diesem Jahre ihren Höhepunkt erreichen. Zu diesem Zeitpunkt lebten im Osten Deutschlands etwa 15 000 Juden, welche die polnische Staatsangehörigkeit besaßen. Die Hitler-Regierung ließ diese Juden in Zwangstransporten an die deutsch-polnische Grenze abschieben. Unter diesen Juden war auch eine Familie mit Nachnamen Grünspan. Der siebzehnjährige Sohn dieser Familie lebte in Paris. Dieser junge Mann erschoß am 7. November 1938 in einem Racheakt den deutschen Legationsrat vom Rath. Dieser Mann war kein Nationalsozialist gewesen. Er arbeitete als Beamter bei der Deutschen Botschaft in Paris. Diese Tat wurde für die Nationalsozialisten ein willkommener Anlaß, gegen die Juden vorzugehen.

Wie sah das aus? – Nehmen wir wieder Eberstadt an der Bergstraße als Beispiel:
In der Nacht vom 9. auf den 10. November schrillte bei dem höchsten SA-Führer Darmstadts das Telefon. Es war genau drei Uhr. Aus Berlin erhielt der SA-Führer folgenden Befehl:
„Auf Befehl des Gruppenführers sind sofort innerhalb der Brigade 50 sämtliche jüdischen Synagogen zu sprengen oder in Brand zu setzen.

Die „neue" Synagoge in Eberstadt. In der „Reichskristallnacht" vom 9. auf den 10. November 1938 wurde sie innerhalb weniger Minuten ein Raub der Flammen

Nebenhäuser, die von der arischen Bevölkerung bewohnt werden, dürfen nicht beschädigt werden. Die Aktion ist in Zivil auszuführen. Meutereien oder Plünderungen sind zu unterbinden. Vollzugsmeldung bis 8.30 Uhr an Brigadeführer oder Dienststelle".

Der SA-Brigadeführer gab diesen Befehl sofort weiter an den für den Stadt- und Landkreis Darmstadt zuständigen SA-Standartenführer. Dieser versammelte in einer Wirtschaft zwölf SA-Männer, die in Zivilanzügen gekommen waren. Man beratschlagte, wie man den Befehl würde ausführen können. Die kleine Versammlung teilte sich in zwei

Gruppen. Eine Stunde später standen die beiden Synagogen Darmstadts in Flammen.

In einem Auto fuhren vier Männer auch in das benachbarte Eberstadt. Es waren dies (die Anfangsbuchstaben der Namen sind geändert) der 50jährige Amtmann A.B., der 47 Jahre alte Bademeister H.G., der 43 Jahre alte Installateurmeister S.D. sowie dessen Sohn K.D.

In Eberstadt vor der Synagoge angekommen, stiegen A.B. und H.G. aus dem Auto aus. Sie versuchten, mit einer Kreuzhacke die Tür zur Synagoge aufzubrechen. Vergeblich. S.D. und sein Sohn K.D. fuhren weiter zu einer Gastwirtschaft und holten dort zwanzig Liter Benzin. Als sie zurückkamen, waren A.B. und H.G. durch ein offenes Fenster an der Nordseite in die Synagoge eingestiegen. Sie hatten die Tür von innen entriegelt, so daß S.D. und K.D. mit dem Benzin Zutritt zum Innenraum hatten. S.D. und K.D. eilten auf die Empore und warfen alle Gegenstände und alle Möbel nach unten. A.B. und H.G. blieben unten und türmten das Mobilar auf. Dann wurden die zwanzig Liter Benzin über die Möbel gegossen. A.B. faltete ein Papier zusammen, und S.D. zündete es an. Als die Lunte in das Mobiliar geworfen wurde, entstand eine explosionsartige Stichflamme. A.B. wurde zurückgeschleudert, sein Mantel versengt. Die Synagoge in Eberstadt stand in Flammen.

Die Täter fuhren zur Gastwirtschaft. Der Anführer A. B. bezahlte das Benzin. Nachdem jeder einen Kognak getrunken hatte, fuhren die vier SA-Männer weiter in die Nachbarorte Griesheim und Gräfenhausen. Dort wiederholte sich das gleiche Schauspiel.

Nach dem Krieg fand ein Prozeß vor einem Gericht in Darmstadt statt. Es wurden verurteilt: A. B. zu sieben Jahren und S. D. zu vier Jahren Zuchthaus. H. G. erhielt neun Monate Gefängnis, und K. D. wurde freigesprochen. Zur Tatzeit wohnte ein neunjähriges Mädchen in der Nähe der Synagoge. Es sagte in dem Prozeß aus. Am Morgen gegen sechs Uhr war es durch dumpfe Schläge geweckt worden. Es weckte seine um ein Jahr jüngere Schwester. Beide eilten zum Fenster. Sie sahen, wie sich zwei Leute mit einem schweren Gegenstand an der Synagogentür zu schaffen machten. Später hörten sie Lärm aus dem Inneren der Synagoge. Nach einiger Zeit kam ein Auto. Zwei Männer stiegen aus und gingen in das Gebäude. Nach kurzer Zeit kamen vier Männer aus der Synagoge. Eine Stichflamme schoß durch die Tür. Die Männer fuhren in dem Auto ab. Die Synagoge brannte.

Wie ein Lauffeuer verbreitete sich diese Nachricht in Eberstadt. Der Brand verursachte einen großen Menschenauflauf. Die Feuerwehr kam. Sie durfte aber nicht eingreifen. Sie beschränkte sich auf den Schutz der Nachbarhäuser.

So wie in Eberstadt kam es in vielen Dörfern und Städten Deutschlands im Laufe des Tages zu Ausschreitungen gegen jüdische Bürger. Stets in der Zusammensetzung wechselnde Trupps von SA-Männern und Hitlerjungen zogen in die Häuser und Wohnungen der jüdischen Familien. Mitläufer schlossen sich an. Neugierige kamen hinzu. Eine Welle der Gewalt schwappte über Deutschland. Flammen loderten in vielen Dörfern und Städten. Nicht nur Synagogen wurden angezündet. In Alsbach an der Bergstraße wurde das Totenhaus in die Luft gesprengt und jahrhundertealte Schriftstücke vernichtet. Die Grabsteine auf dem jüdischen Friedhof wurden umgestürzt. Überall in Deutschland liefen Menschen zusammen, um die Ereignisse zu sehen. Was vom Morgengrauen bis in den späten Abend folgte, war eine Kette von Gewalttaten, gepaart mit blinder Zerstörungswut. Trupps von SA-Männern und Hitlerjungen, teils in Uniform, teils in Zivil, drangen in jüdische Wohnungen ein, schlugen und mißhandelten jüdische Bürger, warfen

Tische, Stühle und Schränke um, zertrümmerten das Mobilar, warfen Kleider und Wäsche auf die Straße und zerschlugen Geschirr, Glas und Kristall.

Greifen wir einige Beispiele vom Tage nach jener Nacht in Eberstadt heraus:

Vier Männer drückten mit den Schultern das Tor zu dem Haus des Juden Hermann Heyum ein. Eine Zeugin sagte später vor Gericht aus: „... hörte ich gleich danach ein furchtbares Schreien. Ich muß nochmals sagen, daß dieses Schreien sehr furchtbar war".

Auch aus der Wohnung des Juden Max Reinheimer hörte eine Zeugin „markerschütternde Schreie".

Der jüdische Bürger Ferdinand Reinheimer war von Beruf Metzger und damals 65 Jahre alt. Seine Tochter Ruth war schon vier Jahre vorher nach Holland ausgewandert, wo sie heute noch lebt. Sie war ausgewandert, weil sie als Jüdin in Deutschland nicht studieren durfte und weil sie Angst hatte, in ihrer Heimat weiter zu leben. Ihre Eltern waren geblieben.

An jenem 10. November drang ein Trupp Männer in das Haus Ferdinand Reinheimers ein. Der alte Mann floh mit seiner Frau auf den Speicher. Die Wohnung wurde vollständig zerstört. Sogar das Waschbecken im Bad wurde abgerissen.

Dann wurden Ferdinand Reinheimer und seine Frau auf dem Speicher entdeckt. Ein Zeuge später vor Gericht:

„Ich sah den Juden, den die Eindringlinge auf den heißen Ofen gestellt hatten. Sie hatten einen Zylinder auf seinen Kopf gesetzt. Diese Kopfbedeckung hatten sie dem armen Manne in den Kopf getrieben bis fast über die Ohren. Ein Nazi spielte auf dem Klavier und zwar die Melodie ,Püppchen, du bist mein Augenstern ...' Auf diese Melodie sollte der Jude Reinheimer tanzen."

Ferdinand Reinheimer wurde schwer mißhandelt. Die vorderen Zähne wurden ihm eingeschlagen. Dann wurde er in das Mühltal getrieben und mit anderen Juden in das eiskalte Wasser des Flüßchens Modau geworfen. Einen Tag später wurde er in ein Krankenhaus eingeliefert. Wenige Monate später starb er an den Folgen der Mißhandlungen. Seine Frau wurde vier Jahre später in einem Konzentrationslager in Polen ermordet.

Die Bilanz der „Reichskristallnacht": 91 jüdische Menschen ermordet, 267 Synagogen vernichtet, Tausende von Wohnungen zerstört, Tausende von Juden mißhandelt, 30 000 jüdische Mitbürger verhaftet.

Den entstandenen Schaden von

Die Synagoge in der Oranienburger Straße in Berlin nach der „Reichskristallnacht"

Hunderten von Millionen Mark mußten die Juden selbst bezahlen. Obendrein zwang man sie, noch einmal eine „Buße" in Höhe von einer Milliarde Mark an die Regierung zu bezahlen.

Viele der verhafteten Juden wurden in Konzentrationslager eingeliefert, vor allem nach Dachau und Buchenwald.

Der 1903 in München geborene Eugen Kogon hat sechs Jahre seines Lebens in Gefängnissen der Gestapo und im Konzentrationslager Buchenwald zubringen müssen. Nach dem Krieg schrieb er ein Buch mit dem Titel „Der SS-Staat". Es ist das bedeutendste Buch über die nationalsozialistischen Konzentrationslager. Nach der „Reichskristallnacht" wurden 9815 Juden allein in das KZ Buchenwald eingeliefert. Einen Vorfall schildert Kogon so:

„Ein Breslauer namens Silbermann mußte zusehen, wie sein Bruder von dem SS-Unterscharführer Hoppe grausam zu Tode gefoltert wurde, indem er ihn zuerst so lange mit den Stiefelabsätzen traktierte, bis er blutüberströmt dalag, dann mit Stricken an einen Pfahl band und verbluten ließ. Silbermann wurde beim Anblick des Martyriums seines Bruders wahnsinnig und verursachte in den Abendstunden durch sein Toben, ‚die Baracke brenne', eine Panik. Hunderte stürzten aus den oberen Etagen nach unten, ganze Pritschen brachen zusammen, und obwohl die SS-Leute in die Massen schossen und Häftlings-Helfershelfer mit Knüppel dreinschlugen, war es erst nach langen Bemühungen möglich, die Ruhe wiederherzustellen. Der Lagerführer Rödl konstruierte daraus eine Meuterei der Juden und ließ sieben Geiseln aus den Baracken holen, die mit Handschellen aneinandergefesselt wurden. Dann hetzten drei Blockführer dressierte Hunde auf die Unglücklichen und ließen sie zerfleischen."

Vierzig Jahre nach der „Reichskristallnacht", am 9. November 1978, hielt der damalige Bundeskanzler Helmut Schmidt in der Kölner Synagoge eine Gedenkrede. Er sagte unter anderem:

„Die deutsche Nacht, zu deren Gedenken wir uns heute nach vierzig Jahren versammelt haben, bleibt Ursache für Bitterkeit und Scham. Wo Gotteshäuser brannten, wo auf einen Wink der Machthaber zerstört und geraubt, gedemütigt und verschleppt, eingekerkert wurde, da gab es keinen Frieden mehr, keine Gerechtigkeit, keine Menschlichkeit mehr, der 9. November war eine Station auf dem Weg zur Hölle . . .

Drei Jahre später folgte der Entschluß der Machthaber zu der von ihnen sogenannten ‚Endlösung der Judenfrage', der Entschluß zum Massenmord, den sie sodann mit kalter Energie und zweckgerichteter Brutalität im Bereich ihrer Herrschaft in die Tat umgesetzt haben.

Vor 40 Jahren wurden 30000 jüdische Mitbürger verhaftet, die allermeisten von ihnen in Konzentrationslager verschleppt, 91 jüdische Menschen wurden ermordet, sehr viele gequält. Die Wahrheit ist: 267 Synagogen wurden verbrannt oder zerstört, viele Tausende Geschäfte und Wohnungen wurden verwüstet . . .

Die Wahrheit ist, daß die meisten Menschen furchtsam schwiegen; daß auch die Kirchen furchtsam schwiegen – obgleich doch Synagoge und Kirche dem gleichen Gott dienen und im Geist desselben Testaments verwurzelt sind."

Häftlinge ohne Prozeß

Eine leerstehende Munitionsfabrik. Wir hörten nun schon mehrmals von sogenannten Konzentrationslagern. Worum handelte es sich bei diesen Lagern? Wie sind sie entstanden?

Schon wenige Wochen, nachdem Hitler an die Macht gekommen war, verhaftete seine „Partei-Polizei" politische Gegner. Diese Gegner waren Funktionäre der SPD (der Sozialdemokratischen Partei Deutschlands) und der KPD (der Kommunistischen Partei Deutschlands).

Man kann sich das heute schwer vorstellen. Das wäre etwa so, als wenn die heutigen Parteien der Bundesrepublik, also SPD, CDU, CSU und F.D.P., eigene „Polizeien" hätten und dort, wo sie regieren, politische Gegner verhaften könnten. Das ist unmöglich. Wir leben in einem Rechtsstaat. Vor Hitlers Machtantritt war Deutschland auch ein Rechtsstaat. Verhaftet werden konnte nur, wer unter dringendem Verdacht stand. In ein Gefängnis oder Zuchthaus eingeliefert werden konnte nur, wer in einem ordentlichen Prozeß von einem Gericht verurteilt worden war.

Aber für das nationalsozialistische Deutschland galt das alles nicht. Aus einem Staat des Rechts war ein Unrechts-Staat geworden. In ihm konnte wahllos verhaftet und eingesperrt werden, und das nahm bald solche Formen an, daß die SA und die SS vor der Frage standen: Wohin mit den Festgenommenen? In Gefängnisse oder Zuchthäuser einliefern konnte man sie nicht, weil kein Prozeß stattgefunden hatte und kein Urteil gefällt worden war. Die Gefangenen wurden in soge-

nannten „Konzentrationslagern" zusammengefaßt („konzentrieren" heißt „zusammenfassen"). Bald sprach man nur noch abgekürzt von KZ.

Die ersten KZ-Häftlinge waren politische Gefangene: Gegner der Nazis, vor allem Sozialdemokraten und Kommunisten. Auf die politisch Andersdenkenden folgten Angehöriger all jener Gruppen, die, aus was für Gründen auch immer, von den Nazis verfolgt wurden: Juden, Zigeuner, Homosexuelle, Zeugen Jehovas, sogenannte „Arbeitsscheue", die meistens das waren, was wir heute „Obdachlose" nennen, und viele, die in der ein oder anderen Weise gegen die Nationalsozialisten aufgetreten waren. Auch tatsächliche Straftäter saßen in den KZ; oft wurden sie nach der Verbüßung ihrer Strafe in einem Gefängnis in ein KZ eingeliefert. Und während des Krieges gab es auch Kriegsgefangene in den Konzentrationslagern.

Die ersten politischen Häftlinge wurden in eine leerstehende Fabrik gebracht. In ihr wurden im Ersten Weltkrieg Geschosse für Kanonen und Patronen für Gewehre hergestellt. Dieses leerstehende Fabrikgebäude stand fünfzehn Kilometer nordwestlich von München in einer sumpfigen Gegend. Nicht weit entfernt davon lag die Stadt Dachau.

Dachau war das erste KZ des Dritten Reiches. Alle späteren Lager wurden nach diesem Muster und Vorbild gebaut. Viele SS-Bewacher in späteren Lagern hatten ihre Ausbildung im KZ Dachau erhalten.

Das Lager Dachau war etwa 600 Meter lang und 300 Meter breit. An der Westseite war das KZ von einem tiefen, mit Wasser gefüllten Kanal begrenzt. An den drei anderen Seiten befand sich ein 2,5 Meter breiter und 1,2 Meter tiefer Wassergraben. Das gesamte Gelände des Lagers war mit einem elektrisch geladenen Stacheldraht und einer Mauer umzäunt. In gewissen Abständen befanden sich Wachtürme, die von bewaffneten SS-Leuten besetzt waren.

Der Lageplan auf dieser Seite oben gibt einen Überblick.

Die einzelnen Zahlen bedeuten: Nr. 1 war die Lagerstraße. Nr. 2 waren die Baracken, in denen die Häftlinge wohnten. In Dachau gab es 30 Baracken. Jede war etwa 10 Meter breit und 100 Meter lang, also so lang wie ein Sportplatz. Der Appellplatz hatte die Nr. 3. „Appell" hieß: Jeden Morgen vor der Arbeit und jeden Abend nach der Arbeit mußten die Gefangenen hier antreten. Sie wurden auf ihre Vollzähligkeit hin überprüft, Befehle wurden ausgegeben. Der Eingang und das Wachgebäude tragen die Nr. 4. Da-

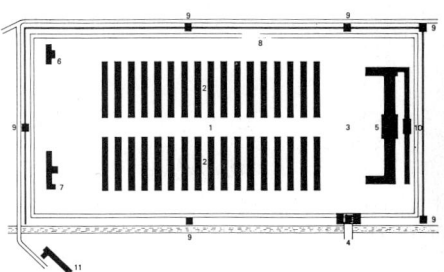

Lageplan des Konzentrationslagers Dachau

nach folgen unter Nr. 5 die sogenannten Wirtschaftsgebäude, also Küche, Lagerkammern, Krankenstube usw. Abseits gelegen war die Desinfektionsbaracke unter der Nr. 6. In ihr wurden bei Ausbruch einer Seuche Menschen, Kleider und Mobilar desinfiziert. Das heißt: Krankheitserreger wurden durch Gas abgetötet. Das darf man nicht mit den späteren Vergasungen verwechseln, die in anderen Lagern vorgenommen wurden. Nr. 7 war die Lagergärtnerei, Nr. 8 der Graben mit dem elektrisch geladenen Stacheldraht und der Lagermauer. Die Wachtürme tragen die Nr. 9. Wurde ein Gefangener mit Arrest bestraft, kam er in den „Bunker", Nr. 10. Ein Krematorium ist ein Ofen, in dem man Leichen verbrennt. Auf dem Dachauer Lageplan trägt es die Nr. 11 und liegt etwas abseits.

In Dachau fanden keine Vergasungen und Massenvergasungen wie später in anderen Lagern statt. Trotzdem wurden auch in diesem KZ durch Mißhandlungen, Erschießungen und Seuchen fast 30 000 Insassen getötet. In dieser Zahl sind jene Häftlinge nicht enthalten, die von hier aus in andere Lager zur Vergasung transportiert wurden.

Von Kommandanten und Kapos. Anfänglich waren die kleinen Lager nur von SS-Leuten bewacht. Später wurden auch Gefangene als Helfer herangezogen. An der Spitze des Lagers stand der Kommandant. Er war ein SS-Offizier. Ihm zur Seite stand der „Lagerführer". Er war verantwortlich für die Gefangenen, die Ordnung im Lager und die Durchführung von Strafen. Dann gab es mehrere „Rapportführer". Sie führten die Befehle und Anordnungen des Lagerführers aus. Für jeden Block gab es einen „Blockführer". Hinzu kamen noch Bewacher und Ärzte. Sie gehörten alle der SS an und trugen Uniform.

Im Lager herrschte eine Art „Selbstverwaltung". Das bedeutete: Häftlinge mußten der SS helfen. So gab es für jede Stube einen „Stubenältesten", für jeden Block einen „Blockältesten" und für das gesamte Lager einen „Lagerältesten". Als äußeres Kennzeichen trugen diese Gefangenen eine Armbinde. Man nannte sie darum auch noch „Bindenträger". Diese Bindenträger hatten manche Vorteile: sie brauchten nicht zu arbeiten, hatten bessere Kleidung und besseres Essen. Eine Reihe von Gefangenen war auch in den Schreibstuben beschäftigt. Ein Bindenträger war auch der „Kapo". Er führte die Aufsicht über die einzelnen Arbeitsgruppen von zehn Mann und mehr. Die Kapos übten oft eine große Macht aus. Manche von ihnen waren gefürchteter als die SS.

Vom Morgen bis zum Abend. Der Tagesablauf in einem KZ war streng geregelt. Die Arbeitszeit dauerte vom Morgengrauen bis Einbruch der Dunkelheit. Im Sommer war um 4 Uhr Wecken, im Winter um 5 Uhr. Die Arbeitszeit dauerte bis 12 Uhr. Von 12 Uhr bis 13 Uhr war Mittagessen einschließlich Ein- und Ausmarsch. Nach dem Ende der Arbeitszeit, im Sommer um 18.30 Uhr, war „Zählappell". Er dauerte etwa eine Stunde.

Die Ordnung im Lager. Die Ordnung im Lager regelten 19 verschiedene Punkte. Greifen wir zwei davon heraus:

— Wer einen SS-Angehörigen nicht grüßte, wurde mit acht Tagen strengem Arrest und mit je 25 Stockhieben zu Beginn und am Ende der Strafe bestraft.

— Wer vorsätzlich einen Sachschaden verursachte, wurden mit dem Tode bestraft.

Das waren sehr strenge Strafen, die außerhalb des Lagers in keinem Gesetzbuch standen.

Von der Kleidung der Häftlinge. Jeder Häftling mußte auf seiner Jacke oder seiner Hose eine Nummer tragen. Dazu gehörte auch ein Tuchwinkel in Form eines Dreiecks. Politische Häftlinge trugen einen roten Winkel, Verbrecher einen grünen, die sogenannten „Arbeitsscheue" einen schwarzen. Bibelforscher (Zeugen Jehovas) und Pfarrer trugen einen violetten Winkel, Homosexuelle einen rosa Winkel. Juden mußten darüber hinaus noch den Judenstern tragen.

Von Dachau bis Auschwitz. In den zwölf Jahren von 1933 bis 1945 wurden aus einem KZ etwa ein Dutzend mit etwa 1000 „Außenkommandos". Das waren kleinere Lager, die abseits der großen lagen. So ging nicht zu viel Zeit verloren für den Anmarsch und den Abmarsch der Gefangenen. Das KZ Dachau hatte über 30 Außenlager. Dachau hatte im ersten Jahr, also 1933, „nur" 4821 Gefangene. Zwölf Jahre später waren in allen Lagern über eine Million Menschen eingesperrt. Anfänglich waren die KZ reine Straflager, vergleichbar etwa mit Zuchthäusern. Später, im Verlauf des Krieges, wurden sie zu gewaltigen Rüstungsbetrieben. In diesen wurden beispielsweise Teile für Kanonen, Teile für Panzer, für Flugzeuge, für Autos und Schiffe hergestellt. Im KZ Auschwitz wurde aus Steinkohle Benzin gewonnen. Die Häftlinge arbeiteten für Firmen, die zur Rüstungsindustrie gehörten.

In den ersten Jahren der Naziherrschaft sagte man den eingelieferten Personen, sie würden in „Schutzhaft" genommen. „Schutzhaft" – Schutz vor wem? Man sprach auch von politischer „Umschulung". Mit der Erweiterung der KZ und der Änderung ihrer Aufgaben änderte sich auch das Ziel der Inhaftierung:

– Am Anfang war die Arbeit Strafe. Die Häftlinge mußten nicht selten schwere Steine sinnlos von einem Platz zum anderen rollen und wieder zurück. Angebliche „Staatsfeinde" wurden abgesondert, isoliert.

– Später wurde die Arbeitskraft der Häftlinge von Rüstungsbetrieben ausgebeutet. Die Arbeit wurde so hart, die Haftbedingungen wurden so schlecht, daß man von der Vernichtung durch Arbeit sprechen kann.

– Dann wurden an Häftlingen medizinische Versuche vorgenommen.

– Schließlich begann die planmäßige Vernichtung von Häftlingen in Gaskammern. Betroffen davon waren vor allem Juden.

Die Konzentrationslager

Was im Lexikon steht. Im „Lexikon des Judentums" steht unter dem Stichwort „Konzentrationslager":

„Konzentrationslager (KZ) wurden von den Nationalsozialisten sofort nach der Machtergreifung 1933 eingerichtet zur Inhaftierung von politischen Gegnern, Juden, Zigeunern und (zum geringen Teil) Berufsverbrechern.

Ihre Insassen (insbesondere Juden) unterlagen absoluter Rechtslosigkeit (beginnend mit der Tätowierung der Gefangenennummer), unmenschlicher Brutalität, Aushungerung und schließlich der Verschickung in die Gaskammern des Ostens (oft nach vorhergehendem Zwischenaufenthalt in Ghettos wie Kielce, Krakau, Litzmannstadt, Lublin, Warschau in Polen und Riga in Lettland). Vermögen, Hab und Gut der Opfer wurden konfisziert. Zu Lebzeiten dienten sie als Zwangsarbeiter und waren medizinischen Experimenten und sadistischen Gelüsten ihrer Aufseher ausgesetzt. Ihre sterblichen Überreste (Goldzähne, Haare, Knochen, Asche; Schuhe, Kleider, Brillen) fanden Verwendung in der Kriegswirtschaft."

Wie viele Konzentrationslager gab es? Diese Frage ist schwer zu beantworten. Jedes KZ hatte eine Reihe von „Außenlagern". Während des Krieges wurden die Insassen in Rüstungsbetrieben beschäftigt. Das Konzentrationslager Auschwitz wurde später so groß, daß man es in drei KZ aufteilte: Auschwitz – Birkenau – Monowitz. Mit den Außenlagern gab es etwa 1000 Lager. In der Folge sind die bekanntesten Konzentrationslager aufgeführt

Dachau. Von diesem ersten KZ der Nationalsozialisten hörten wir schon. Wenige Wochen nach der Machtergreifung ließ Hitler politische Gegner verhaften und in eine leerstehende Fabrik nordwestlich von München bringen. Daraus entstand das KZ Dachau. Es wurde Vorbild und Muster für alle späteren KZ. Fast alle KZ-Kommandanten haben in diesem KZ ihre Ausbildung erhalten. Im KZ Dachau fanden 29 438 Menschen den Tod.

Bergen-Belsen. Das KZ Bergen-Belsen lag nördlich von Hannover bei den Städten Bergen und Belsen. In ihm fanden rund 30 000 jüdische Insassen durch Mord, Hunger und Typhus den Tod. In diesem KZ kam auch das jüdische Mädchen Anne Frank ums Leben. Anne Frank war 1929 in Frankfurt a. M. geboren. Als Hitler 1933 an die Macht kam, wanderte die Familie nach Holland aus. Während des Zweiten Weltkrieges besetzten die deutschen Truppen Holland. Vom 9. Juli 1942

DAS · IST · DAS
WOHLBEKANNTE CONZ.(LAGER)-BELSEN BERGEN
Befreit Von Der Zweiten Britischen Armee Den 15 April 1945.

10.000 UNBEGRABENE LEICHEN WURDEN HIER GEFUNDEN,
ANDERE 13.000 SIND SEITDEM GESTORBEN
ALS OPFER DER NEUEN DEUTSCHEN ORDNUNG
IN EUROPA UND ALS BEISPIEL
DER NAZI KULTUR.

Als die englischen Truppen am 15. April 1945 die Insassen des KZ Bergen-Belsen bei Hannover befreiten, stellten sie dieses Schild auf

bis zum 8. April 1944, mehr als zwei Jahre lang, lebte Anne Frank in Amsterdam in einer Bodenkammer versteckt. Während dieser Zeit schrieb sie ein Tagebuch. Dieses Tagebuch blieb erhalten. Anne Franks Vater überlebte das KZ und veröffentlichte die Aufzeichnungen seiner Tochter. „Das Tagebuch der Anne Frank" ist eines der erschütterndsten Dokumente aus der Nazi-Zeit.

Flossenbürg. Es befand sich in der Nähe des Städtchens Flossenbürg in der Oberpfalz nahe der Grenze zur Tschechoslowakei. Es wurde im Jahr 1938 gegründet. Das Vorkommen von Granitsteinen war eine günstige Gelegenheit, die Arbeitskraft der Gefangenen gewinnbringend auszunützen. Ursprünglich war das Lager auf 1600 Häftlinge angelegt, später wurde es auf 3000 erweitert. Im April 1945, kurz vor Kriegsende, befanden sich etwa 14 000 Häftlinge im Lager. Während des Krieges waren die Häftlinge in der Rüstungsindustrie eingesetzt. Es gab insgesamt 85 Außenlager. Durch das Lager Flossenbürg gingen 111 400 Menschen. 22 334 Häftlinge fanden den Tod.

Die wichtigsten Konzentrationslager

Neuengamme. Neuengamme ist ein Stadtteil im Süden Hamburgs. Das KZ hatte 60 Außenlager. Eines davon befand sich in der Schule am Bullenhuser Damm. In dieser Schule waren etwa 600 männliche Arbeitskräfte untergebracht. Sie waren meist mit Aufräumungsarbeiten nach Bombenangriffen und Trümmerverwertung beschäftigt. In der Nacht vom 19. auf den 20. April 1945 wurden in dem Keller dieser Schule zwanzig jüdische Kinder ermordet, an denen im KZ Neuen-

gamme medizinische Experimente durchgeführt worden waren. Die Zahl der im Lager ums Leben gekommenen Häftlinge ließ sich nicht mehr ermitteln. Es dürften 50 000 bis 55 000 Menschen gewesen sein.

Oranienburg. Das KZ Oranienburg lag im Norden von Berlin. Es war eines der ersten KZ des Dritten Reiches. In ihm wurden vornehmlich politische Gegner festgehalten: Kommunisten und Sozialdemokraten. Die ersten Insassen kamen in ein leerstehendes Gebäude, das ursprünglich als Brauerei und dann als Gießerei gedient hatte.

Sachsenhausen. Das KZ Sachsenhausen lag ebenfalls im Norden von Berlin. In dieses KZ wurden viele Häftlinge aus dem KZ Oranienburg überführt. Das KZ Sachsenhausen wurde zum zentralen Sitz der Verwaltung für alle KZ in Europa. Es hatte 73 Außenkommandos. Menschen aus 27 Nationen waren hier untergebracht. Durch das Lager gingen etwa 200 000 Häftlinge. Über 100 000 Menschen fanden durch Erschießen, Vergasen, Erhängen oder durch Krankheit den Tod.

Buchenwald. Das KZ Buchenwald wurde 1937 erbaut. Es lag 12 Kilometer von Weimar entfernt auf der Höhe des Ettersberges. Hier hatte einst Goethe sein „Wanderers Nachtlied" gedichtet. Der Dichter Friedrich von Schiller hatte hier sein Schauspiel „Maria Stuart" vollendet. Durch das KZ Buchenwald gingen 250 000 Menschen aus 35 Nationen. Es hatte 138 Außenkommandos. Mindestens 56 000 Menschen fanden in Buchenwald den Tod. Berüchtigt für seine Grausamkeit war der SS-Kommandant Karl Koch, ein vorbestrafter Buchhalter. Das brutale und grausame Wirken

Eingang des Konzentrationslagers Buchenwald

dieses Mannes war selbst der SS-Führung in Berlin zuviel. Der Kommandant Koch wurde vor ein SS-Gericht gestellt und wegen „Wehrkraftzersetzung, Unterschlagung und Mord" zweimal zum Tode verurteilt und kurz vor Kriegsende hingerichtet.

Dora Nordhausen. Nordhausen ist eine Stadt im südlichen Harz. Das Lager war ein reines Arbeitslager. Die Insassen mußten unter schweren Bedingungen Teile für Flugzeuge und Raketen herstellen. Es handelte sich um eine unterirdische Fabrik. Die beiden Hauptstollen lagen tief unter der Erdoberfläche und waren durch 48 Tunnels miteinander verbunden.

Nach Angaben eines holländischen Arztes starben in jedem Jahr etwa 9000 Häftlinge. Als die Amerikaner am 11. April 1945 das Lager befreiten, fanden sie die Leichen von 2017 Insassen.

Ravensbrück. Das KZ Ravensbrück lag nördlich von Berlin. Es war ein Frauen-KZ und berüchtigt wegen seiner grausamen medizinischen Versuche an Menschen. In den sechs Jahren des Bestehens gingen 130000 Frauen durch dieses Lager. Die ältesten Frauen waren über 80 Jahre. Fast alle 900 im Lager geborenen Kinder sind den Hungertod gestorben oder wurden ermordet. Etwa 92000 Frauen und

Kinder fanden in diesem Lager den Tod.

Mauthausen. Das KZ Mauthausen lag bei Linz in Österreich. Die Häftlinge mußten dort in Steinbrüchen nutzlose, todbringende Schwerstarbeit verrichten. Mauthausen ist ein Beispiel für die „Vernichtung durch Arbeit". In diesem Lager und seinen Außenlagern fanden etwa 120000 Menschen den Tod.

Natzweiler. Die Gedenkstätte dieses Lagers heißt heute „Natzweiler-Struthof". Es sind dies die Namen zweier kleiner Dörfer im Elsaß. Das Lager lag etwa 50 Kilometer südwestlich von Straßburg. In ihm wurden vor allem französische Juden untergebracht. Im Jahre 1944 hatte es 8000 Insassen, weitere 14000 befanden sich in Außenkommandos. In diesem Lager führte Professor Hirt seine berüchtigten Schädelexperimente durch. Sie kosteten 115 Opfer. Unter ihnen waren 109 Juden und Jüdinnen, die eigens zu diesem Zweck aus dem KZ Auschwitz geholt worden waren.

Westerbork. Das KZ Westerbork lag in Holland. Die meisten Insassen dieses Lagers wurden nach Bergen-Belsen oder in die Vernichtungslager des Ostens deportiert.

Theresienstadt. Theresienstadt ist eine Stadt in der Tschechischen Republik, etwa 60 Kilometer nördlich von Prag an dem Flüßchen Eger. Früher gehörte das Gebiet zu Österreich. Der österreichische Kaiser Joseph II. ließ diese Stadt um das Jahr 1750 gründen. Theresienstadt war eine Festung. Sie war sternförmig angelegt und hatte sechs Tore. In Friedenszeiten lebten in der Stadt etwa 3000 Soldaten und Zivilisten. Als die Stadt als KZ diente, lebten darin zeitweise 30 000 Menschen. In Theresienstadt waren nur Juden untergebracht. Durch dieses Lager gingen 141 162 Menschen, davon allein etwa 4000 aus Frankfurt a. M. Umgekommen sind in diesem Lager 35 088 Juden. Deportiert in die Vernichtungslager im Osten und damit ermordet wurden 86 936 Juden, davon 8400 Kinder. Der Rest der Insassen wurde nach Kriegsende befreit.

In den KZ in Polen waren die meisten Menschen untergebracht. In Polen gab es Lager, die nicht KZ im ursprünglichen Sinne waren. Es waren dies die „Vernichtungslager" – Lager, in denen Menschen, vor allem Juden, planmäßig in Gaskammern getötet wurden.

In Polen gab es sieben Lager. Das größte war Auschwitz. Es war sowohl Arbeitslager als auch Vernichtungslager. Ähnlich die Lager Maidanek und Stutthof. Alle anderen Lager waren reine Vernichtungslager.

Auschwitz war das größte KZ des Dritten Reiches. Es nahm schließlich solche Ausmaße an, daß es in drei KZ aufgeteilt wurde. Zunächst blieb einmal das ursprüngliche Lager Auschwitz und daneben das Lager Monowitz. Dieses Lager war ein riesiger Industriebetrieb, in dem Gummi, Benzin, Waffen und Munition hergestellt wurden. In diesen beiden Lagern lebten insgesamt 405 000 Menschen längere oder kürzere Zeit. Von ihnen sind 261 000 gestorben, davon etwa 100 000 Kinder und Säuglinge. Das KZ hatte noch 39 Außenlager.

Auschwitz benachbart war das Lager **Birkenau.** Es war ein reines Vernichtungslager.

Die Juden wurden von überall her in langen Güterzügen nach Auschwitz deportiert. Dort mußten sie auf dem Bahnsteig, der Rampe, Aufstellung nehmen. SS-Leute „selektierten" die Juden. Das bedeutete: Wer körperlich zu schwach zum Arbeiten aussah, wurde sofort in die Gaskammern nach Birkenau weitertransportiert und dort vergast. Die anderen Häftlinge wurden zur Zwangsarbeit in die Rüstungsbetriebe gesteckt. Viele von ihnen wurden später ebenfalls nach Birkenau gebracht und dort in den Gaskammern getötet. In Auschwitz insgesamt, also mit den Lagern Monowitz und Birkenau, kamen zweieinhalb Millionen

Menschen um. Berüchtigt war der Kommandant Rudolf Höß. Vor der Hitler-Zeit war er wegen Mordes zu einer Zuchthausstrafe verurteilt worden. Nach dem Krieg schrieb Höß in einem polnischen Gefängnis seine Erinnerungen. Er wurde zum Tode verurteilt und in Auschwitz gehängt.

Majdanek lag am östlichen Stadtrand der polnischen Stadt Lublin. Unter den 350 000 Menschen, die dort umgebracht wurden, waren allein etwa 200 000 Juden. Die meisten von ihnen stammten aus Lublin und Warschau.

Stutthof. Das KZ befand sich in der Nähe der Stadt Danzig. Etwas abseits des Dorfes Stutthof befand sich ein Altersheim. Es war der Ausgangspunkt des Lagers. Stutthof war, wie Auschwitz und Majdanek, Arbeits- und Vernichtungslager zugleich. Die Häftlinge arbeiteten in der Zweigstelle einer Flugzeugfabrik und stellten Teile für Schiffe her. Vergasungen fanden in der Zeit von Juli 1944 bis Januar 1945 statt. Durch Morde, Vergasungen und drei Typhusepidemien fanden in diesem Lager etwa 85 000 Menschen den Tod.

Belzec. Das KZ Belzec war benannt nach einem kleinen Ort. Es war ein reines Vernichtungslager. Mit den Vergasungen wurde Mitte März 1942 begonnen. Die sechs Gaskammern waren je fünf Meter lang und vier Meter breit. Über dem Eingang stand zu lesen: „Bade- und Inhalationsraum". In Belzec wurden insgesamt etwa 500 000 Menschen ermordet. Sie wurden vergast und verbrannt.

Sobibor. Sobibor war ein reines Vernichtungslager. Es befand sich in einer Waldgegend in der Nähe zweier Häuser und hatte seinen Namen nach einer Bahnstation. In den Gaskammern dieses Lagers fanden 250 000 Menschen den Tod. Es waren dies ausnahmslos Juden. Am 14. Oktober 1943 fand hier ein verzweifelter Aufstand von 150 jüdischen Häftlingen statt.

Chelmno. Das Lager Chelmno (deutsch: Kulmhof) lag bei Posen und war ebenfalls ein reines Vernichtungslager. Dieses Lager hatte keine Gaskammern. Inmitten des von der Bevölkerung geräumten Dorfes Kulmhof lag ein herrschaftliches Gebäude. Es wurde „Schloß" genannt. Die Opfer wurden auf Lastkraftwagen zum „Schloß" gefahren. Man erklärte ihnen, sie kämen zum Arbeitseinsatz nach Deutschland und müßten vorher desinfiziert werden. Sie mußten sich ausziehen. Dann führte man sie über eine Rampe in einen bereitstehenden Vergasungswagen. Der Auspuff des Wagens war durch einen Schlauch mit dem Wageninneren verbunden. Wenn das Auto anfuhr, strömten giftige Gase in das Wageninnere. Nach etwa fünfzehn Minuten waren die Opfer tot. In einem etwa fünf Kilometer entfernten Wald wurden die Leichen verscharrt. Später wurden sie wieder ausgegraben und verbrannt. In Chelmno wurden etwa 152 000 Juden getötet.

Treblinka. In dem Vernichtungslager Treblinka wurden die meisten Menschen getötet: etwa 900 000, die meisten davon Juden. Sie kamen vor allem aus dem Getto von Warschau. Das Lager befand sich auf einer Anhöhe abseits jeglicher Ortschaft. Es wurde eigens ein Stück Eisenbahnlinie dorthin gelegt.

Am Ende wurde eine Verladerampe mit einem Bahnhof vorgetäuscht. Holzattrappen waren errichtet worden. Auf ihnen waren Fenster aufgemalt und bunte Vorhänge gepinselt. An den Türen stand in Aufschriften zu lesen: „Bahnhofsvorstand" – „Erste Hilfe" – „WC" – „Gepäckabfertigung".

Die hölzerne Uhr zeigte immer auf 3 Uhr. Auf Betonfundamenten wurde aus Ziegelsteinen ein Gashaus errichtet. Links und rechts neben dem Flur lagen neun Gaskammern. Zum Hohn der Juden war der Giebel dieses Gashauses mit einem großen Davidstern geschmückt. Am Eingang befand sich ein schwerer dunkler Vorhang. Er stammte offenbar aus einer Synagoge. In hebräischer Schrift trug er die Aufschrift: „Dies ist das Tor, durch das die Gerechten eingehen."

In den Lagern des Grauens

Was in den KZ des Dritten Reiches geschah, gehört zum Schrecklichsten, das die Menschengeschichte kennt. Die Lager waren kaum vorstellbare Orte des Grauens.

Schon 1934 erschien ein erster Bericht aus einem Konzentrationslager. Dem ehemaligen Reichstagsabgeordneten Gerhart Seger war die Flucht aus dem KZ Oranienburg geglückt. Sein Buch „Oranienburg" schilderte die Zustände in diesem frühen Lager. Es erschien 1934 in der Tschechoslowakei. Der Schriftsteller Heinrich Mann hatte ein Geleitwort dazu geschrieben. In dem Buch heißt es:

„Die mit meterdicken Mauern umgebenen, mit gewölbter Decke versehenen langgestreckten Flaschenbier-Kühlkeller dieser ehemaligen Brauerei dienten als Schlafsäle. Von den Wänden rann das Wasser! Trotz der sommerlichen Jahreszeit froren wir wie die jungen Hunde; Flaschenbier-Kühlkeller pflegen ja auch weder mit der Fensterfront nach Süden noch auch sonst so angelegt zu sein, daß sie leicht von der

KZ-Häftlinge

Sonne erwärmt werden könnten –
im Gegenteil! Wir lagen also, feucht
und kalt, wochenlang in diesen Ka-
takomben; die meisten unter uns
wagten gar nicht, des Nachts auch
nur ein Kleidungsstück abzule-
gen.

Die Kühlkeller sind lange schmale
Räume, die auf einen dunklen Gang
münden, während an der entgegen-
gesetzten Schmalseite sich ein Fenster (mit ganz unzulänglichen Mög-
lichkeiten der Lüftung) befindet. In
diese Kellerschläuche wurden nun
rechts und links Pfostengestelle ein-
gebaut, die ohne Unterbrechung
vom Gang bis zum Fenster reichen.

Auf diesen Gestellen lagen die Gefangenen, drei Etagen übereinander!
In jedem Kellersaal sind bei voller
Belegung je nach der Größe des
Raumes durchschnittlich 138 Menschen untergebracht. Die Betten liegen so dicht übereinander, daß sich
der Gefangene knapp bis zum auf-
rechten Sitz erheben kann, und da
sich keine Zwischenräume von Bett
zu Bett befinden, müssen die Gefangenen tatsächlich wie in einem
Kaninchenstall vom Fußende her
auf ihre Lagerstätte hinaufkriechen.
Ein Gefangener hat den Schlafsaal
seiner Kompanie, der noch nicht die
schlechtesten Bedingungen aufwies,

sachverständig ausgemessen und festgestellt, daß in diesen Schlafsälen auf jeden Gefangenen im Durchschnitt drei Kubikmeter Luftraum entfallen. Das ist noch nicht ein Drittel dessen, was selbst in veralteten Zuchthäusern dem Verbrecher an Luftraum zugebilligt wird. Von der Beschaffenheit der Luft am Ende einer solchen Nacht eine Beschreibung zu geben, ist schlechterdings unmöglich."

Selbstmord auf Befehl. Die Zustände im KZ Sachsenhausen kennen wir unter anderem aus den Schilderungen eines Wächters, des SS-Unterscharführers Wilhelm Schubert. Er tat in Sachsenhausen als Blockführer Dienst. Schubert war in Magdeburg geboren und besuchte dort die Volksschule. Er erlernte das Schlosserhandwerk, wurde mit 17 Jahren Soldat, kam zwei Jahre später zur SS und war mit 22 Jahren Unterscharführer. Nach dem Krieg wurde er von einem sowjetischen Militärgericht verurteilt. Während der Verhandlung ergab sich folgendes Gespräch:

Staatsanwalt: „Haben Sie in der kalten Winterzeit Häftlinge mit kaltem Wasser begossen und im Freien stehen lassen, bis sie erfroren waren?"

Schubert: „Jawohl, das habe ich getan."

Staatsanwalt: „Entsinnen Sie sich an den Fall mit den Mützen, mit dem Sie die Erschießung von Polen provozierten?"

Schubert: „Jawohl. Der Vorarbeiter mußte mir die faulen Häftlinge, die nicht arbeiten wollten, schicken. Ich ging mit diesen Häftlingen in die Nähe der Postenkette, riß die Mütze von dem Kopf des Häftlings, warf sie über die Postenkette und befahl dem Häftling, die Mütze zu holen. Somit habe ich vier Häftlinge bei diesem getarnten Fluchtversuch erschossen."

Staatsanwalt: „Haben Sie im März 1940 einem inhaftierten Häftling befohlen, sich selbst zu erhängen?"

Schubert: „Jawohl, das habe ich getan. Ich habe 1940 einem polnischen Häftling befohlen, sich aufzuhängen, indem ich ihm einen Strick, einen Hammer und einen Nagel gab, ihn in einen kleinen Raum sperrte und ihm sagte, daß ich ihn ganz furchtbar quälen würde, wenn er sich nicht selbst erhängte."

Staatsanwalt: „Hat er sich erhängt?"

Schubert: „Er hat sich in der nächsten halben Stunde erhängt."

Staatsanwalt: „Entsinnen Sie sich, im August 1941 zwei Häftlinge selbst ertränkt zu haben?"

Schubert: „Im August 1941 habe ich zwei Häftlinge persönlich ertränkt. Und zwar habe ich sie in einen

Waschraum eingesperrt, das Fußbassin mit Wasser vollaufen lassen, und dann habe ich jeden einzelnen absaufen lassen."

Staatsanwalt: „Wieviel russische Gefangene wurden erschossen?"

Schubert: „Soviel ich weiß, wurden 1941 13 000 Kriegsgefangene erschossen."

Staatsanwalt: „Haben Sie selbst auch geschossen?"

Schubert: „Jawohl, 636 russische Gefangene habe ich persönlich mit eigener Hand umgelegt."

Zwei große, bissige Hunde. In den KZ setzten die SS-Bewacher auch Hundestaffeln zur Bewachung ein. Als eines Tages SS-Führer im KZ Buchenwald zu Besuch waren, zeigte der SS-Mann Rödl ihnen, daß die Hunde auf Menschen abgerichtet waren. Das ausgewählte Opfer war Ernst Heilmann, Jude, vor 1933 Mitglied des Preußischen Landtages. Der Revierschreiber Poller schilderte den Vorfall wie folgt:

„Heilmann mußte sich vor einem dicken Baum aufstellen. In einer Entfernung von acht bis zehn Schritten stand Rödl mit dem Besuch und dem Hundewärter, der zwei große, bissige Hunde angeleint hatte.

Dann hetzte der Hundewärter die Köter auf den wehrlos dastehenden Heilmann, der den Anfall der Hunde mit vorgestreckten Armen und erbarmungsvoll ängstlichen Gesichtszügen, stierenden Augen und angstvoll geöffnetem Mund erwartete. Dann, als die Hunde zupacken wollten, rief der Wärter sie zurück. Die Hunde gehorchten sofort.

Drei-, vier-, fünfmal wiederholte sich die Hetze, ohne daß Heilmann gebissen wird, dann beim sechsten Mal packen ihn die Hunde doch, zerfleischen ihm Hände und Arme, und der Wärter hat Mühe, die Hunde zurückzurufen. Fragend blickt der Wärter auf Rödl, ob er die Hetze fortsetzen soll. Rödl befiehlt: ‚Weiter!' – Und dann packen die Hunde den alten Juden, zerren ihn zu Boden und beißen sich fest. Es war wenige Wochen vor seinem Tode, als ich Heilmann das letzte Mal sprach."

Der Sarg aus Zement. Wegen geringster Vergehen innerhalb des Lagers wurden die Gefangenen in Arrestzellen oder in den „Bunker" gesperrt. Die Arrestzelle des Lagers Oranienburg beschrieb der Gefangene Seger in seinem schon zitierten Buch so:

„Die Dunkelarrestzelle bestand völlig aus Stein. Sie hatte eine Bodenfläche von 60 bis 80 Zentimetern, so daß also ein Mensch darin gerade aufrecht stehen konnte. Tatsächlich war diese grauenhafte Erfindung des Lagerkommandanten nichts anderes als eine Art aufrechtstehender Sarg. Ein solcher Raum erlaubt mit solch geringer Bodenfläche gerade das Stehen: keine noch so geringe Beugung der schon nach kurzer Zeit erstarrten Glieder ist möglich. Diese Steh-Bunker sind die Ausgeburt einer geradezu mittelalterlichen Folterknechtsphantasie. Die Gefangenen, die da hineingepfercht wurden, haben entsetzliche Stunden, unsagbar qualvolle Nächte durchgemacht. In einem Zementsarg eingeschlossen zu sein, kein Glied rühren zu können, fühlen, wie die Glieder von unten her starr werden, zu schmerzen beginnen, wie die Knie durchsacken und an die Wand stoßen, nicht wissen, wohin mit den Armen, wie noch länger stehen, und dazu die nicht geringere seelische Folter – das fürchterliche Bohren der Gedanken, die nur einen Inhalt haben: heraus aus dem entsetzlichen Zementsarg, die wachsenden Schmerzen des ruhelos eingesperrten Körpers, die die Tränen der Wut, der Verzweiflung in die Augen pressen, den rasenden Druck im Kopfe vermehrend, den das in den Schläfen hämmernde Blut erzeugt — es ist eine Hölle, und der sie erfand, ist kein Mensch, sondern ein Vieh."

Der Prügelbock. Wegen geringfügiger Vergehen gegen die Lagerordnung wurden Häftlinge je nach dem Strafmaß zu 5, 10, 15, 20 oder 25 Stockhieben verurteilt. Die mittelalterliche Prügelstrafe war in allen KZ üblich. Die Häftlinge wurden auf den sogenannten „Prügelbock" geschnallt. Zur Abschreckung, wie es hieß, wurde diese Strafe öffentlich vollzogen. Alle Lagerinsassen mußten zuschauen. Der im Konzentrationslager Buchenwald eingesperrte Walter Poller hat diese Art der Bestrafung beschrieben:

„Als ich am Tage meiner Einlieferung in einer Arbeitskolonne zum Tor hinausmarschierte, sah ich den Vollzug dieser Prügelstrafe zum erstenmal. Der Häftling lag auf einem derben Balkengestell. Eine Vorrichtung fesselte die Beine des Häftlings unterhalb der Kniekehlen fest an die Gestellfüße, eine zweite seinen Körper an die Mulde durch einen breiten Riemen über das Kreuz. Wenn die Fesselungsvorrichtung für die Beine einmal zerrissen war, oder wenn die Scharführer zu faul waren, die Beinfesselung vorzunehmen, mußten die Häftlinge mit den Füßen hinter eine Querlatte treten, die die vorderen Beine des Gestells miteinander verband, und sich dann so über den Bock legen.

Wir kamen näher heran und sahen bald mit Grauen die abgemergelte Gestalt, die auf dem Bock festgeschnallt war. Wir hörten die fürchterlichen Schmerzensschreie in unseren Ohren gellen, sahen die verzerrten, qualvollen, geradezu von Todesfurcht erfüllten Gesichtszüge des Häftlings, sahen, daß er so festgeschnallt war, daß er nur noch den Kopf bewegen konnte, sahen einen SS-Scharführer, der einen dicken, biegsamen Stock mit weit ausholender Gebärde und mit aller ihm zur Verfügung stehenden Gewalt schwang und auf den Gefesselten niederzischen ließ, langsam, mit Bedacht, und wieder, und wieder, hörten wie der Stock pfeifend die Luft durchschnitt und dann mit lautem Knall auf das Gesäß des Häftlings niederprasselte und wie der Häftling dann jedesmal tierisch aufheulte.

In fast allen Fällen wurde der Häftling auf dem Bock festgeschnallt. 25 Stockhiebe waren formularmäßig die Höchstzahl, die verabfolgt werden durfte. Häufig wurden 30, 40, 50 und mehr Schläge verabreicht, je nach dem wie zäh der Häftling war und wenn man ihn absolut bis zur Ohnmacht durchpeitschen wollte."

Nach der Durchpeitschung mußte sich der Häftling bei dem SS-Führer Rödl melden und Vollzug und Grund der Strafe angeben. Walter Poller schildert dies beispielsweise so:

„Arbeitsscheuer Häftling Nr. 13 714, bestraft mit 10 Stockhieben wegen Faulheit bei der Arbeit." Oder: „Po-litischer Häftling Nr. 7063, bestraft mit 5 Stockhieben, weil ich in der Marschkolonne nicht Gleichschritt halten konnte."

Der Henker von Sachsenhausen.

Der Henker von Sachsenhausen war ein Mann mit Namen Paul Sakowski. Paul Sakowski war 1920 in Breslau geboren.

Paul Sakowski war Heizer auf einem Schiff, das die Oder befuhr. Im Alter von 17 Jahren wurde er zu einer Gefängnisstrafe verurteilt. Nach seiner Entlassung wurde er in das KZ Sachsenhausen eingewiesen. Dort nahm er an einem Aufstand gegen die Bewacher teil. Er wurde überwältigt und in den Zellenbau gesperrt. Der Tod war ihm sicher.

An einem Dezembermorgen des Jahres 1940 ließ ihn der SS-Hauptscharführer Ettlinger in seinem Dienstzimmer vorführen. Ettlinger machte ein Angebot, das Sakowski in seiner ausweglosen Lage nicht ablehnen konnte: Paul Sakowski erklärte sich bereit, als Henker im KZ Sachsenhausen zu arbeiten. Als Gegenleistung übernahm man ihn, den Häftling, in die SS. Sogar eine Beförderung wurde in Aussicht gestellt.

Über drei Jahre versah der SS-Mann Paul Sakowski den Dienst als Henker. Darüber hinaus führte er auch die Aufsicht über das Krematorium. Nach dem Krieg geriet er in sowjetische Gefangenschaft. Er wurde vor ein Militärgericht gestellt. Im Prozeß gibt Sakowski Auskunft über die Verhältnisse im Lager:

Staatsanwalt: „Können Sie sich an das Schicksal von Lindemann und Eckert erinnern?"

Sakowski: „Lindemann und Eckert waren zwei Häftlinge, die wegen Vergehens gegen die Lagerordnung zu der höchsten Arreststrafe, das heißt Dauerarrest, verurteilt worden waren. Dauerarrest bedeutet Arrest bis zum Tode."

Staatsanwalt: „Was geschah mit diesen zwei Häftlingen?"

Sakowski: „Lindemann war nach fünf Monaten verhungert und Eckert nach acht Monaten. Beide Häftlinge sind vor dem Tode wahnsinnig geworden."

Staatsanwalt: „Was geschah mit dem inhaftierten Künstler Hans?"

Sakowski: „Das war ein Maler. Er hatte aus dem Zellenbau einen Fluchtversuch unternommen, wobei er aus der Kanzlei des Zellenbaues eine Pistole entwendete. Als er über die Mauer klettern wollte, wurde er ertappt und in den Zellenbau zurückgebracht. Hauptscharführer Ettlinger befahl dem Maler Hans, sich zu erhängen und drohte ihm die furchtbarsten Qualen an, wenn er es nicht täte. Zu diesem Zweck mußte ich Hans ein nagelneues Hemd geben, weil sein eigenes schon morsch war, worauf er sich mit diesem Hemd an der Zentralheizung erhängte."

In jedem KZ befand sich einer oder mehrere Galgen. Über den Galgen in KZ Sachsenhausen sagte der ehemalige Kommandant Kaindl im gleichen Prozeß aus:

„Der Galgen hatte einen Flaschenzug mit einem Mechanismus zur Beschleunigung der Erhängung. An diesem Galgen konnten gleichzeitig 3 bis 4 Mann gehenkt werden, die nach der Tötung mittels des Flaschenzugsystems auf den Boden heruntergelassen wurden."

Aufgabe des SS-Mannes Paul Sakowski war es, die Sträflinge an diesem Galgen zu hängen.

Staatsanwalt: „Wieviel Häftlinge haben Sie erhängt?"

Sakowski: „Ich habe persönlich 34 Häftlinge erhängt, und bei acht weiteren war ich führend beteiligt."

Staatsanwalt: „Im Lager war ein transportabler Galgen, und Sie haben Nägel eingeschlagen entsprechend der Zahl der von Ihnen erhängten Personen. Stimmt das?"

Sakowski: „Jawohl, das stimmt."

Staatsanwalt: „Entsinnen Sie sich an den Fall, als im April oder Mai 1943 ein russischer Kriegsgefangener gehenkt wurde, dessen Kopf man mit dem Beil abschlug? Wozu wurde das gemacht?"

Sakowski: „Jawohl. Der Lagerführer Kolb wollte den Kopf als Zierstück auf seinem Schreibtisch haben."

Staatsanwalt: „Ein Schädel als Zierstück?"

Sakowski: „Der Schädel wurde von einem Häftling aus der pathologischen Abteilung für Kolbs Schreibtisch präpariert."

Staatsanwalt: „Entsinnen Sie sich, im April 1942 einen Russen zweimal gehenkt zu haben?"

Sakowski: „Jawohl. Der Häftling war gehenkt worden, und der diensthabende Arzt hatte im Beisein des Lagerführers seinen Tod festgestellt. Als der Arzt weg war, stellte sich heraus, daß der Häftling nicht tot war, sondern noch lebte. Daraufhin habe ich ihn noch einmal gehenkt."

Staatsanwalt: „Wieviel Leichen haben Sie im Krematorium verbrannt?"

Sakowski: „Ich schätze die Zahl auf 30 000 bis 35 000."

Der SS-Mann Sakowski war zur Zeit seiner Taten 22 Jahre alt.

Der zweite Lagerführer in Sachsenhausen war SS-Offizier Höhn. Auch er berichtete dem Militärgericht von den Zuständen im Lager:

Staatsanwalt: „Wieviel Häftlinge wurden unter Ihrer persönlichen Leitung erschossen?"

Höhn: „Von mir persönlich wurden rund 300 Personen erschossen."

Staatsanwalt: „Und wieviele wurden von Ihnen gehenkt?"

Höhn: „Etwa 40."

Bei der Befragung des SS-Manns Sorge ergab sich folgender Tatbestand:

Staatsanwalt: „Können Sie sich an den Fall des im Herbst 1938 eingegrabenen Bibelforschers erinnern?"

Sorge: „Jawohl. Es wurde ein Bibelforscher bis an den Hals eingegraben. Es wurde eine Grube ausgehoben, und er mußte darin bis zum Hals stehen. Und dann wurde die Grube wieder zugeschüttet."

Staatsanwalt: „Und welchen Mißhandlungen wurde er dann unterworfen?"

Sorge: „Die anderen Häftlinge mußten ihre Notdurft auf seinen Kopf verrichten."

Staatsanwalt: „Besinnen Sie sich darauf, daß ein Jugendlicher im Alter von 16 Jahren auf Ihren Befehl im Schnee eingegraben wurde?"

Sorge: „Jawohl, das gab es."

Staatsanwalt: „Was geschah mit dem Jugendlichen?"

Sorge: „Er ist daran gestorben."

Über die Erschießungen im Lager sagte wieder der Kommandant Kaindl aus:

„Der Ort für die Erschießung befand sich in einem besonderen Raum. Er hatte zwei Türen, die eine von ihnen führte zum Ausgang, die andere in die Totenkammer, die zur Aufstapelung der Leichen diente. Äußerlich sah dieser Raum wie ein Sanitätsraum aus. In diesem Zimmer war eine gewöhnliche Vorrichtung, um die Größe eines Menschen zu messen, und ein Alphabet zur Prüfung der Sehkraft. Längs der Skala des Meßgerätes war ein durchgehender Spalt von etwa 2 cm Breite, der zum Nebenzimmer, dem Schießzimmer, führte.

Der Todeskandidat stellte sich mit dem Rücken an die Skala des Meßgerätes, angeblich, damit vor der ärztlichen Untersuchung die Größe gemessen werden konnte, und im Augenblick, wo das Kommando ‚Fertig!' gegeben wurde, erfolgte aus dem Schießzimmer durch den Spalt der Skala des Meßgerätes ein Schuß in das Genick des Häftlings. In dem Fußboden neben dem Meßgerät war ein Gitter angebracht, von dem nach der Erschießung das Blut durch einen Schlauch fortgespült wurde. Die Leiche wurde aus dem Erschießungszimmer in das Nebenzimmer geschleppt, und ein neuer Häftling wurde in das Erschießungszimmer geführt. Die Prozedur fing von vorne an."

Staatsanwalt: „Wieviel Häftlinge wurden während Ihrer Tätigkeit als Kommandant, also in zwei Jahren und acht Monaten, in Sachsenhausen vernichtet?"

Kaindl: „Alles zusammengerechnet wurden rund 42 000 unter meiner Verantwortung vernichtet, davon unmittelbar im Lager selbst etwa 18 000. An Hunger starben während dieser Zeit nach meiner Schätzung etwa 8 000 Häftlinge."

Das „Musterlager"

Nachrichten über die Greueltaten in den NS-Konzentrationslagern drangen auch ins Ausland. Im KZ Auschwitz beispielsweise bildete sich eine Untergrundorganisation. Sie schmuggelte Briefe aus dem Lager. Filme wurden heimlich in das Lager gebracht. Es wurden Fotoaufnahmen gemacht und die Filme außerhalb des Lagers entwickelt.

Die Nationalsozialisten mußten nun befürchten, daß z.B. Vertreter des Roten Kreuzes aus dem Ausland diesen ungeheuerlichen Vorwürfen an Ort und Stelle nachgehen würden. Jede Weigerung, eine unabhängige Kommission zur Prüfung in auch nur eines der Lager zu lassen, wäre als ein Eingeständnis der Schuld verstanden worden.

Die für die Vernichtung der Juden zuständigen Behörden richteten zu diesem Zweck eigens ein – damals auch so genanntes – „Musterlager" ein. Die Wahl fiel auf die kleine Festungsstadt Theresienstadt in der Tschechoslowakei. In diesem KZ

Kinderzeichnung aus dem KZ Theresienstadt

waren ausschließlich Juden untergebracht, vorwiegend aus Deutschland. Es handelte sich meist um ältere Personen, aber auch um ganze
Familien. Den verschleppten Juden
war es hier erlaubt worden, Teile
ihres Besitzes mitzunehmen. Gegen
Geld konnte man sich in diesem
Lager sogar eine „Wohnung kaufen". Die SS führte in dem Lager
nur die Oberaufsicht. Das Lager
konnten die Juden selbst verwalten.
Es gab einen „Judenrat" und einen
„Ältesten", etwa vergleichbar mit
einem Bürgermeister. Auf den ersten Blick schien dieses KZ ein Ort
des Friedens zu sein. Die Erwachse-
nen arbeiteten in kleinen Fabriken

und Geschäften und stellten Hand-
taschen und Kleider her. Die Kinder
gingen zur Schule und hatten dort
regelmäßigen Unterricht. Wer krank
war, kam in das Krankenhaus. Brach
ein Brand aus, hatte man eine eigene Feuerwehr. Es gab eine eigene
Verwaltung. Selbst eine Leihbiblio-
thek fehlte nicht. Die jüdische
Selbstverwaltung verfügte sogar
über eine eigene Gerichtsbarkeit mit
einer kleinen Polizeitruppe, der
„Gettowache". So wurde zum Beispiel am 15.4.1944 ein Mann zu
fünf Tagen Arrest verurteilt. In der
Urteilsbegründung konnte man das
bestrafte Vergehen nachlesen: „Der
Verurteilte hatte versucht, auf eine

*Inneres einer Unterkunft in Theresien-
stadt. Häftlingszeichnung*

fremde Essenskarte ein Mittagessen
zu erlangen."
Im Lager Theresienstadt gab es eine
eigene Post und eine eigene Bank.
Am Sonntag konnte man ins Café
gehen, in ein Konzert oder in ein
Kabarett. Man konnte auch einem
Fußballspiel zusehen. Es gab eine
Liga mit zehn Mannschaften. Da
spielten etwa die „Elektriker" gegen
die „Gärtner" oder die „Köche" gegen die „Gettowache". Es gab noch
14 weitere Mannschaften, je sieben
in der Division A und der Division B.
Doch der Schein trog. Hinter dieser
Fassade herrschten Not und Elend.
Das kleine Festungsstädtchen hatte
einst nur 3000 Soldaten und Zivilisten als Wohnsitz gedient. Im KZ
waren aber zeitweise über
30 000 Menschen zusammengepfercht. Gaskammern wie in den
Lagern des Ostens gab es hier nicht.

Trotzdem kamen in diesem Lager
35 088 Juden ums Leben. Weitere
86 936 Juden erlebten dieses Lager
als Durchgangslager. Von hier wurden sie weiter nach Osten verschleppt. Die meisten nach Auschwitz, in die Gaskammern.
Mißhandlungen durch die SS-
Mannschaften, wie sie in den anderen Lagern ständig geschahen, kamen im Lager Theresienstadt nur
selten vor. Zwei Fälle sind bekannt
geworden:
Eine alte Frau wollte eine Straße
überqueren. Doch plötzlich rast der
SS-Mann Poljak auf einem Traktor
in wildem Zickzack die Straße entlang. Erschrocken bleibt die alte
Frau auf der Straße stehen. Poljak
weicht nicht aus. Er steuert auf sie
zu und überrollt sein Opfer. Poljak
setzt seine Fahrt fort. Die alte Frau
war auf der Stelle tot.
Auf der Hauptstraße geht ein alter
Mann seines Weges. Plötzlich fühlt
er einen Schlag auf den Kopf, sein
Hut liegt auf der Straße. Ein SS-
Mann brüllt ihn an: „Sauhund,
kannst du nicht grüßen!" Der alte
Mann macht unwillkürlich mit der
Hand eine Bewegung. Er hat Angst
und will sich vor weiteren Schlägen
schützen. Er wird auf der Stelle erschossen. Begründung: ein versuch-
ter Angriff auf einen SS-Mann.
Im Lager Theresienstadt haben
Schüler und Erwachsene Zeichnun-

gen angefertigt, Gedichte gemacht und vorgetragen. Trotz des Elends und trotz der Not herrschte eine rege kulturelle Betriebsamkeit. So entstand dort auch das Gedicht „Alterstransport". Verfasserin war eine Ilse Weber. Sie war im Lager zweieinhalb Jahre als Krankenschwester tätig. Im Herbst des Jahres 1944 wurde sie mit ihrem einzigen Kind nach Auschwitz deportiert und dort in der Gaskammer getötet.

ALTERSTRANSPORT

Durch die Stadt zieht ein Zug von müden Alten,
Schwer beladene, gebeugte Gestalten,
Zur Bahnstation.
Mit Augen, die vor Tränen nichts sehen,
Mit Füßen, die nur mit Schmerzen gehen,
So gehen sie dahin.
Von den Kindern gerissen, aufs Neu vertrieben,
Des Letzten beraubt, was ihnen geblieben,
So schreiten sie stumm.
In ihrem Herzen, zermürbt vor Grauen,
Klingt verzweifelnd auf des Allmächtigen Namen,
Ein klagend *WARUM* . . .?

In vielen Berichten aus Konzentrationslagern liest man immer wieder, daß es den jüdischen Gläubigen unmöglich gemacht wurde, an ihren religiösen Feiertagen festzuhalten. Anders in Theresienstadt. In diesem KZ konnten sie bis zu einem gewissen Grade ihre Feiertage einhalten, wenn auch mit Einschränkungen. Das jüdische Pessachfest feiern die Juden zur Erinnerung an den Auszug ihrer Vorfahren aus Ägypten. Am Abend davor findet im Kreis der Familie der „Sederabend" statt. Dazu sind bestimmte Speisen vorgeschrieben, die in der Sederschüssel dargereicht werden. In Theresienstadt fehlte es aber an solchen rituellen Speisen. Man wußte sich jedoch zu helfen. Sederschüssel samt Speisen wurden auf Papier gemalt. So konnte man wenigstens sinnbildlich den Sederabend feiern.

Die Schule am Bullenhuser Damm

Der „Bullenhuser Damm" ist eine Straße in Hamburg. An dieser Straße steht eine Schule. Früher hieß sie „Schule am Bullenhuser Damm". Heute trägt sie den Namen „Janusz Korczak-Schule". Wer war Janusz Korczak?
Janusz Korczak hieß eigentlich Henryk Goldszmidt. Er war ein polnischer Jude. In Warschau leitete er ein großes Waisenhaus für jüdische Kinder. Als diese Kinder in das KZ Treblinka zur Vernichtung transportiert wurden, folgte er ihnen freiwillig. Unmittelbar nach seiner Ankunft wurde er hingerichtet.
Wir wissen von ihm aus den Erinnerungen von Augenzeugen:
„Ich erinnere mich an den berühmten Erzieher Janusz Korczak und seinen letzten Marsch an der Spitze der Prozession von Kindern seines Waisenhauses. Rechts und links von ihm gingen zwei kleine Kinder seines Waisenhauses. Die Kinder gingen in Paaren, und hinter ihm ging die Haupterzieherin, Stefanie Belczycka, mit den Kleinen. Als sie zum Umschlageplatz gelangten, waren dort bewaffnete jüdische Polizisten, die Janusz Korczak befreien wollten, aber er sagte nein, er werde sich nicht von den Kindern trennen. Seine einzige Sorge war, daß die

Kinder keine Zeit gehabt hatten, ihre Schuhe anzuziehen, als sie mitten in der Nacht den Befehl erhielten, aufzustehen und sofort hinunterzugehen."
Neuengamme liegt im Süden Hamburgs. Bis zur Elbe sind es noch drei Kilometer. Von weitem sieht man einen großen Schornstein. Er ist Teil des Mahnmals, das sich heute in der parkähnlichen Gedenkstätte des ehemaligen Konzentrationslagers befindet. Eine Bronzeplastik erinnert an die hier Umgekommenen. Sie heißt: „Sterbender Häftling".
An der Ehrenmauer ist eine Schrifttafel angebracht:

Gedenkstätte Neuengamme. In den Jahren 1938 bis 1945 litten hier und in den Außenkommandos Neuengamme 106 000 Menschen. Von ihnen wurden 55 000 Männer, Frauen und Kinder aus vielen Nationen durch die Nationalsozialisten getötet. Außenkommandos bestanden in Hamburg . . .

Dann folgen die Namen von 70 solcher Außenkommandos. Das erste hieß: „Bullenhuser Damm".
Dieses Außenkommando des KZ Neuengamme wurde am 1. Oktober 1944 in der „Schule am Bullenhuser Damm" errichtet. Betonpfähle und ein elektrisch geladener Stacheldrahtzaun sicherten das Gebäude gegen die Umwelt ab. Anfänglich befanden sich dort 592 KZ-Häftlin-

ge, später waren es annähernd 1000.

Vom Sommer 1944 an besuchte SS-Arzt Dr. Heißmeyer KZ Neuengamme. An 80 bis 100 polnischen und russischen Kriegsgefangenen nahm er „medizinische Versuche" vor. Kaum einer hat diese Versuche überlebt. Heißmeyer infizierte seine Opfer mit den Krankheitserregern der Tuberkulose. Die Tuberkulose ist eine gefährliche Lungenkrankheit. Früher nannte man sie Schwindsucht.

Im Dezember 1944 ließ derselbe SS-Arzt etwa 25 Kinder vom KZ Auschwitz nach Neuengamme bringen. Diese Kinder waren alle jüdischen Glaubens. Das jüngste Kind war fünf Jahre alt, das älteste zwölf. Dr. Heißmeyer hatte sie eigens für seine Versuche angefordert. Auch sie sollten mit den Erregern der gefährlichen Lungenkrankheit angesteckt werden.

Die Kinder wurden alle krank. Sie hatten hohes Fieber, wollten nicht mehr essen und wurden bettlägerig. Es ist heute nicht mehr festzustellen, wieviele dieser Kinder damals gestorben sind. Wer diese unmenschlichen Versuche überlebte, wurde später, am Ende des Krieges, als die nationalsozialistischen Verbrecher ihre Spuren beseitigen wollten, ermordet.

Im Frühjahr 1945 näherte sich der Zweite Weltkrieg endlich seinem Ende. Englische Truppen kamen immer näher an das KZ Neuengamme heran. Die Befreiung schien nahe. Doch die Gefangenen hofften vergebens: Alle Häftlinge sollten nach Osten, in die Vernichtungslager abtransportiert werden. Die letzten 10 000 Häftlinge wurden auf Schiffe verladen. Fast alle kamen in den am 3. Mai irrtümlicherweise von britischen Flugzeugen versenkten Schiffen ums Leben.

Alle Spuren sollten verschwinden. Kein Zeuge sollte überleben und berichten können.

Am späten Abend des 20. April 1945 werden die zwanzig überlebenden Kinder der unmenschlichen Versuche des Dr. Heißmeyer aus dem Schlaf gerissen. Kinder, Pfleger und Ärzte werden in einen Autobus verladen. Im Bus sind auch noch sechs sowjetische Kriegsgefangene. Unter SS-Bewachung setzt sich der Bus in Bewegung. Nach Theresienstadt soll der Transport gehen. So jedenfalls stand es in den Begleitpapieren. Aber der Busfahrer steuert nicht das weit entfernte KZ an. Es geht nach Hamburg. Vor der Schule am Bullenhuser Damm hält er an. Dieses Außenkommando war schon geräumt worden. Alle Gebäude stehen leer.

Die SS-Bewacher führen die Kriegsgefangenen und die vier Betreuer der Kinder in den Keller der Schule. Dort werden sie an den Heizungsrohren erhängt.

Die Kinder führt man in einen Nebenraum. Dort wartet der SS-Arzt Dr. Trzebinski. Er fragt einen SS-Mann, was mit den Kindern geschehen solle. Die Antwort befiehlt den Mord: „Die Kinder müssen beseitigt werden."

Der SS-Arzt und die Bewacher wurden nach dem Krieg von einem englischen Militärgericht zum Tode verurteilt und hingerichtet.

„Medizinische Versuche" wurden nicht nur im KZ Neuengamme durchgeführt. Auch in anderen KZ war dies üblich. In Dachau beispielsweise wurden Häftlinge mit dem Erreger der Malaria infiziert. Andere Häftlinge wurden in Unterdruckkammern bei Sauerstoffmangel gefoltert. Bei wieder anderen wurden „Unterkühlungsversuche" vorgenommen. Sie wurden stundenlang in Becken mit Eiswasser gelegt. Dann wurden an ihnen verschiedene Arten der Wiederbelebung erprobt. Im KZ Auschwitz wurde die Haut von ausgewählten Häftlingen giftigen Flüssigkeiten ausgesetzt, so lange, bis die Haut krankhafte Veränderungen, Wucherungen und Geschwüre zeigte. Andere operierte man ohne Notwendigkeit oder verstrahlte sie mit Röntgenstrahlen. Immer wieder dienten Häftlinge als lebende Versuchsobjekte.

Im Schulhof der Janusz Korczak-Schule am Bullenhuser Damm in Hamburg befindet sich eine Gedenktafel. Ihre Inschrift lautet:

Hier wurden in der Nacht vom 20. zum 21. April 1945, wenige Tage vor Kriegsende, von Handlangern der nationalsozialistischen Gewaltherrschaft zwanzig ausländische Kinder und vier erwachsene Begleiter ermordet.
Gedenket der Opfer in Liebe. Lernet den Menschen und sein Leben achten.

Die neuen Gettos und die „Endlösung"

1933 lebten in Deutschland 499 682 Juden, also etwa eine halbe Million. Am 1. September 1939 begann der Zweite Weltkrieg. Zu diesem Zeitpunkt lebten noch etwa 215 000 Juden in Deutschland; etwa 285 000 waren ausgewandert.

Der erste Kriegsschauplatz war Polen. Dort lebten etwa 3 250 000 Juden. Die Sowjetunion grenzt an Polen an. Auch sie griff Polen an und besetzte einen Teil des Landes. Unter russische Herrschaft kamen etwa 1 200 000 Juden. In dem von den deutschen Truppen besetzten Teil Polens lebten zwei Millionen Juden. Sie waren der verbrecherischen Willkür der Nationalsozialisten schutzlos ausgeliefert.

Alle Juden haben sich am 19 April d. J. um 8 Uhr morgens bei der Städtischen Schutzpolizei (im Feuerwehrkommando am Taš-Majdan) zu melden.

Juden die dieser Meldepflicht nicht nachkommen, werden erschossen.

Belgrad 16–IV 1941

Der Chef der Einsatzgruppe
der Sicherheitspolizei
und des S. D.

Überall in den von den deutschen Truppen besetzten Ländern Europas wurden Plakate angeschlagen, auf denen die Juden zur „Erfassung" aufgefordert wurden. Das Plakat stammt aus Belgrad und ist in deutscher Sprache abgefaßt. Viele Juden Jugoslawiens beherrschten die deutsche Sprache

Im ganzen Land mußten die Juden sich unter Androhung der Todesstrafe auf den Bürgermeistereien melden. Alle Juden wurden registriert. Dann wurden sie mit wenigen Habseligkeiten auf Pferdefuhrwerke oder Lastkraftwagen geladen und in die größeren Städte gekarrt. Dort wohnten ohnedies schon viele Juden, in Lemberg beispielsweise 140 000. Lodz war die zweitgrößte Stadt Polens. Dort lebten 203 000 Juden. In den großen Städten wurden bestimmte Viertel von „Ariern" geräumt und Juden eingewiesen. Straßen und Fenster wurden zugemauert. Die Gettos des Mittelalters waren auferstanden.

Auf engstem Raum, ohne genügend Nahrung, in größter Armut und in schlechten Wohnverhältnissen wurden Hunderttausende von Juden in diesen Gettos zusammengepfercht. Verwalter der Gettos waren die Juden selbst. Diese „Selbstverwaltung" stand bald vor unlösbaren Problemen:

Die deutschen Armeen eroberten immer größere Gebiete. Große Teile Europas standen jetzt unter der Herrschaft der Nationalsozialisten. Und aus allen besetzten Gebieten wurde die jüdische Bevölkerung nach Osten verschleppt. Aus Österreich waren schon kurz vor dem Krieg 185 000 Juden gekommen, ebenso aus der Tschechei 117 000. Und so ging es weiter:

Slowakei:	136 000 Juden
Belgien:	90 000 Juden
Holland:	110 000 Juden
Frankreich:	320 000 Juden
Jugoslawien:	75 000 Juden
Griechenland:	75 000 Juden
Ungarn:	400 000 Juden

Berlin, 20. Januar 1942. Der Krieg gegen die Sowjetunion dauert schon ein halbes Jahr. Große Teile des Landes sind besetzt. Millionen Juden befinden sich nun im deutschen Herrschaftsbereich. Wohin mit ihnen? Wohin mit diesen Menschen, die Adolf Hitler so krankhaft haßte?

An jenem kalten Januartag fand in Berlin eine Konferenz statt. In einer Villa in der Straße „Am Großen Wannsee" mit der Hausnummer 56–58 trafen sich fünfzehn NS-Führer. Das Ergebnis der Konferenz läßt sich in einem Wort zusammenfassen: Endlösung. „Endlösung", das bedeutete: Tod für Millionen Juden. Die Ausgrenzung der Juden als einer eigenen, angeblich minderwertigen Rasse sollte jetzt in der physischen Vernichtung enden.

Als „Wannsee-Konferenz" ging diese Versammlung in die Geschichte ein. In die Geschichte ein ging auch ein Mann, der an dieser Konferenz teilgenommen hatte: SS-Obersturmbannführer Eichmann, der „Buchhalter des Todes". Ihm oblag die Aufgabe, die Juden im gesamten deutschen Herrschaftsbereich zu erfassen und in die Konzentrationslager des Ostens zu deportieren. Eichmann konnte nach dem Krieg nach Südamerika fliehen. Er wurde später gefaßt, in Jerusalem vor ein Gericht gestellt, zum Tode verurteilt und hingerichtet.

Wie schon nach der „Reichskristallnacht", so setzte auch nach der Wannsee-Konferenz eine menschenverachtende Hetze gegen Juden ein. In den Kinos lief ein Hetzfilm mit dem Titel: „Der ewige Jude". Die antisemitische Propagan-

Plakat zu einem antijüdischen Hetzfilm

da sollte die geplante Vernichtung der Juden vorbereiten und unterstützen.

Eine Szene des Films zeigt Ratten, die aus einem Kanaldeckel einer Straße quellen und über ein Lebensmittellager herfallen. Dazu der Sprecher im Film:

„Wo Ratten auftauchen, tragen sie Vernichtung ins Land, zerstören sie menschliche Güter und Nahrungsmittel. Auf diese Weise verbreiten sie Krankheiten wie Pest, Lepra, Typhus, Cholera und so weiter. Sie sind hinterlistig, feige und grausam und treten meist in großen Scharen auf. Sie stellen unter den Tieren das Element der heimtückischen unterirdischen Zerstörung dar. Nichts anderes sind die Juden unter den Menschen."

Der Zweite Weltkrieg dauerte knapp sechs Jahre. Ende April 1945 hatte die Rote Armee schon große Teile Berlins besetzt. In einem Bunker tief in der Erde diktierte Adolf Hitler am 29. April um 4.00 Uhr, kurz vor seinem Selbstmord, sein „Politisches Testament". Darin hieß es:

„Er (gemeint war der Krieg) wurde gewollt und angestiftet von jenen internationalen Staatsmännern, die entweder jüdischer Herkunft waren oder für jüdische Interessen arbeiten ... Es werden Jahrhunderte vergehen, aber aus den Ruinen unserer Städte und Kunstdenkmäler wird sich der Haß gegen das letzten Endes verantwortliche Volk immer wieder erneuern, dem wir das alles zu verdanken haben: *Dem internationalen Judentum* und seinen Helfern."

Der Zweite Weltkrieg hat 55 Millionen Tote gefordert, darunter waren sechs Millionen Juden.

Am 8. Mai 1945 war der Krieg zu Ende. Deutschland war von den Armeen der Amerikaner, Engländer und Russen besetzt.

23 ehemals führende Nationalsozialisten wurden 1945/46 in Nürnberg

vor ein internationales Gericht gestellt. Zwölf der Angeklagten in diesem Hauptkriegsverbrecherprozeß wurden zum Tode verurteilt. Viele NS-Führer hatten sich, wie Hitler und Goebbels, durch Selbstmord der Verantwortung entzogen.

„Nicht wie die Schafe zur Schlachtbank"

Anfang der 60er Jahre führte man Grabungen im KZ Auschwitz durch. In der Nähe eines Krematoriums fand man ein Kochgeschirr eines deutschen Soldaten. Es war mit Gras überwuchert. Im Kochgeschirr fand man ein eng beschriebenes Heft. Dieses Heft gehörte einem Juden aus dem Getto Litzmannstadt. Zusammen mit dem Heft fand sich ein Bericht, geschrieben von jenem Lagerinsassen, dem es damals gelungen war, das Heft zu verstecken. Der Mann gehörte zu den Häftlingen, die im Krematorium arbeiten mußten. Er hatte das Heft in der Kleidung eines unbekannten Juden entdeckt, der aus Litzmannstadt stammte und in Auschwitz vergast worden war. In diesem Heft schilderte der Unbekannte das Leben im Getto:

„Du darfst nicht vergessen, daß hier bei uns im Getto ganz andere Vorstellungen von Glück und Reichtum herrschen als auf der übrigen Welt.

Eingang zum Getto von Lodz

Für einen Gettobewohner ist ein Stückchen Brot das größte Glück."

„Litzmannstadt", das ist die polnische Stadt Lodz. Als die deutsche Armee sie im September 1939 besetzte, taufte man die Stadt um. Von den rund 700 000 Bewohnern waren allein 233 000 Juden. Alle Juden wurden in einem Getto zusammengefaßt. In diesem Getto gingen 43 441 Juden an Hunger und Krankheiten zugrunde. Die meisten anderen wurden deportiert und vergast. Im Januar 1943 lebten noch rund 87 000 Juden im Getto. Sie arbeiteten in 96 Betrieben. Diese Betriebe stellten Lederwaren, Uniformen und Metallwaren für die Deutschen her. Zeitweise lebten im Getto über 5 000 Kinder unter zehn Jahren. Auch sie waren für die Vergasung vorgesehen.

Was tun mit den Kindern, deren Eltern im Getto verstarben oder deportiert worden waren? Jener Jude, der das Heft geschrieben hatte, die „Briefe aus Litzmannstadt", adoptierte mit seiner Frau ein kleines Kind. Die Familie hatte schon drei Töchter. Trotz aller Not, trotz allen Elends schilderte der Mann, wie er das kleine Kind in den Schlaf sang:

„Kaum war die Nacht angebrochen, da waren alle müde, legten sich hin und schliefen kurz darauf ein. Nur das Bübchen konnte oder wollte

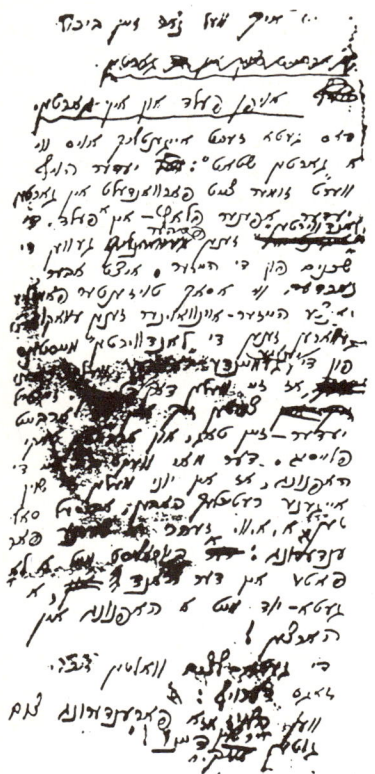

Seite aus dem Heft der „Briefe von Litzmannstadt". Der Verfasser schreibt Jiddisch mit hebräischen Buchstaben

nicht einschlafen. Ich begann ihm ein Lied vorzusingen, sang ein zweites, drittes, viertes, doch vergebens, es wollte nicht einschlafen und begann zu weinen. Ich sang ununterbrochen die verschiedensten Wiegenlieder, wie sie die Juden im Osten und Westen singen. Endlich fand ich das richtige! Und da geschah das Wunder: Auch das Bübchen begann, den Refrain des Liedes zu summen: ‚Schlummre, schlummre, Kindlein mein, schlafe, Kindlein mein!' Es schloß zufrieden seine Äuglein und schlief ein."

Nach und nach wurden die Gettos „aufgelöst". „Auflösung" bedeutete die Deportation in die Vernichtungslager. Auch in der Stadt Wilna befand sich ein Getto. Als die Deutschen die Stadt besetzten, gab es dort etwa 80 000 Juden. Wie in anderen Gettos bildete sich auch in Wilna eine Untergrundbewegung. Am 1. Januar 1942 veröffentlichte sie folgende Flugschrift:

„Wer das Getto verlassen hat, kehrt nicht zurück. Werft eure Illusionen weg. Eure Kinder und Männer leben nicht mehr. Ponar ist kein Arbeitslager. Alle sind dort erschossen worden. Hitler beabsichtigt, alle Juden Europas zu vernichten ... Wir werden nicht wie die Schafe zur Schlachtbank gehen. Es ist wahr, wir sind schwach und wehrlos, aber die einzige Antwort an die Mörder ist zu kämpfen. Es ist besser, als freie Kämpfer zu fallen, als von der Gnade der Mörder weiter zu leben."

Die Kinder von Warschau

Warschau war damals wie heute die Hauptstadt Polens. Das Warschauer Getto war das größte Polens. In der Millionenstadt wurden 500 000 Juden in einem engen Wohngebiet zusammengepfercht. Die Straßen zu den angrenzenden Stadtteilen wurden zugemauert, die wenigen Tore streng bewacht. Das Getto wurde von einem „Judenrat" verwaltet. Der Augenzeuge Ludwig Hirzfeld, selbst ein Gettobewohner, schildert die Not und das Elend:
„Ich sehe ungeheuer viele Männer, Frauen und Kinder. Als ich hinzutrete und frage, um was es sich handelt, erfahre ich, daß es Flüchtlinge sind, die ihre letzte Habe – Bündel, Kissen oder nur einen Strohsack – mitschleppen. Man warf sie innerhalb von fünf Minuten aus ihren Wohnungen heraus und erlaubte nicht, etwas mitzunehmen. Sie stammen aus den Kleinstädten der Umgebung. Alte, Krüppel, Kranke und Gebrechliche wurden an Ort und Stelle selbst liquidiert (getötet). Wer nicht Schritt hält und zurückbleibt, wird auf dem Marsch erledigt. Bleibt ein Sohn bei seinem getöteten Vater stehen, wird er gleichfalls umgebracht. Der tragische Gesichtsausdruck dieser Flüchtlinge variiert zwischen Todesangst und Resignation …

Janusz Korczak auf einer israelischen Briefmarke. Janusz Korczak war der Direktor eines Waisenhauses.
Als seine Kinder ins KZ deportiert wurden, ging er freiwillig mit ihnen in den Tod

Nicht alle deutschen Wachtposten sind Mörder und Henker, aber leider greifen viele zu schnell zur Waffe und feuern auf die Kinder. Tagtäglich – es ist kaum zu fassen – bringt man angeschossene Kinder ins Krankenhaus.
Tausende von zerlumpten Bettlern erinnern an das hungernde Indien. Grauenhafte Schauspiele erlebt man täglich. Man sieht Sterbende mit ausgebreiteten Armen und fortgestreckten Beinen mitten auf dem Damm liegen. Die Beine sind gedunsen, oft erfroren, und die Gesichter schmerzverzerrt. Wie ich höre, amputiert man den Bettelkindern täglich erfrorene Finger und Zehen, Hände und Füße."
Die jüdische Selbstverwaltung bemühte sich nach besten Kräften, die

Not zu lindern. Schulunterricht für Kinder war verboten. Trotzdem gelang es dem Judenrat, die über hunderttausend Kinder in Warschau zu unterrichten. In getarnten Gebäuden wurden Grundschulen, Hauptschulen und weiterführende Schulen eingerichtet.

Bleiben wir bei den Kindern dieses Gettos. Über sie berichtet etwa zwanzig Jahre später im Eichmann-Prozeß Zivia Lubetkin-Zuckermann. Sie nahm am Warschauer Getto-Aufstand teil, von dem noch die Rede sein wird. Ihr Mann gehörte zu den Führern des Aufstands. Sie erzählt:

„In den schwersten Zeiten des Hungers gab es viele Familien, deren Haupternährer kleine Kinder im Alter von sieben bis ungefähr elf Jahren waren. Mit zwölf Jahren war man im Getto bereits erwachsen. Die sieben- bis elfjährigen Kinder ernährten irgendwie ihre Familien. Sie sammelten sich in kleinen Gruppen an den Toren zur Außenwelt und warteten auf eine Gelegenheit, daß sich der deutsche Wächter umdrehe oder sich eine Zigarette anzünde, und dann brachen sie aus. Die Deutschen waren natürlich sehr flink, fingen sofort zu schießen an, und unweigerlich blieben Opfer zurück. Aber diese Kinder waren auch sehr rasch, und der Hunger trieb sie. Sie zerstreuten sich

in alle Himmelsrichtungen, sie trieben sich in den Straßen des arischen Warschaus herum, um Brotreste zu sammeln oder Kartoffeln oder auch nur Kartoffelschalen. Abends kamen sie mit ihrer Beute zurück, um ihren Angehörigen wenigstens diese paar Brocken zu bringen. Bei vielen warteten die Familien umsonst, denn viele Kinder kamen nicht mehr zurück. Entweder wurden sie beim Ausgehen oder in den Warschauer Straßen erschossen oder beim Eingang in das Getto."

Vom Juli 1942 an wurden immer wieder Tausende von Juden in Massentransporten in das Vernichtungslager Treblinka gebracht und dort sofort getötet – 1942 allein aus Warschau 310 000 Menschen.

Im Getto hatte sich inzwischen eine zionistische Widerstandsgruppe gebildet. Einer ihrer Führer war Dr. Isaak Schipper. In einer Geheimversammlung hatte er einmal erklärt: „Wenn durch das Geschick und die Geschichte unsere Ausrottung bestimmt ist, dann sterben wir wenigstens im Kampf. Wir gehen nicht freiwillig in den Tod!"

Am 18. Januar 1943 sollte wieder ein Transport in das Lager Treblinka gehen. Doch diesmal widersetzten sich die zum Transport bestimmten Juden. Plötzlich zogen mehrere Häftlinge Pistolen und schossen auf die SS und ihre Helfershelfer.

Der israelische Generalstaatsanwalt beschrieb diesen Überfall später in seinem Buch „Die Vernichtung der Juden" so:

„Ein erbitterter Kugelwechsel folgte. Die Juden kämpften bis zum letzten Schuß Munition. Der Kommandeur Mordechai Anilewicz war der einzige von seiner Gruppe von dreißig Leuten, der am Leben blieb. Als er sein Gewehr leergeschossen hatte, riß er einem Deutschen das seinige aus der Hand und schlug sich mit den Fäusten einen Fluchtweg frei. Am folgenden Tag gingen die Gefechte weiter."

Der jüdische Dichter Yitzhak Katznelson betrat den Bunker der Untergrundorganisation mit den Worten:

„Ich bin glücklich, in den Reihen der kämpfenden Pioniere zu sterben. Wir werden in unsere Gräber das Bewußtsein mitnehmen, daß das jüdische Volk ewig bestehen wird."

Am 19. April 1943 drang die SS in das Getto von Warschau ein. Es war der Vortag des jüdischen Pessach. Jüdische Freiheitskämpfer erhoben sich und beschossen die SS und ihre Helfer. Es war ein tapferer, ein heroischer Kampf – aber es war ein aussichtsloser Kampf gegen eine weit überlegene Übermacht.

Die weit besser ausgerüstete SS mußte mit Panzern und Flammenwerfern um jedes Haus kämpfen. Die Juden leisteten erbitterten Widerstand.

Wohnblock um Wohnblock sprengte die SS in die Luft. Die Gegenwehr der Juden war vom Mut der Verzweiflung getragen. Die Härte des Kampfes spiegelt sich selbst in den Tagesmeldungen des SS-Generals Stroop:

„21. April 1943. In Massen – ganze Familien – sprangen die Juden, schon vom Feuer erfaßt, aus dem Fenster oder versuchten sich durch aneinandergeknüpfte Bettlaken herabzulassen. Es war Vorsorge getroffen, daß diese sowohl als auch die anderen Juden sofort liquidiert wurden."

„23. April 1943. Die ganze Aktion wird erschwert durch die mit allen Raffinessen vorgehenden Juden. Es wurde festgestellt, daß in den Leichenwagen, mit denen die herumliegenden Toten gesammelt wurden, gleichzeitig lebende Juden auf den jüdischen Friedhof gefahren werden und damit außerhalb des Gettos entkommen."

„1. Mai 1943. Eine größere Anzahl der erfaßten Juden wurde aus der Kanalisation herausgeholt. Die systematische Sprengung bzw. Verschüttung der Kanalausgänge wurde fortgesetzt."

„3. Mai 1943. In den meisten Fällen leisteten die Juden mit der Waffe in

*Sonderbriefmarke der polnischen Post
zum zwanzigsten Jahrestag des Aufstandes im Warschauer Getto*

der Hand vor Verlassen des Bunkers
Widerstand. Dadurch sind zwei
Ausfälle durch Verwundung zu ver-
zeichnen. Die Juden feuerten teil-
weise mit beiden Händen aus Pistolen."
Viele jüdische Verteidiger mauerten
sich in Bunker ein. Andere suchten
Zuflucht in dem weit verzweigten
unterirdischen Kanalsystem der
Millionenstadt. SS-General Stroop
ließ die Kanäle fluten. Die jüdischen Kämpfer sprengten die Ab-
·wehrschieber. Schließlich warf die
SS an 183 Einstiegsluken Nebelker-
zen in das Kanalsystem. Wer noch
kämpfte, mußte schließlich der

Übermacht weichen. Die Kämpfer
zogen sich zurück in den zentralen
Kommandobunker „Mila 18". Über
den letzten Kampf der Juden
schrieb später der israelische Generalstaatsanwalt Hausner:
„Die einhundertzwanzig Kämpfer
beantworteten die Aufforderung,
sich zu ergeben, nicht. Die Deutschen warfen Gas in den Bunker.
Die Kämpfer traten näher an die
Eingänge des Bunkers heran und
warteten mit schußbereiten Waffen
auf die Deutschen. Aber es wurde
noch mehr Gas hineingeworfen.
‚Töten wir uns selbst, damit wir
nicht lebendig in ihre Hände fallen',
schlug Ariel Wilner vor.
Es folgte eine makabre Selbst-
mordszene. Zuweilen ging ein Re-
volver nicht los, und sein verwirrter
Besitzer bat einen Freund, ihn zu
erschießen. Während sich dies abspielte, rief plötzlich jemand, einer
der verschiedenen Geheimgänge
zum Bunker sei von den Deutschen
noch nicht entdeckt worden. Nur
eine Handvoll Leute verließ den
Bunker. Alle anderen, insgesamt
über hundert Kämpfer, fielen. Unter
ihnen befand sich der heldenhafte,
stets lächelnde, prachtvoll aussehen-
de vierundzwanzigjährige Kommandeur Mordechai Anilewicz."
Aber selbst jetzt ging der Kampf
noch weiter. Am 16. Mai setzte SS-
General Stroop das Getto in Brand.

Am Abend veröffentlichte er folgende Tagesmeldung:

„16. Mai 1943. Das ehemalige jüdische Wohnviertel Warschau besteht nicht mehr. Mit der Sprengung der Warschauer Synagoge wurde Großaktion um 20.15 Uhr beendet ... Gesamtzahl der erfaßten und nachweislich vernichteten Juden beträgt 56 065."

Für die Juden blieb der Aufstand im Warschauer Getto ein Symbol des Widerstands.

Die Brigaden des Todes

Die Einsatzgruppen. Im Verlauf des Krieges waren die deutschen Truppen weit in Rußland vorgedrungen. Die Wehrmacht stand im Kaukasus und vor Moskau und Leningrad. Millionen Juden waren in deutsche Hände gefallen. In den Konzentrationslagern wurden sie systematisch ermordet. Am Ende des Krieges waren es etwa vier Millionen. Zwei Millionen starben durch Hunger und Krankheit oder wurden außerhalb der KZ ermordet: in Gettos, in Städten und Dörfern. Dazu hatte man sogenannte „Einsatzgruppen" aufgestellt. Sie sollten die von der Deutschen Wehrmacht besetzten Gebiete von weltanschaulichen Feinden „säubern". Weltanschauliche Feinde – das waren vor allem Kommunisten und Juden.

Insgesamt gab es vier dieser Einsatzgruppen unter dem Oberbefehl der Reichsführung SS. Sie hatten die Bezeichnungen A – B – C – D. Eine solche Gruppe war etwa 800 bis 1000 Mann stark.

Ein nicht geringer Teil der Mannschaften dieser Sonderkommandos bestand aus Ukrainern. Sie zählten zu einem der russischen Völker, die mit der Sowjetherrschaft unter dem Diktator Stalin unzufrieden waren. Ein Bündnis mit der – bis dahin – siegreichen deutschen Wehrmacht versprach Besserung. Es gab Ukrainer, die die Uniform der SS trugen. Andere bildeten eine Art Miliz, eine Hilfstruppe der SS. Die Einsätze dieser Kommandos waren äußerst rücksichtslos und grausam. Allein vom Beginn des Krieges mit der Sowjetunion im Juni 1941 bis zum Ende des Jahres 1942 ermordeten sie etwa eine Million Juden.

19. September 1942. In der russischen Stadt Schitomier werden alle jüdischen Bewohner in einem Getto zusammengedrängt. Kommandant ist der SS-Mann Blobel. Auf zwölf Lastkraftwagen werden 60 ukrainische Helfer und 150 russische Kriegsgefangene außerhalb in einen Wald gefahren. Die Kriegsgefangenen heben Massengräber aus. Am Abend wird das Getto umstellt. Die noch dort lebenden Juden werden zur Hinrichtungsstätte ge-

schleppt. So werden 3145 Juden ermordet. Im Laufe von zwei Monaten wurden im Raum Schitomir
7000 Juden getötet.

21. Dezember 1942. Im Getto von
Wilna werden in der Nacht auf den
22. Dezember 25 000–30 000 Juden
umgebracht.

30. November 1942. Im Getto von
Riga werden 4000 Juden ermordet.

Februar 1942. In der Gegend von
Miczajewice nordöstlich der Stadt
Minsk werden 8350 Juden getö-
tet.

Im Juli 1942 werden in Minsk
selbst 2278 Juden getötet, am
6. November des gleichen Jahres etwa 12 000. Vierzehn Tage später
werden in Minsk abermals
7000 Juden getötet.

Führer der Einsatzgruppe D war
zeitweise der SS-General Ohlen-
dorf. Er wurde nach dem Krieg im
April 1948 in einem Prozeß in
Nürnberg zum Tode verurteilt und
am 8. Juni 1951 im Gefängnis von
Landsberg hingerichtet.

Im Nürnberger Prozeß hatte der SS-
General ausgesagt:

„Der Befehl lautete, die jüdische
Bevölkerung zu vernichten. Die
Kinder waren unter diesem Ver-
nichtungsbefehl eingeschlossen."

Die Babi-Jar-Schlucht. Die Stadt
Kiew war damals wie heute Hauptstadt der Ukraine. Sie hatte vor dem

Zweiten Weltkrieg 560 000 Einwohner, davon waren 140 000 jüdischen Glaubens. Nach einer 45 Tage
langen Schlacht wurde sie besetzt.
Das Kommando der Deutschen
Wehrmacht bewohnte das Hotel
„Continental". Fünf Tage nach dem
Einzug zerstörte eine gewaltige Explosion das Hotel und die umliegenden Gebäude. Ein Feuer mit
verheerenden Folgen brach aus. Insgesamt verloren 25 000 Menschen
ihr Obdach. Hunderte von deutschen Soldaten wurden getötet. Die
dortige SS-Einsatzgruppe behauptete, die Juden seien die Attentäter
gewesen. Doch diese Anschuldigung war nur ein Vorwand mehr zu
grausamen Vergeltungsmaßnahmen.

Zwei Tage nach der Explosion wurden in den Straßen von Kiew Mau-
eranschläge angebracht. Alle Juden
sollten sich binnen dreier Tage an
einer bestimmten Straßenkreuzung
melden. Es hieß, sie sollten umge-
siedelt werden. Viele Juden erwarteten sich von der Umsiedlung bessere Lebensbedingungen. Sie folgten darum dem Aufruf. Obwohl die
SS nur mit 5000 Menschen gerech-
net hatte, kamen über 30 000 Juden.
Außerhalb der Kiewer Stadtgrenzen
befinden sich zahlreiche Sanddünen.
Zwischen diesen Dünen winden
sich mehrere Schluchten. Eine heißt
Babi-Jar-Schlucht. Dort wurden die

Juden in kleinen Gruppen hingeführt und ermordet.

An zwei Tagen – am 29. und am 30. September – wurden insgesamt 33771 Juden getötet. Es gibt Unterlagen, nach denen es sogar noch viel mehr gewesen sein sollen. Es war einer der grausamsten Massenmorde des nationalsozialistischen Regimes.

Das Todeskommando 1005. Die deutschen Truppen waren weit in Rußland vorgedrungen. Über ein Jahr lang schon mordeten die Einsatzgruppen im gesamten von der deutschen Wehrmacht besetzten Land. Doch der Sieg über die Rote Armee wurde immer unwahrscheinlicher. Es zeichnete sich bereits ab, daß die Rote Armee den Vormarsch der deutschen Truppen aufhalten und schließlich sogar zurückdrängen könnte. In einem solchen Fall wären die riesigen Massengräber entdeckt worden. Darum befahl der höchste SS-Führer Himmler im Herbst 1942, alle Spuren zu beseitigen. Für diese fürchterliche Arbeit wurden jüdische Männer ausgesucht. Sie sollten später dazu beitragen, daß die Greueltaten in der ganzen Welt bekannt würden. Die Truppe dieser jüdischen Arbeiter bekam den Namen „Sondereinsatzkommando 1005". Es war ein Todeskommando. Seine Aufgabe bestand darin, die Massengräber zu öffnen, die Leichen herauszuholen und auf Scheiterhaufen zu verbrennen. Die nicht verbrannten Knochen waren dann zu Mehl zu mahlen und samt der Asche zu zerstreuen. Anschließend sollten dann die Gräber wieder zugeschüttet werden.

Im Prozeß gegen Eichmann in Jerusalem haben mehrere Angehörige dieses Todeskommandos ausgesagt. Mitglied des Sonderkommandos war ein Mann namens Dr. Wells. Auf die Frage des Generalstaatsanwaltes, was seine Aufgabe gewesen sei, berichtete er dem Gericht:

„Wir hoben sämtliche Gräber aus, in denen die Leute in den letzten Jahren begraben wurden, wir nahmen die Leichen heraus, schichteten sie in Haufen und zündeten sie an. Nach dem Verbrennen mahlten wir die Knochen zu Mehl, mußten sämtliche Wertgegenstände aus dieser Asche herausholen, wie Goldzähne, Juwelen usw. Nachdem die Knochen zu Mehl gemahlen waren, mußten wir die Asche in den Wind legen, damit sie vom Winde vertrieben werde, die Gräber fein säuberlich wieder zuschütten, so daß kein Mensch feststellen konnte, wo das Grab gewesen war. Auf den Gräbern pflanzten wir dann noch Blumen. Außerdem wurden neue Opfer gebracht, die wurden erschossen, sie wurden vorher ausge-

zogen, und diese neuen Opfer mußten auch verbrannt werden."
Generalstaatsanwalt: „Morgens, wenn Sie zur Arbeit gingen, und als Sie zurückkamen – so erzählten Sie uns –, mußten Sie singen?"
Zeuge Dr. Wells: „Ja, wir mußten einige Lieder singen, während wir uns zur Arbeit begaben. Der Brandmeister selbst marschierte voran. Er sah wie ein Teufel aus. Er hatte einen Haken in der Hand. Er marschierte voran und wir hinter ihm her, immer ein Lied singend. Dann kam noch das Orchester dazu, das auch spielte, während wir sangen und zur Arbeit marschierten."

Die Fabriken des Todes

Die Arbeitsjuden. „Endlösung" – das hieß körperliche Vernichtung aller Juden im deutschen Herrschaftsbereich während des Zweiten Weltkrieges.
Vier Millionen Juden kamen in den Konzentrationslagern ums Leben, vor allem in den Vernichtungslagern auf polnischem Boden. Vier Millionen Menschen konnte man nicht durch Pistolenschüsse oder Salven aus Maschinengewehren töten. Diese vier Millionen Juden wurden in luftdichte Kammern gesperrt und durch giftige Gase getötet. Die SS bediente sich auch dabei ukrainischer Helfer. Sie bediente sich dabei auch der Juden selbst. Diese Menschen nannte man „Arbeitsjuden".

Diese Arbeitsjuden waren meist jüngere, kräftige Männer. Sie selbst hofften im stillen, mit ihrer Arbeit ihr Leben retten zu können. Einen Schutz allerdings genossen sie nicht. Wurden sie krank oder zeigten sie Anzeichen einer Schwäche, wurden auch sie sofort getötet. Wegen geringfügiger Vergehen konnten sie ausgepeitscht oder mit dem Tode bestraft werden.
In Treblinka beispielsweise hatte ein junger Jude beim Sortieren der Kleider vergessen, den Judenstern abzutrennen. Seine Strafe war der Tod durch Erschießen.
Von Zeit zu Zeit wurde das ganze Kommando der Arbeitsjuden in die Gaskammern getrieben und durch ein neues „Arbeits"- oder „Sonderkommando" ersetzt. Nur wenige Arbeitsjuden überlebten die Schreckensherrschaft. Einer berichtete später:
„Zuweilen kam es vor, daß ein Häftling an der Leiche eines Menschen zu arbeiten hatte, den er wiedererkannte. Ich war ‚Zahnarzt' in Treblinka, bis ich eines Tages die Leiche meiner Schwester wiedererkannte. Ich konnte sie einfach nicht anrühren. Ich konnte einfach nicht weitermachen. So bat ich den Kapo, einen Juden, mich zum Zähnesäu-

bern zu versetzen, was er auch tat ...
Wir schickten jede Woche aus Tre-
blinka zwei Koffer mit acht bis zehn
Kilogramm Gold hinaus."

Die Gaswagen von Kulmhof.
Kulmhof (polnisch: Chelmno) war
ein kleines Dorf. Dieses Dorf wurde zu einem KZ um- und ausge-
baut. Inmitten den Dorfes befand
sich ein herrschaftliches Gebäude. Es
wurde das „Schloß" genannt. Dieses
„Schloß" war der Ort, an dem für
viele Juden die Fahrt in den Tod
begann.

Um einen reibungslosen Ablauf der
Aktion zu sichern, wurden die ankommenden Juden getäuscht. In
Lastkraftwagen wurden sie in den
Hof des Schlosses gebracht. Ein SS-
Führer erklärte ihnen in einer
freundlichen Ansprache, sie würden
nach Deutschland zum Arbeitseinsatz gebracht. Sie müßten sich vorher nur noch baden und ihre Kleider zur Desinfektion abgeben. In
vielen Juden weckte dies Hoffnung
nach der bitteren Zeit im Getto.
Manchmal zeigte sich auch ein SS-
Mann im weißen Kittel mit einem
Hörrohr und täuschte einen Arzt
vor. Die Juden gingen über eine
Treppe in das Schloß in einen großen Raum. Dort entkleideten sie
sich. Dann wurden sie zu einer Tür
geführt, welche die Aufschrift „Zum
Bad" trug. Nachdem sie nackt durch
die Tür gegangen waren, gelangten

sie im Freien an eine Rampe. Dort
stand schon ein Lastwagen bereit.
Die Rückseite des Autos war offen.
Die Opfer mußten von der Rampe
in den luftdichen Raum des Lastwa-
gens gehen. War das Auto gefüllt,
wurde die Tür von außen fest verschlossen. Ein unten am Wagen
hängender Schlauch, der aus dem
Inneren kam, wurde mit dem Auspuff verbunden. Der Wagen fuhr an.
Die giftigen Motorabgase gelangten
in das Innere des Wagens. Nach sieben bis acht Minuten waren die Insassen bewußtlos. Wenige Minuten
später starben sie.

Unterdessen war das Auto in einem
Wald angelangt. Arbeiter des jüdischen Kommandos hatten schon
Massengräber ausgehoben. Sie waren etwa 25 Meter lang, sieben Meter breit und vier Meter tief. Die
Arbeitsjuden mußten den LKW
öffnen und die Leichen herauszer-
ren. In kleineren Wagen waren etwa
60, in großen 80 bis 100 Opfer.
Manchmal stellte sich heraus, daß
einzelne Personen nur betäubt waren. Bei der Ausladung kamen sie
wieder zu Bewußtsein. Sie wurden
sofort erschossen. Bevor die Opfer
mit Zangen in die Massengräber geschleift wurden, wurde ihr Gebiß
von Arbeitsjuden untersucht. Goldzähne wurden ausgebrochen, Ringe
von den Fingern gezogen.
Auf diese Weise war ununterbro-

chen eine Reihe von Gaswagen unterwegs. Später wurden die Leichen auf großen Rosten aus Eisenbahnschienen verbrannt.

Auf diese Weise wurden im Vernichtungslager Kulmhof etwa 300 000 Juden ermordet. Nur drei Juden überlebten. Einer von ihnen war Mordechai Zurawski. Er war Arbeitsjude gewesen. Im Eichmann-Prozeß in Jerusalem schilderte er dem Gericht, was mit den Knochen geschah:

„Die Knochen wurden verbrannt. Die Teile, die nicht ganz verbrannten, wurden mit Hilfe einer besonderen Maschine zermahlen ... so wie Mehl ... das Mehl wurde in Säcke gepackt zum Fluß gefahren und ins Wasser geschüttet."

In den anderen Konzentrationslagern verlief die Tötung ähnlich wie in Kulmhof. Nur benutzte man anstatt fahrbarer Gaswagen Gebäude. Am Anfang waren dies meist behelfsmäßige Baracken. Diese wurden nach und nach durch betonierte und gemauerte Gebäude mit mehreren Tötungsräumen ersetzt. Diese Räume nannte man „Gaskammern". Auf der Eingangstür stand meistens „Zum Bad". Im Inneren waren sie bis zu einer bestimmten Höhe gekachelt. So konnte man sie leichter reinigen. Diese Kacheln erweckten bei den Opfern auch den Eindruck eines Bades, ebenso wie die Rohr-

leitungen an der Decke und die Brausen. Durch sie strömten die giftigen Auspuffgase (Kohlenmonoxyd und Kohlendioxyd) in die Kammern.

In Belzec hatte man ein Steingebäude mit sechs Gaskammern errichtet. Jede war etwa sechs Meter lang und vier Meter breit. Ähnlich war es in Sobibor. In Treblinka hatte man die ursprünglich drei Kammern von vier Meter Länge und vier Meter Breite durch ein Gebäude mit zehn Kammern ersetzt. Jede dieser Kammern war acht Meter lang und vier Meter breit. Alle diese Kammern wurden mit Auspuffgasen von Automotoren gefüllt.

Bei den Massenvernichtungen sollte alles reibungslos und schnell vor sich gehen. Die Opfer sollten so lange wie möglich nicht wissen, was mit ihnen geschah.

In einem Prozeß gegen die Bewacher des KZ Treblinka schilderte ein jüdischer Zeuge die Ankunft in Treblinka:

„Der Transport fand in Güterwagen statt. Diese Güterwagen waren sehr überfüllt. Wir hatten etwas zum Essen mitnehmen können, aber wir bekamen nichts zu trinken und das war das Schlimme. Als der Zug in Treblinka ankam, war eine ganze Reihe von Menschen bereits vor Erschöpfung gestorben. Das Schlimme bei diesem Transport war auch der

Mangel an Luft. Es gab nur ein kleines vergittertes Fenster, und es gab keine sanitären Einrichtungen. Jeder wird sich vorstellen können, was das bedeutet.

Ich erinnere mich dann an das schreckliche Durcheinander, als in Treblinka die Türen aufgerissen wurden. Von den Ukrainern und den Deutschen wurde gerufen: ‚Aussteigen!‘, ‚Raus!‘ Dann fingen auch die ankommenden Menschen an zu schreien und zu klagen. Ich erinnere mich dann noch, daß mit Peitschen auf uns eingeschlagen wurde. Dann hieß es: ‚Männer rechts und Frauen links ausziehen!‘ Meine Tochter war bei mir und lief dann zu der Mutter, als wir getrennt wurden. Ich habe beide nicht wieder gesehen und konnte mich nicht einmal von ihnen verabschieden.

Ich wurde dann von den Deutschen als sogenannter ‚Arbeitsjude‘ ausgesucht.“

Der Bahnhof in Treblinka war so gestaltet, daß die Ankommenden meinen mußten, sie wären auf einem Umsteigebahnhof. Ein großes Schild in deutscher und polnischer Sprache verkündete den Ankommenden:

Achtung Warschauer Juden!
Ihr befindet Euch hier in einem Durchgangslager, von dem aus der Weitertransport in ein Arbeitslager erfolgen wird. Zur Verhütung von Seuchen sind sowohl Kleider als auch Gepäckstücke zum Desinfizieren abzugeben. Gold, Geld, Devisen und Schmuck sind gegen Quittung der Kasse zu übergeben. Sie werden später gegen Vorlage der Quittung wieder ausgehändigt. Zur Körperreinigung haben sich alle Ankommenden vor dem Weitertransport zu baden.

Ein SS-Führer hielt eine Ansprache. Er erklärte, was auf den Schildern stand und forderte die Kranken auf, in das Revier zu gehen. Sie wurden dort wenig später erschossen. Frauen und Männer wurden getrennt. In den Auskleideräumen mußten sie Kleidung und Schuhe ablegen.

Alles Bargeld, Schmuck und Gold mußte abgegeben werden. Am Ende der Frauenbaracke lag ein separater Raum. Es war die sogenannte ‚Friseurstube‘. Hier schor man den Frauen die Köpfe kahl. Die Haare wurden gesammelt, desinfiziert und zu Filzschuhen verarbeitet.

Das Lager Monowitz. Dieses Lager war ein riesiger Rüstungsbetrieb des Chemie-Konzerns IG Farben

Unter den Männern wurden die kräftigsten zur Arbeit als Arbeitsjuden ausgesucht.

Dann begann der Weg in die Gaskammern. Sie waren alle in einem Gebäude untergebracht. Die einzelnen Kammern befanden sich links und rechts neben dem Flur. Am hinteren Ende des Flures war eine Maschinenhalle. In ihr stand ein Motor. Seine Auspuffgase waren giftig wie die aller Benzinmotoren.

An der Stirnwand, also am Eingang der Baracke, war über der Tür ein großer Davidstern angebracht – zum Hohn der Opfer. Der Eingang selbst wurde verschlossen durch einen schweren, dunklen Vorhang. Offensichtlich stammte er aus einer Synagoge. In hebräischer Schrift und Sprache trug er die Aufschrift: „Dies ist das Tor, durch das die Gerechten eingehen!"

Endstation Birkenau. Von allen Konzentrationslagern des Dritten Reiches war das in Auschwitz das größte. Es hat auch den traurigen Ruhm, die meisten Opfer gekostet zu haben. Das Wort „Auschwitz" ist heute der Inbegriff für „Endlösung", für den Holocaust.

Auschwitz

Das KZ Auschwitz war zugleich Arbeitslager und Vernichtungslager. Es war schließlich so groß, daß es in drei Lager unterteilt wurde: Auschwitz – Monowitz – Birkenau. Monowitz war ein reiner Rüstungsbetrieb. In ihm wurden vor allem Gummi und Benzin aus Kohle hergestellt. Das eigentliche Vernichtungslager war Birkenau. Kommandant von Auschwitz war Rudolf Höß, von dem schon die Rede war: Er hatte sich schon sehr früh den Nationalsozialisten angeschlossen. Vor der Machtergreifung Hitlers wurde er wegen Mordes zu einer längeren Zuchthausstrafe verurteilt. Er saß nur einen Teil der Strafe ab.

Seit 1934, also fast von Beginn der Hitler-Herrschaft an, war er als SS-Mann im KZ tätig. Im Jahr 1940 wurde er Kommandant von Auschwitz. Diesen Dienst versah er drei Jahre lang. Auch darüber hinaus bis zum Ende des Krieges im Jahre 1945 kannte er die Zustände im KZ genau. Nach seiner Abberufung aus Auschwitz wurde er nämlich zum Aufseher über alle KZ des Dritten Reiches ernannt. Am Kriegsende geriet Höß in amerikanische Gefangenschaft. Im Hauptkriegsverbrecherprozeß in Nürnberg sagte er als Zeuge aus. Er wurde später an Polen ausgeliefert, in einem Prozeß zum Tode verurteilt und im ehemaligen Lager Auschwitz gehängt.

Das Tor zum Lager Birkenau in Auschwitz. Durch dieses Tor fuhren Güterzüge mit Millionen Juden aus vielen Staaten Europas. Leer kamen sie zurück

Am 5. April 1946 gab der ehemalige KZ-Kommandant Höß in Nürnberg eine Erklärung ab. Darin hieß es unter anderem:

„Ich befehligte Auschwitz bis zum 1. Dezember 1943 und schätze, daß dort mindestens zweieinhalb Mil-lionen Opfer durch Vergasung und Verbrennung hingerichtet und er-mordet worden sind und minde-stens noch eine halbe Million durch Verhungern und Krankheit gestor-ben sind, was also den Gesamttod von ungefähr drei Millionen Men-schen ausmacht.

Diese Ziffer stellt ungefähr 70 bis 80 Prozent aller nach Auschwitz ge-schickten Häftlinge dar. Der Rest war zur Sklavenarbeit in den im KZ arbeitenden Industrien ausgewählt worden.

Unter den Hingerichteten und Ver-brannten waren ungefähr 20 000 russische Kriegsgefangene. Der Rest der Gesamtsumme umfaßte unge-fähr 100 000 deutsche Juden und eine gewisse Anzahl meist jüdischer Bürger aus Holland, Frankreich, Belgien, Polen, Ungarn, Tschecho-slowakei, Griechenland und ande-ren Ländern. Wir richteten allein ungefähr 400 000 ungarische Juden im Sommer 1944 in Auschwitz hin.

Massenmorde und Vergasung be-gannen während des Sommers 1941 und dauerten bis Herbst 1944 an. Ich persönlich beaufsichtigte Hin-richtungen in Auschwitz bis zum Dezember 1943 und weiß durch meine fortgesetzte Tätigkeit im Aufsichtsamt für KZ, daß diese Massenhinrichtungen weitergingen, wie oben erwähnt."

Ankunft eines Transportes in Auschwitz

Sie kamen aus Deutschland und all den anderen europäischen Staaten, die von deutschen Truppen besetzt waren. Sie hatten alle eines gemeinsam: Sie waren Juden. Nur deshalb hatte man sie nach Auschwitz verschleppt: Männer, Frauen und Kinder; Mütter und Säuglinge, Greise von 80 und mehr Jahren. Sie standen da mit ihren letzten Wertsachen und ihren letzten Habseligkeiten. Und alle mußten sie an einem SS-Arzt vorbeigehen. Auf der Rampe des Bahnhofs Auschwitz taten immer SS-Ärzte Dienst. Sie neigten den Kopf zur Seite oder machten eine entsprechende Handbewegung. Sie „selektierten", sie „lasen aus", lasen aus für die Gaskammern. Wer arbeitsfähig war und für die Rüstungsbetriebe des KZ tauglich schien, kam auf die eine Seite. Alle anderen mußten auf die andere Seite; es war die Seite des Todes. Männer wurden von ihren Frauen gerissen, Töchter von ihren Müttern, Söhne von ihren Vätern.

Die Jüdin Bella Immerglück-Szlamowicz war 1940 in der polnischen Stadt Krakau verhaftet worden. Vom Sommer 1942 an war sie in Auschwitz. Während des Auschwitz-Prozesses gegen ehemalige Aufseher des KZ, der 1964 in Frankfurt a. M. stattfand, berichtet sie:

„Beim Selektieren stand der SS-Arzt Dr. Mengele auf der Rampe und pfiff die Arie des Cavaradossi aus ‚Tosca‘ – ‚Und es leuchten die Sterne‘ ... Mit größter Seelenruhe und in sichtlicher Zufriedenheit entschied er durch eine Wendung des Kopfes über Leben und Tod. Mengele kannte mich sehr gut. Einmal wandte ich mich an ihn mit der Bitte, ein fünfzehnjähriges, gesundes und schönes jüdisches Mädchen, Tochter eines Arztes aus Radom, am Leben zu lassen. ‚Sie ist zu jung zum Leben‘, erwiderte er. Und so mußte sie auf seine Weisung sterben ...“

Die Jüdin Grete Salus schildert in ihrem als Buch erschienen Erlebnisbericht die Selektion:

„Da stand er vor uns, der über Tod und Leben entschied, der schöne Teufel ‚Dr. Mengele‘.

Er stand da wie ein liebenswürdiger, eleganter Tanzmeister, der eine Polonaise dirigiert.

Links und rechts und rechts und links zeigten seine Hände mit einer beiläufigen Geste. Leicht, graziös war die Atmosphäre um ihn, stach wohltätig ab gegen die brutale Häßlichkeit der Umgebung, besänftigte unsere aufgepeitschten Nerven und nahm dem Ganzen jede Bedeutung.

Nur ein gutbezahlter Mörder, folgsamer Diener seines Herrn, war er doch ein wahrhaftes Symbol dieser abgrundtief verlogenen Verderbtheit des Systems.

Ein guter Schauspieler? Ein Besessener? Ein kalter Automat? Nein, ein Meister in seinem Fache, ein Teufel, der mit Lust am Werke war. – Vorzustellen – welche Macht, welches Amt – Herr über Leben und Tod – mit einer Handbewegung ausgelöscht – mit einer anderen – Geschenk, Leben.

Nichts, nichts, das einen warnte, kein Engel stand hinter ihm. Ganz gleichgültig – ein Werkzeug des Meisters – gingen die Menschen nach rechts oder links. Manchmal wollte eine Tochter die Mutter nicht lassen, aber die Worte ‚Ihr seht Euch ja morgen‘ beruhigten sie vollkommen.

So gingen die Menschen nach links, nach rechts – diese kleine Schwenkung vom Leben in den Tod – ganz automatisch, auf Geheiß seiner Hand.

Nach rechts gingen viele, ach, so viele ins Nichts – auf die andere Seite. Nach links gingen wenige, so wenige – auf die gute Seite.“

Die Wachmannschaften waren sehr darauf bedacht, daß ihre aus ganz Europa verschleppten Opfer nicht merkten, was ihnen bevorstand. Jede Panik, jede Verzweiflungstat

Selektion

oder gar ein gewaltsamer Widerstand sollte vermieden werden. Die Maschinerie sollte möglichst reibungslos arbeiten. Männer und Frauen wurden in je eigene Auskleideräume geführt. Dort sagte man ihnen, daß alle Angekommenen sich entlausen und reinigen müßten. Die Kleider seien ordentlich zusammenzulegen, die Schuhe zusammenzubinden. Vor allem sollten sie sich merken, wo sie ihre Sachen abgelegt hätten. Andernfalls gäbe es nach dem Bad ein großes Durcheinander.

Aber nicht immer gelang die Täuschung. Den Weg in die Gaskammern schilderte der SS-Kommandant Höß später so:

„Ich habe beobachtet, daß Frauen, die ahnten oder wußten, was ihnen bevorstand, mit Todesangst in den Augen die Kraft noch aufbrachten, mit ihren Kindern zu scherzen, ihnen gut zuzureden. Eine Frau trat einmal im Vorbeigehen ganz nahe an mich heran und flüsterte mir zu, indem sie auf ihre vier Kinder zeigte, die sich brav angefaßt hatten, um die Kleinsten über die Unebenheiten des Geländes zu führen: ‚Wie bringt ihr das bloß fertig, diese schönen, lieben Kinder umzubringen? Habt ihr denn kein Herz im Leibe?' – Ein alter Mann zischelte mir einmal im Vorbeigehen zu: ‚Diesen Massenmord an Juden wird Deutschland schwer büßen müssen'.

Dabei glühten seine Augen vor Haß. Trotzdem ging er mutig in den Gasraum."

Die Wachmannschaften bestanden in Auschwitz vorwiegend aus Ukrainern. Die Hilfsarbeiten vor und nach dem Vergasen mußten die „Sonderkommandos" der „Arbeitsjuden" verrichten.

Nach der Entkleidung gingen die Juden in die Gaskammer. Sie war im Inneren ausgestattet mit Brausen und Wasserleitungsröhren. Man mußte glauben, in einem Baderaum zu sein. Zuerst gingen die Frauen und Kinder, dann die Männer. Dann wurden die luftdichten Türen von außen zugeschraubt.

SS-Kommandant Höß hatte das KZ Treblinka besucht. Sein Morden sollte noch fabrikmäßiger vor sich gehen. Die Gaskammern im KZ Auschwitz waren zehnmal größer als die von Treblinka. Sie faßten 2000 Personen. In Auschwitz verwandte man auch nicht die giftigen Abgase von Benzinmotoren. Höß hatte ein anderes Mittel gewählt. Mit ihm konnte man noch schneller noch größere Menschenmassen vernichten. Es hieß „Zyklon B". Man kannte das Gift schon seit dem Jahr 1923. Es wurde zur Desinfektion und zur Schädlingsbekämpfung eingesetzt. Einer der Aufseher stieg auf die Gaskammer und schüttete durch eine Öffnung den Inhalt einer Büchse des Giftes in den darunterliegenden Gasraum. So kam es in Berührung mit der Luft. Die in kleinen Körnern enthaltene Blausäure verdunstete zu einem hochgiftigen Gas. Die Blausäuredämpfe verursachten den Tod durch Ersticken. Nach etwa zwanzig Minuten waren die Menschen in der Kammer tot. Die Kammern wurden geöffnet. Arbeiter des jüdischen Sonderkommandos zogen die Leichen heraus und verbrannten sie in den Krematorien oder auf Gerüsten aus Eisenbahnschienen.

SS-Kommandant Höß selbst schildert nach dem Kriege in polnischer Haft die fabrikmäßige Tötung von Menschen. Er spricht noch immer die Sprache eines Technokraten des Todes:

„Der Vernichtungsvorgang in Auschwitz verlief wie folgt. Die zur Vernichtung bestimmten Juden wurden möglichst ruhig – Männer und Frauen getrennt – zu den Krematorien geführt. Im Auskleideraum wurde ihnen durch die dort beschäftigen Häftlinge des Sonderkommandos in ihrer Sprache gesagt, daß sie hier nun zum Baden und zur Entlausung kämen, daß sie ihre Kleider ordentlich zusammenlegen sollten und vor allem den Platz zu merken hätten, damit sie nach der Entlausung ihre Sachen schnell wiederfinden könnten. Die Häftlinge des Sonderkommandos hatten selbst das größte Interesse daran, daß der Vorgang sich schnell, ruhig und reibungslos abwickelte. Nach der Entkleidung gingen die Juden in die Gaskammer, die mit Brausen und Wasserleitungsröhren versehen, völlig den Eindruck eines Baderaumes machte. Zuerst kamen die Frauen mit den Kindern hinein, hernach die Männer, die ja immer nur der Anzahl nach die wenigeren waren. Das ging fast immer ganz ruhig, da die Ängstlichen und das Verhängnis vielleicht Ahnenden von den Häftlingen des Sonderkommandos beruhigt wurden. Auch blieben diese Häftlinge und ein SS-Mann bis zum letzten Moment in der Kammer.

Die Türen wurden nun schnell zugeschraubt und das Gas sofort durch die bereitstehenden Desinfektoren in die Einwurfluken durch die Decke der Gaskammer in einen Luftschlauch bis zum Boden geworfen. Dies bewirkte die sofortige Entwicklung des Gases. Durch das Beobachtungsloch an der Tür konnte man sehen, daß die dem Einwurfschacht am nächsten Stehenden sofort tot umfielen. Man kann sagen, daß ungefähr ein Drittel sofort tot war. Die anderen fingen an zu taumeln, zu schreien und nach Luft zu ringen. Das Schreien ging bald in ein Röcheln über und nach und

nach in wenigen Minuten lagen alle. Nach spätestens 20 Minuten regte sich keiner mehr. Je nach Witterung, feucht oder trocken, kalt oder warm, weiter je nach Beschaffenheit des Gases, das nicht immer gleich war, nach Zusammensetzung des Transportes, viele Gesunde, Alte oder Kranke, Kinder, dauerte die Wirkung des Gases fünf bis zehn Minuten. Die Bewußtlosigkeit trat schon nach wenigen Minuten ein, je nach Entfernung von dem Einwurfsschacht. Schreiende, Ältere, Schwächliche und Kinder fielen schneller als die Gesunden und Jüngeren.

Eine halbe Stunde nach dem Einwurf des Gases wurde die Tür geöffnet und die Entlüftungsanlage eingeschaltet. Es wurde sofort mit dem Herausziehen der Leichen begonnen. Eine körperliche Veränderung konnte man nicht feststellen, weder Verkrampfungen noch Verfärbungen. Erst nach längerem Liegen, also nach mehreren Stunden, zeigten sich an den Liegestellen die üblichen Totenflecken. Auch waren Verunreinigungen durch Kot selten. Verletzungen irgendwelcher Art wurden nicht festgestellt. Die Gesichter zeigten keinerlei Verzerrungen.

Den Leichen wurden nun durch das Sonderkommando die Goldzähne entfernt und den Frauen die Haare

Verbrennungsöfen in Auschwitz

abgeschnitten. Hiernach wurden sie durch den Aufzug nach oben gebracht vor die inzwischen angeheizten Öfen. Je nach Körperbeschaffenheit wurden bis zu drei Leichen in eine Ofenkammer gebracht. Auch die Dauer der Verbrennung war durch die Körperbeschaffenheit bedingt. Es dauerte im Durchschnitt 20 Minuten. Wie schon an früherer Stelle gesagt, konnten die Krematorien I und II innerhalb 24 Stunden ca. 2000 Leichen verbrennen, mehr war, ohne Schäden zu verursachen, nicht möglich. Die Anlagen II und IV sollten 1500 Leichen innerhalb von 24 Stunden verbrennen können. Meines Wissens sind diese Zahlen dort nie erreicht worden. Die Asche fiel während des ohne Unterbrechung fortgesetzten Verbrennens durch die Roste und wurde laufend entfernt und zerstampft. Das Aschenmeer wurde mittels Lastwagen nach der Weichsel gefahren und dort schaufelweise in die Strömung geworfen, wo es sofort abtrieb und sich auflöste. Auch mit der Asche aus den Verbrennungsgruben bei Bunker II und dem Krematorium IV wurde so verfahren. Die Vernichtung in den Bunkern I und II war genauso wie in den Krematorien, nur waren die Witterungseinflüsse dort noch stärker spürbar."

Die Funde beim Krematorium.
Auf dem Gebiet des Lagers Birkenau wurden nach dem Krieg sechs Handschriften gefunden. Sie stammen alle von jüdischen Häftlingen des Sonderkommandos, das die Gaskammern und Krematorien bediente. Fünf Handschriften waren in jiddischer Sprache geschrieben, eine in französischer. Sie wurden in der Erde versteckt und geben heute Zeugnis von der Tragödie des jüdischen Volkes. Nur ein Schreiber ist unbekannt. Von den anderen wissen wir die Namen. Einer war jener Häftling, der auch das Heft des unbekannten Juden aus Litzmannstadt gefunden und versteckt hatte.

Am 17. Oktober 1962 fand man in der Nähe des Krematoriums III in der Erde ein Einmachglas. Der Deckel bestand aus Eisenblech. In dem Glas befand sich eine in ein Wachstuch eingewickelte Papierrolle. Sie bestand aus 75 Blättern, jedes etwa so groß wie eine Postkarte. Der Verfasser: Salmen Lewental.

Am 20. Oktober 1944 wurden im Krematorium III 1000 Knaben vergast und verbrannt. Salmen Lewental schilderte am Ende seiner Handschrift ein Ereignis, das wahrscheinlich diesen Vorgang betrifft. Er schrieb:

„Am hellen Tage wurden 600 jüdische Knaben im Alter von 12 bis 18 Jahren gebracht. Sie waren in lange, sehr dünne Zebraanzüge gekleidet. An den Füßen hatten sie zerrissene Schuhe oder Holzpantinen. Die Knaben sahen so schön aus und waren so gut gebaut, daß nicht einmal die Fetzen sie entstellten. Es führten sie 25 schwer mit Granaten beladene SS-Männer. Als sie sich auf dem Platz befanden, befahl der Kommandoführer, daß sie sich auf dem Platze auszögen. Die Knaben bemerkten den Rauch, der aus dem Schornstein quoll und dachten sich gleich, daß sie sie in den Tod führten. Sie begannen in wildem Entsetzen auf dem Platz herumzulaufen und sich die Haare aus dem Kopf zu reißen, ohne zu wissen, wie sie sich retten sollten. Viele von ihnen brachen in schreckliches Weinen aus. Es erscholl eine trostlose Wehklage.

Der Kommandoführer und seine Gehilfen schlugen die wehrlosen Knaben entsetzlich, damit sie sich auszögen. Bis sein Knüppel von diesem Schlagen zerbrach. Also brachte er einen zweiten und schlug weiter auf die Köpfe, bis die Gewalt gesiegt hatte. Die Knaben entkleideten sich mit instinktiver Furcht vor dem Tod, nackt und barfuß drängten sie sich auf einen Haufen, um sich vor den Schlägen zu schützen und rührten sich nicht von der Stelle.

Ein kühner Knabe ging auf den neben uns stehenden Kommandoführer und bat ihn, er möge ihm das

Leben schenken, wobei er versprach, auch die schwerste Arbeit zu verrichten. Als Antwort versetzte er ihm mit dem dicken Knüppel einige Schläge auf den Kopf. Viele Knaben liefen in wildem Lauf zu den Juden des Sonderkommandos, warfen ihnen die Arme um den Hals und flehten um Rettung. Andere liefen nackt auf dem großen Platz auseinander, um vor dem Tode zu fliehen. Die jungen reinen Knabenstimmen stiegen von Minute zu Minute, bis sie in ein bitteres Weinen übergingen. Dieses schreckliche Wehklagen ertönte weithin. Mit einem Lächeln der Zufriedenheit, ohne die kleinste Regung von Mitleid, mit den stolzen Mienen der Sieger, standen die SS-Männer da und trieben sie, schrecklich schlagend, in den Bunker. Wenn einer zu langsam dem Tode entgegenlief, erhielt er einen mörderischen Schlag mit dem Gummiknüppel. Einige Knaben liefen trotzdem noch durcheinander auf dem Platze hin und her und suchten nach Rettung. Die SS-Männer liefen ihnen nach, schlugen und hieben sie, bis sie die Situation beherrschten und sie am Ende in den Bunker getrieben hatten. Ihre Freude war unbeschreiblich. Hatten sie denn niemals Kinder gehabt?"

Die Hölle von Auschwitz

Auschwitz war Arbeits- und Vernichtungslager zugleich. Wer nicht arbeitsfähig war oder schien, wurde umgebracht. Aber auch wer arbeiten konnte, hatte kaum eine Überlebenschance. Der Schutzhaftlagerführer Fritzsch begrüßte die neu angekommenen Häftlinge so: „Ihr seid hier nicht im Sanatorium, sondern in ein deutsches KZ gekommen. Aus ihm gibt es keinen anderen Ausgang als durch den Schornstein des Krematoriums."

Luise Adelsberger, Häftling in Auschwitz, schrieb später: „Kein jüdischer Häftling rechnete damit, Auschwitz je lebend zu verlassen. Wir lebten nicht nur räumlich, sondern auch geistig im Schatten der Kamine. Der Kamin war das Alpha (Anfang) und Omega (Ende) aller Gespräche."

In Auschwitz wurde jedem Häftling eine Nummer eintätowiert. Die Häftlinge waren nicht mehr Menschen mit Namen und Vornamen, sondern Nummern. Die Millionen Juden, die sofort von der Rampe aus in die Gaskammern nach Birkenau gebracht und dort getötet wurden, wurden nicht tätowiert, nicht einmal registriert.

Nach dem Krieg schilderte die Schriftstellerin Krystyna Zywulska die Gefühle der Häftlinge bei der erniedrigenden Prozedur des Tätowierens:

„Sie stellten uns in einer Reihe zum
Eintätowieren der Nummer auf. Einige wurden bewußtlos, andere
wiederum schrien auf. Nun war ich
an der Reihe. Ich wußte, daß diese
Schmerzen im Verhältnis zu dem,
was uns erwartete, nicht erwähnenswert waren.

Ein weiblicher Häftling von der politischen Abteilung ergriff meine
Hand und begann die nächste
Nummer einzustechen: 55908.

*Eingang zum „Stammlager" Auschwitz. Das zynische „Arbeit macht frei"
stand auch schon über dem Eingang des
ersten KZ in Dachau*

Ich fühlte, daß sie mich eigentlich
nicht in den Arm, sondern in das
Herz stach. Von diesem Augenblick
an hatte ich aufgehört, ein Mensch
zu sein. Ich hörte auf zu fühlen, zu
denken. Ich besaß keinen Namen,
keine Adresse mehr. Ich war Häftling Nr. 55908. Und in diesem Augenblick fiel mit jedem Einstich ein
Lebensabschnitt vor mir ab."

Jeden Morgen und jeden Abend
mußten alle Insassen des Stammlagers zum Zählappell antreten. Grete
Salus berichtet in ihrem Buch:

„Wir stürmten alle heraus, mußten
uns nun sechs Mann hintereinander
aufstellen und stehen, 4 Stunden,
6 Stunden und auch noch mehr.
Wir sahen vor den anderen Blocks
dieselben Gruppen warten.

Endlich nach sechs Stunden kam eine deutsche Aufseherin, ließ sich
die Zahl melden. Wenn sie stimmte,
konnten wir abtreten, wenn nicht,
mußten wir stundenlang weiterstehen.

Bei unserem Appell wurden Brot
und Margarine verteilt. Wir bekamen nichts. Wir fragten, wieso gerade wir nichts bekämen. Daraufhin:
‚Neue Transporte bekommen die
ersten Tage kein Essen.' Appelle –
eine der gefürchtetsten und
schlimmsten Institutionen im KZ.
Hier in Auschwitz sahen wir ganze
Gruppen zur Strafe niederknien.
Manchmal wurde auch während des
Appells selektiert. Da mußten sich
die Menschen draußen nackt ausziehen – egal zu welcher Jahreszeit."

Wenn einem Häftling ein Fluchtversuch gelungen war, gab es besondere Strafappelle. So am 6. Juli 1940.

Der Häftling T. Wiejowski war geflohen. Daraufhin wurde ein Strafappell angesetzt. Er dauerte – 19 Stunden! Der ehemalige Häftling Henryk Król berichtete:

„Es war eine schreckliche Nacht. Am Morgen zitterten wir alle vor Kälte. Die Strahlen der aufgehenden Sonne brachte endlich Erleichterung, aber nur für kurze Zeit. Später wurde es glühend heiß. Die Qualen wurden immer größer. Einer nach dem anderen fiel um. Ohnmächtige wurden mit Wasser begossen."

Über den Hunger in Auschwitz schrieb eine in Birkenau untergebrachte polnische Ärztin:

„Ich habe einen Fall gesehen, wo einer Kranken im schweren Hungerzustand nachts die Fußsohlen durch Ratten derart abgenagt wurden, daß auf ihrer Oberfläche nur die sorgfältig präparierten Sehnen übrig blieben. Die Betroffene reagierte überhaupt nicht. Nach dem Anlegen eines Verbandes lebte sie noch zwei Tage lang."

Der Block Nummer 11. Im KZ Auschwitz gab es viele Blocks. Der berüchtigste trug die Nummer 11. In ihm befand sich die „Politische Abteilung" der SS. Im Keller war das Gefängnis, der sogenannte „Bunker". Im Hof zwischen dem Block 11 und dem Block 10 war die „Todeswand". Vor ihr wurden die Erschießungen vollzogen.

Damit die Gewaltherrschaft der SS im Lager reibungslos ablaufen konnte, mußten die Gefangenen vollkommenen Gehorsam und vollkommene Unterwerfung zeigen. Der kleinste Verstoß gegen die Lagerordnung wurde streng geahndet.

Bei den Lagerstrafen gab es verschiedene Abstufungen. Den Anfang bildete die Prügelstrafe. Der Häftling wurde auf einen Prügelbock geschnallt. Er bekam bis zu 25 Schläge. Nach den Vorschriften der SS sollte diese Strafe mit einer Peitsche vollzogen werden. Sehr oft aber wurde ein Knüppel dazu verwandt.

Der Häftling Josef Engel arbeitete in einem Bergwerk. Er konnte die schwere Arbeit und die grausame Behandlung nicht mehr ertragen. Am 2. Februar 1944 versuchte er sich die Kehle durchzuschneiden. Er wurde „gerettet". Zur Strafe bekam er 25 Stockschläge.

Eine weitere Strafe war das „Pfahlbinden". Es war eine jener Lagerstrafen, die oft wegen geringer Überschreitungen der Lagerordnung von der SS angeordnet wurde. Das Pfahlbinden gab es auch in anderen KZ. Im KZ Auschwitz wurden dem Häftling die Hände über den Rücken mit einem Strick oder einer Kette gefesselt. Strick oder Kette wurden dann an einem Pfahl hochgezogen. Zuweilen wurden Strick oder Kette auf dem Dachboden des Blockes 11 über einen Balken geworfen und angezogen. Der Hängende berührte den Fußboden nur mit den Zehenspitzen oder überhaupt nicht. Nicht selten rissen ihm die Schultersehnen. Er konnte die Arme nicht mehr bewegen. Damit war er arbeitsunfähig und wurde getötet.

Eine weitere Strafe war das Einsperren in die „Stehzelle". Diese Stehzellen waren 90 mal 90 Zentimeter große, fensterlose Räume, in die man je vier Häftlinge oft mehrere Nächte hintereinander einsperrte. Sie konnten darin weder sitzen noch liegen und waren dem Erstikken nahe.

Das Einsperren in die Stehzelle war eine grausame Strafe. Sie wurde auch für kleinste Vergehen verhängt. So wurde ein Häftling zu zehn Nächten Stehbunker verurteilt, weil er in einem anderen Block versucht hatte, zum zweitenmal eine Portion Essen zu erlangen. Ein anderer Häftling wurde zu drei Nächten Stehzelle verurteilt, weil er hinter einem Gebäude seine Notdurft verrichtet hatte.

Eine besonders schwere Strafe war auch die Überweisung an die „Strafkompanie". Sie bestand allgemein aus 100 bis 600 Häftlingen. Angehörige dieser Kompanie muß-ten bei noch weniger Verpflegung noch schwerere Arbeiten verrichten – von den Bewachern oft zu einem unmenschlichen Tempo angetrieben. Im Lager Birkenau gab es auch eine Strafkompanie für Frauen. Sie umfaßte etwa 400 weibliche Häftlinge. Diese Strafkompanie säuberte Fischteiche, schüttete Dämme auf oder war mit anderen schweren Erdarbeiten beschäftigt. Nicht selten mußten die Frauen bis zur Gürtellinie im Wasser stehend arbeiten.

Am 10. Juni 1942 war die männliche Strafkompanie am Ausheben eines großen Grabens beschäftigt. Plötzlich prasselte ein wolkenbruchartiger Regenguß nieder. Es entstand eine allgemeine Verwirrung. Ein Teil der Häftlinge nutzte diese Verwirrung zur Flucht. Die Aufseher waren überrascht. Man setzte den Fliehenden nach. Dreizehn Häftlinge wurden auf der Flucht erschossen, neun konnten entkommen, zwanzig wurden wieder eingefangen. Alle zwanzig wurden am nächsten Tag erschossen. Die restlichen 320 Angehörigen der Strafkompanie hatten sich an der Flucht nicht beteiligt. Dennoch wurden sie grausam bestraft. Man band ihnen die Hände mit Stacheldraht und führte sie in die Gaskammer.

Noch am gleichen Tage wurde eine neue „Strafkompanie" aus anderen Häftlingen aufgestellt.

Die „Todeswand". Das KZ Auschwitz war auch eine Hinrichtungsstätte für Personen, die innerhalb oder außerhalb des Lagers zum Tode verurteilt worden waren. Im Lager gab es eine sogenannte „Politische Abteilung". Ihre Aufgabe bestand darin, Mitglieder der Widerstandsbewegung innerhalb des Lagers ausfindig zu machen. Oft wurden verdächtige Häftlinge gefoltert, um ein Geständnis zu erpressen. Beim Verhör wurden ihnen die Fingernägel ausgerissen oder Nadeln in besonders empfindliche Körperteile gestochen. Andere Häftlinge bekamen durch einen Trichter heißes Wasser in Mund oder Nase eingeführt, so daß sie fast daran erstickten. Diese mit Folterungen verbundenen Verhöre fanden im berüchtigten Block 11 statt. Ab und zu tagte ein „Sondergericht" der SS. „Recht sprechen" war für dieses Gericht gleichbedeutend mit der Verhängung der Todesstrafe: Der Zeitraum vom 2. September 1943 bis zum 30. Oktober 1944 umfaßt 14 Monate. Während dieser Zeit trat das Sondergericht sechsmal zusammen. In diesen sechs Sitzungen verurteilte das Gericht von insgesamt 580 Angeklagten 556 Personen zum Tode, darunter 76 Frauen.

Außerhalb des Lagers ausgesprochene Todesurteile wurden im Lager vollstreckt. Für ein Todesurteil genügte es schon, wenn eine jüdische Familie außerhalb des Lagers einen Rundfunkempfänger besaß.

Die zum Tode Verurteilten wurden aus dem Keller des Blockes 11 in die Wachstube im Erdgeschoß geführt. Dort mußten sie alle Kleider ablegen. Dann wurden sie in den Hof zwischen Block 10 und Block 11 geführt. Am Ende dieses Hofes befand sich eine Mauer. Davor hatte man die sogenannte „Todeswand" errichtet. Sie bestand aus Holz. Vor der Wand lag Sand. Er saugte das Blut der Opfer auf. Erschossen wurden die Verurteilten durch Genickschuß. Die Leichen wurden in das Krematorium gefahren und dort verbrannt.

Am 25. Januar 1943 wurden 51 Häftlinge der Widerstandsbewegung an dieser Wand erschossen. Die Gesamtzahl der vor der Todeswand Hingerichteten ist nicht bekannt. Sie wird auf etwa 20000 geschätzt.

Das Tagebuch hinter der Heizung. In Münster in Westfalen lebte ein gewisser Dr. Kremer. Er war Professor an der dortigen Universität. Dr. Kremer hatte ein ganzes Leben lang ein Tagebuch geführt. Als am Ende des Krieges amerikanische Truppen die Stadt Münster besetzten, wurde Dr. Kremer verhaftet. Er hatte zur SS gehört. Bei der Durchsuchung der Wohnung fand man

17. Oktober 1942. Bei einem Strafvollzug und 11 Exekutionen zugegen. Lebendfrisches Material von Leber, Milz und Pankreas nach Pilocarpininjektion entnommen. Mit Wirths nach Nikolai gefahren; vorher eröffnete er mir, daß ich länger bleiben müsse.

Aus dem Tagebuch des Dr. Kremer

sein Tagebuch, versteckt hinter der Heizung.

Dr. Kremer hatte in seinem Tagebuch Beweise gegen sich selbst gesammelt. Er war im KZ Auschwitz gewesen und hatte dort Versuche an Menschen durchgeführt.

Im Oktober 1942 ließ Dr. Kremer zwei Häftlinge aussuchen. Der eine war völlig ausgehungert, der andere weniger. Dr. Kremer tötete die beiden Häftlinge durch Spritzen: Er wollte „Untersuchungen" vornehmen, um die Veränderungen des menschlichen Körpers als Folge von Hunger zu „erforschen". In seinem handschriftlich geführten Tagebuch steht:

„17. Oktober 1942. Bei einem Strafvollzug und 11 Exekutionen zugegen. Lebendfrisches Material von Leber, Milz und Pankreas nach Pilocarpininjektion entnommen. Mit Wirths nach Nikolai gefahren; vorher eröffnete er mir, daß ich länger bleiben müsse."

Und einen Tag später notierte er:

„18. Oktober 1942. Bei naßkaltem Wetter heute Sonntag morgen bei der 11. Sonderaktion (Holländer) zugegen. Gräßliche Szenen bei drei Frauen, die ums nackte Leben flehen."

Dr. Kremer galt als Kriegsverbrecher. Nach dem Kriege wurde er in Polen vor ein Gericht gestellt und zum Tode verurteilt. Seines Alters wegen wurde die Todesstrafe in lebenslange Haft umgewandelt. Nach 10 Jahren Haft wurde er begnadigt und in die Bundesrepublik entlassen.

Dr. Kremer war nicht der einzige Arzt, der im KZ Auschwitz tödliche Experimente an Häftlingen durchgeführt hat.

Prof. Clauberg beispielsweise sollte herausfinden, wie man möglichst schnell und ohne großen Aufwand Frauen unfruchtbar machen konnte. Diese Versuche waren Teil der Rassenpolitik der Nationalsozialisten. Nach ihrem Plan sollten ganze Völker „aussterben". SS-Führer Himmler hatte dieses Schicksal vor allem Polen und Tschechen zugedacht.

Andere Ärzte unternahmen gefährliche Versuche mit Röntgenstrahlen.

Wieder andere Ärzte verabreichten gesunden Häftlingen die Erreger von Tuberkulose oder Flecktyphus. An ihnen sollte die Wirksamkeit von Medikamenten erforscht werden.

Auch in anderen Lagern wurden solche „medizinische Versuche" vorgenommen. Häftlinge wurden in Eiswasser unterkühlt. Dabei wurde die Zeit bis zum Eintritt des Todes gemessen. Andere Häftlinge kamen in eine Unterdruckkammer. In ihr herrschten Verhältnisse wie in 20000 Meter Höhe. Es sollte „erforscht" werden, wie der Mangel an Sauerstoff sich auf Menschen auswirkt.

Sieben Kartoffeln bedeuten den Tod. Alfred Oppenheimer ist Jude. Von Beruf ist er Maler. Heute ist er Professor in Israel.

Alfred Oppenheimer stammt aus Luxemburg. Das kleine Land hatten während des Zweiten Weltkrieges deutsche Truppen besetzt. Im Rahmen der „Endlösung" wurde der Jude Alfred Oppenheimer in den Osten deportiert. Er war jung und kräftig. So entging er der Selektion, der Auslese für die Gaskammer. Im KZ Auschwitz wurde er Arbeiter in einer Transportkolonne. In einer Kanonenfabrik außerhalb des Lagers mußte er schwere Eisenteile schleppen.

Eines Tages wurde diese Gruppe von 60 bis 70 Häftlingen auf zwei Lastkraftwagen unter starker SS-Bewachung in eine kleine Stadt gefahren. Dort war eine Fabrik bombardiert worden. Alfred Oppenheimer mußte in einer Fabrik in einer Maschinenhalle die noch gebrauchsfähigen Teile abmontieren.

Im Eichmann-Prozeß in Jerusalem schilderte er später seine Erlebnisse:

„Wir schliefen in der Halle auf dem nackten Boden. Es war schon vielleicht November und sehr kalt. Tagsüber haben wir Maschinenteile abmontiert, auf Lastautos verladen und nach Gleiwitz geschickt. Nach der Arbeit mußten wir die Kartoffeln für den nächsten Tag schälen. Wir waren alle sehr hungrig, da wir sehr wenig zu essen bekamen, und jeder versuchte, sich einige Kartoffeln zu nehmen – wir nannten das so schön ‚organisieren'. Beim Hinausgehen aus dem Gelände wurden wir abgetastet. Mein Nebenmann, ein Tscheche, hatte sechs oder sieben Kartoffeln. Ich war weniger geschickt, ich hatte nur eine. Unsere Nummern, die wir am Arm hatten, wurden notiert und am nächsten Abend beim Appell hat der Rapportführer plötzlich unsere Nummern herausgerufen. ‚Nr. B 12793!'

– ‚Hier!' – ‚Wird zum Tode wegen Sabotage, Tod durch Erhängen, verurteilt. Das Urteil wird sofort vollstreckt.' "

Während der Verhandlung fragte der Gerichtspräsident den Zeugen Alfred Oppenheimer, ob der Tscheche ein Jude gewesen sei. Der Zeuge fuhr fort:

„Ja, ein tschechischer Jude. Es handelte sich immer um Juden. Der tschechische Jude wurde aufgehängt, aber nicht, wie man sonst aufhängt, daß man auf eine Kiste gestellt wird und diese dann weggestoßen wird. Er wurde aufgezogen, das ist ein sehr qualvoller Tod. Dann kam die Reihe an mich. Und als ich schon den Strick um den Hals hatte, sagte der Lagerführer: ‚Das ist der, der nur eine Kartoffel hatte.'

Da sagt der andere SS-Mann: ‚Ja'.

Darauf der Lagerführer: ‚Dann hängt den für zwei Stunden an den Händen auf.' Ich glaube, damals wäre es mir lieber gewesen, wenn ich richtig aufgehängt worden wäre ...“

Gerichtspräsident: „Sie haben am nächsten Tage weitergearbeitet?“

Zeuge Alfred Oppenheimer: „Ja, ich mußte weiterarbeiten, sonst wäre ich ja richtig aufgehängt worden.“

Ein Zeuge berichtet. Der Jude Josef Z. Kleinmann stammte aus der Stadt Segesch in Rußland. Als 14jähriger Junge war er mit Vater, Mutter, einer jüngeren Schwester und mit einem um ein Jahr älteren Bruder mit der Eisenbahn nach Auschwitz transportiert worden. Im Eichmann-Prozeß in Jerusalem berichtete er als Zeuge über die Ankunft der Familie an der Rampe des Bahnhofes im KZ.

Generalstaatsanwalt: „Wo wurden Sie von Ihrer Familie abgesondert?“

Zeuge: „An der Bahnstation in Auschwitz.“

Generalstaatsanwalt: „Wer sonderte Sie ab?“

Zeuge: „Deutsche Offiziere, die dort standen. Ich stützte meinen Vater, der sich sehr schlecht fühlte. Wir hatten während der Fahrt weder Nahrung noch Getränke. Mein Bruder, er war fünfzehn Jahre alt, wurde zum Arbeitseinsatz geschickt, ich ebenfalls. Meine Eltern mit der kleinen Schwester wurden in die Gaskammern gebracht.“

Generalstaatsanwalt: „Sahen Sie später noch eines Ihrer Familienmitglieder?“

Zeuge: „Nein, nie mehr.“

Generalstaatsanwalt: „Was geschah mit Ihnen?“

Zeuge: „Die Jüngsten waren 14 Jahre alt. Es wurden alle Knaben unter 16 Jahren herausgezogen. Die Jungens im Alter von 14 bis 16 Jahren (zusammen ungefähr

500) wurden in das Lager D gebracht. Die jüngeren wurden mit ihren Müttern in die Gaskammern geschickt. Wir Jungens zwischen 14 und 16 Jahren durften Auschwitz beziehungsweise Birkenau nicht mehr verlassen, um in Arbeitslager geschickt zu werden."

Im Verlauf der Verhandlungen in Jerusalem fragte der Ankläger weiter: „Die jüdischen Feiertage waren besonders schreckensvoll?"

Zeuge: „Es war Brauch und Usus der SS, die jüdischen Feiertage für besondere Aktionen festzusetzen."

Generalstaatsanwalt: „Erinnern Sie sich an den Neujahrs-Feiertag?"

Zeuge: „Jawohl"

Generalstaatsanwalt: „Erzählen Sie bitte."

Zeuge: „Wir waren schon 3000 Jungens in diesen Baracken. Es waren besondere Baracken für Kinder, sog. Kinderblocks. Es war Freitag vor dem Neujahrsfest. Der SS-Arzt Dr. Mengele erschien mit seinem Gehilfen Dr. Tilo zum Appell. Sie gingen an den Kinderblocks vorbei und führten eine Selektion durch. Wir waren die letzte Baracke in der Reihe der Kinderbaracken."

Generalstaatsanwalt: „Wie viele Knaben wart ihr?"

Zeuge: „3000 Knaben. Fast alle jünger als 16 Jahre. Es wurde uns befohlen, uns halb auszuziehen. Dann ging Dr. Mengele an den Reihen vorbei. Die Kleinen und Mageren schickte er auf die Straße, die Größeren schickte er zum rückwärtigen Tor. Mich schickte er mit den Kleineren auf die Straße. Auf der Straße wurden immer Gruppen von 50 bis 60 in die Richtung der Baracke Nr. 11 geschickt. Als ich dies erfuhr, beschloß ich, zu entschlüpfen."

Generalstaatsanwalt: „Also Sie entschlüpften?"

Zeuge: „Ich entkam in die Baracke Nr. 25, wo sich mein Bruder befand."

Generalstaatsanwalt: „Sie wurden in den Baracken eingeschlossen?"

Zeuge: „Ja."

Generalstaatsanwalt: „Wie lange wurden Sie dort gehalten?"

Zeuge: „Bis zum Ende des Neujahrsfestes."

Generalstaatsanwalt: „Und was geschah dann mit Ihnen?"

Zeuge: „Die Lagerverwaltung hatte eine Blocksperre beschlossen. Alle Kapos erhielten den strengen Befehl, daß, wer immer eine Baracke verlassen sollte, sofort getötet werde. Abends kamen Kraftwagen in das Lager, und die Knaben wurden aufgeladen."

Generalstaatsanwalt: „Wer tat das?"

Zeuge: „Ich war nicht draußen, ich weiß es nicht. Es waren sicherlich

SS-Leute, die hier die Herrschenden waren."

Generalstaatsanwalt: „Deutsche?"

Zeuge: „Ja, es waren meistens deutsche Schwerverbrecher. Sie begannen die Knaben auf die Lastwagen aufzuladen. Das Geschrei war grauenhaft. Schreie wie: ‚Höre, Israel, dein Gott ist einzig' – ‚Vater, Mutter ...'

Solches Geschrei habe ich in Auschwitz noch nie gehört. Es wurden ja hier Leute zu Hunderttausenden in die Gaskammern geführt, aber in Stille und Ruhe, sie wußten ja nicht, was ihnen geschah. Wir aber wußten alles."

Generalstaatsanwalt: „Was geschah am Purimtag, zum Haman-Festtag?"

Zeuge: „Vor dem Versöhnungstage verbreitete sich die Nachricht, daß eine weitere Brotration verteilt werde. Man brachte in die Baracke ein Viertel Brot, etwas Käse usw. zur Verteilung. So etwas hatte es in Auschwitz noch nicht gegeben. Wir freuten uns alle, wir waren froh, daß wir am Vorabend des Versöhnungstages essen werden können, um am Versöhnungstage zu fasten. Wir sprachen über diese Gutherzigkeit, aber wir wußten nicht, was unser harrte.

In den Nachmittagsstunden kam plötzlich ein Befehl zur Blocksperre. Wir waren noch nicht in die Barak-

ken hineingegangen, und schon hallte der Befehl: ‚Alle Knaben auf den Fußballplatz!' Es gab einen Fußballplatz im Lager, der wahrscheinlich für die Zigeuner, die einige Wochen vorher vernichtet worden waren, angefertigt war.

Wir waren in Hundertschaften eingegliedert. Man sagte uns, daß man uns zur Kartoffelernte in die Gegend bringen werde. Wir waren 2000 Knaben. Plötzlich erzitterte alles. Der Todesengel, Dr. Mengele, erschien. Er selbst erschien. Er selbst kam an unsere Gruppe heran, wir standen neben der Straße. Er legte seine Arme nach rückwärts, seine Lippen waren wie gewöhnlich fest geschlossen, er übersah den Platz. Sein Blick hing an einem Knaben von vielleicht 14 oder 15 Jahren, der in meiner Nähe stand. Es war dies ein Knabe aus dem Getto Lodz. Er war blond, mager und sonnenverbrannt. Er stand in der ersten Reihe. Mengele ging auf ihn zu und fragte ihn: ‚Wie alt bist du?' – Der Knabe zitterte und sagte: ‚Ich bin 18 Jahre alt.' – Mengele war sehr erzürnt und begann zu brüllen: ‚Ich werde euch schon zeigen! Bringt mir einen Hammer, bringt mir Nägel und Leiste!'

Jemand lief fort. Wir standen und schauten ihn schreckerstarrt an. Es herrschte Totenstille. Die verlangten Geräte wurden gebracht. Mengele wandte sich an einen Knaben, der in der Nähe stand. Es war ein großer Knabe in der ersten Reihe. Sein Gesicht war voll. Er sah gut aus. Mengele brachte ihn zum Tor des Fußballplatzes, führte ihn an der Schulter. Der andere mit der Leiste kam nach. Mengele stellte den Knaben beim Tor auf und befahl, die Leiste über dem Kopf des Knaben einzuschlagen. Die erste Gruppe begann zu marschieren."

Generalstaatsanwalt: „Sagte er, was dort geschehen wird?"

Zeuge: „Wir verstanden schon alles. Wir wußten nun, daß diejenigen, deren Kopf nicht so hoch war wie die eingeschlagene Leiste, zum Tode gehen müssen."

Generalstaatsanwalt: „Glaubten Sie, daß diese Leiste auch eine andere Bedeutung hätte?"

Zeuge: „O nein. Das hatte gar keine andere Bedeutung, nur eine einzige Bedeutung. Wessen Kopf nicht bis zur Leiste reichte, der mußte eben in die Gaskammer. Wir streckten uns, so weit wir konnten, noch einen Zentimeter oder wenigstens einen halben Zentimeter höher. Auch ich streckte mich, so viel ich konnte. Aber ich wußte, daß es hoffnungslos war. Größere Knaben als ich konnten die Leiste nicht erreichen. Und jeder Knabe, dessen Kopf die Leiste nicht erreichte, wurde auf die andere Seite geschickt."

Generalstaatsanwalt: „Ihrem Bruder ist es gelungen, unter der Leiste durchzugehen?"

Zeuge: „Ich war so mit mir beschäftigt, daß ich mich um meinen Bruder nicht kümmern konnte. Mein Bruder war ein großer Junge. Er war vor seinem 16. Geburtstag. Ich dachte schon, mein Leben sei damit zu Ende, als ich plötzlich meinen Bruder flüstern hörte: ‚Wenn du leben willst, tue etwas.' Ich erwachte aus meiner Lethargie. Meine Augen erfaßten die herumliegenden Steine. Ich bückte mich, hob einige kleine Steine auf und steckte sie in meine Schuhe. Dadurch wurde ich um einige Zentimeter größer und hoffte so, die Leiste zu erreichen und mein Leben zu retten. Ich fühlte aber, daß ich mit den Steinen in den Schuhen nicht ‚Habacht' stehen werde können und sagte dies meinem Bruder. Darauf sagte mein Bruder: ‚Komm, ich geb dir etwas anders.' Er gab mir eine Mütze. Ich zerriß sie in zwei Teile und stopfte diese in die Schuhe. Jetzt konnte ich stehen und war größer."

Gerichtspräsident: „Wir wollen noch hören, wie es Ihnen gelungen ist, weiterzukommen."

Zeuge: „So stand ich zehn Minuten mit den Steinen und der Mütze in den Schuhen und dachte, vielleicht wird es mir doch gelingen, die Leiste zu erreichen. Es ging so weiter.

Manchem gelang es, die Leiste zu erreichen, manchem nicht. Mein Bruder schaute mich an und sagte: ‚Es wird ja doch nicht hoch genug sein.‘ – Ich bat meinen Bruder und einen anderen Jungen, der eine bessere Perspektive hatte, mich zu schätzen, und alle waren der Meinung, daß ich keine Chancen hätte, die richtige Höhe zu erreichen. Ich mußte daher um jeden Preis zu denen gelangen, die bereits die Selektion durchgegangen waren. Sie standen gegenüber den Kleinen, die die Leiste nicht erreicht hatten. Ich schlich zu den Großen. Ich dachte, ich wäre schon gerettet, dann schlich mir ein anderer nach. Dr. Mengele merkte dies und begann, auf die Wachmannschaft einzuschreien: ‚Macht ihr denn hier Sabotage?!‘ – Er verlangte, daß die ganze Gruppe noch einmal unter der Leiste vorbeigehe. Auf dem Wege zur Leiste entkam ich wieder dorthin, wo ich früher stand. Dort war ein schmaler Durchgang, und der war bewacht. Trotzdem gelang es mir durchzuschlüpfen.“

Generalstaatsanwalt: „Und Sie entkamen?“

Zeuge: „Noch nicht. Aber es schien mir, es wäre vielleicht lohnenswert, noch eine halbe Stunde zu leben. Am Ende entkam ich wieder zu den Großen. Keiner merkte dies diesmal. So ist die Auslese zu Ende gegangen. Ungefähr 1000 Jungens ist es nicht gelungen, sich zu retten.“

Generalstaatsanwalt: „Was ist mit ihnen weiter geschehen?“

Zeuge: „Als die Auslese zu Ende war, genügte das dem Mengele nicht. Man untersuchte die Übriggebliebenen. Alle, die die Leiste nicht erreichten, wurden in die Baracken 25 und 26 eingesperrt. Es begann, dunkel zu werden.“

Generalstaatsanwalt: „Was geschah schließlich mit den Leuten?“

Zeuge: „Man hielt sie eingesperrt noch zwei Tage nach dem Versöhnungstag.“

Generalstaatsanwalt: „Was ist mit ihnen nachher geschehen?“

Zeuge: „Man brachte sie in die Gaskammern und hat sie dort vernichtet.“

„Wo vorher Birken waren“ – das ist der Titel eines Buches. Geschrieben hat es die schon erwähnte, seit 1969 in der Bundesrepublik lebende polnische Schriftstellerin Krystyna Zywulska. Sie hat in Warschau studiert. Von 1939 bis 1942 war sie im Warschauer Getto. Sie konnte fliehen und schloß sich der Widerstandsbewegung an. 1943 wurde sie von der Gestapo verhaftet und zum Tode verurteilt. Nach drei Monaten Haft wurde sie in das KZ Auschwitz deportiert. Sie hat Auschwitz überlebt. In ihrem Buch schildert sie folgende Begebenheit:

„Eines Tages aber gebar erneut eine Jüdin auf dem Ofen vor den Augen Hunderter ein Kind. Im Revier, wo ständig jemand starb, war plötzlich das Weinen eines Neugeborenen zu hören. Es kam außergewöhnlich gesund und schön zur Welt.

‚Ich lasse es nicht sterben, ich werde es nicht erwürgen‘, entschied die Mutter. ‚Das ist mein erstes Kind. Es muß mir Glück bringen. Bestimmt wird ein Wunder geschehen, und es wird überleben.‘

Sie sagte das so überzeugt, bat so eindringlich, daß beschlossen wurde, ihr zu helfen. Das Seltsamste an der Geschichte war, daß die Mutter trotz allem in der Lage war, das Kind zu säugen. Schwester Elzunia beschloß, das Kind so lange versteckt zu halten wie nur möglich. Wochenlang wurde berichtet, daß die Mutter hohes Fieber hatte, und das Kind wurde bei plötzlichen Besuchen von SS-Männern mit Strohsäcken zugedeckt. Entgegen allen Erwartungen entwickelte sich das Kind prächtig.

Eines Nachts, als das Kind schon ein Monat alt war, wachte die Mutter schreiend auf. Elzunia lief zu ihr.

‚Ich habe geträumt, daß das Baby gestorben sei . . .‘ flüsterte sie. In der Morgenfrühe kam der Befehl, alle Jüdinnen, ohne Rücksicht auf ihren Gesundheitszustand, gesundzuschreiben. Die Mutter mußte informiert werden. Aber niemand hatte dazu den Mut. Frau Dr. Fruma, eine sanfte und ruhige Ärztin, besorgte unter größten Schwierigkeiten ein Schlafmittel und injizierte es dem Säugling. Die vor Schmerz dem Wahnsinn verfallene Mutter wurde aus der Revierbaracke geschleift."

Kinder in Auschwitz

Ein „Lehrer" mit Namen Fredy Hirsch.

Fredy Hirsch war damals ein junger Mann. Er war Jude. Von Beruf war er kein Lehrer. Zuerst war er in das KZ Theresienstadt deportiert worden. Dort hatte er sich als „Sportlehrer" hervorgetan. Schließlich kam er nach Auschwitz. Hier beaufsichtigte er Kinder. Es gelang ihm, einen besonderen Wohnblock für Kinder einzurichten. Insgesamt handelte es sich um etwa 700 Kinder im Alter zwischen acht und vierzehn Jahren. Es waren jüdische Kinder, die aus vielen Teilen Europas stammten. Fredy Hirsch gründete eine Art „Kinderheim", zugleich richtete er eine Art Schule ein.

Hirsch hatte die Lagerleitung überzeugen können, daß diese Kinder die deutsche Sprache erlernen sollten. Eine der Helferinnen war Hanna Hoffmann. Sie hat Auschwitz überlebt. Sie lebt heute in Israel. Von ihr stammt der folgende Bericht:

„Es gab eine Oase in unserem Lager, einen Ort, wo man ein Mensch war. Das war das Kinderheim, ein Werk von Fredy Hirsch. Fredy, dessen Wesen und Auftreten den Deutschen von Anfang an entsprochen und imponiert hatte, war zuerst Lagerkapo.

Fredy suchte sich einige junge Menschen unter den Häftlingen, die schon in Theresienstadt als Erzieher tätig gewesen waren. Mit ihrer Hilfe faßte er die 700 Kinder, die bisher auch nur Nummern gewesen waren, nach Alter und Sprache zusammen. Er erwirkte besseres Essen für sie. Die Betreuer und Betreuerinnen der einzelnen Kindergruppen mußten vor allem für die Sauberkeit ihrer Schützlinge sorgen. Täglich wurden die Kleidungsstücke nach Läusen durchsucht, auf reine Hände, Nägel, Ohren, Eßgeschirr usw. geachtet. Fredy machte selbst Stichproben. Und wenn ein Kind nicht ganz sauber war, verlor die ganze Gruppe ihre Sonderration.

Es gab täglich fünf Stunden Unterricht. Die meisten Kinder konnten nicht Deutsch. Natürlich beschränkte sich dieser Deutsch-Unterricht darauf, den Kindern ein paar Sätze einzudrillen, für den Fall, daß ein deutscher Besucher das Heim besichtigte. Der Unterricht stand unter sehr schweren Bedingungen. Die Tische der einzelnen Gruppen stan-

Brief eines in Auschwitz ermordeten Kindes. Ein Brief durfte nicht mehr als fünfzehn Zeilen umfassen und mußte die Wendung enthalten: „Ich bin gesund und fühle mich gut."

den eng beieinander, so daß es für die Kinder sehr schwer war, sich zu konzentrieren. Sie waren unruhig und schwer auf ihren Plätzen zu halten. Der nagende Hunger machte ihnen und ihren Betreuern zu schaffen. Dann hatten wir weder Papier noch Bleistifte, von Büchern ganz zu schweigen. Fast niemand von uns war als Lehrer ausgebildet. Trotzdem versuchten wir, den Kindern, von denen manche noch nie Schulunterricht gehabt hatten, die Elementarkenntnisse beizubringen. Mit der Zeit gelang es uns, den Sab-

bat mit einem religiösen Zeremoni-
ell einzuführen. Am Freitagnachmit-
tag bekamen alle ohne Unterschied
ihre Sonderration. Die Gruppen saßen zusammen an Tischen, die mit
besticktem Strohsackleinen, mit Pa-
pierblumen, selbstgemachten Vasen
und Tonfigürchen geschmückt waren. Torten gab es, für die Kinder,
die die ganze Woche ihre Brot- und
Marmeladeration gespart hatten.
Diese Abende waren ein starkes
Bindeglied zwischen den einzelnen
Gruppen, der Auftakt zu einer in-
tensiven gemeinschaftlichen Arbeit,
die Kinder und Betreuer ein Dora-
do (Paradies) schuf und sie Tod und
Demoralisierung ringsum vergessen
ließ.

Wenn die SS uns inspizierte, mußten die Kinder in Hab-acht-Stellung
Gedichte in deutscher Sprache her-
unterleiern. Fredys musterhafter
Leitung war es zu verdanken, daß
die SS Gefallen an dem Kinder-
block fand und ihn den Leitern anderer Lager oft als Kuriosität vor-
führte. Sie verschafften uns auch
weitere Vergünstigungen. So konnten wir zum Beispiel im Block sogar
eine Nähstube einrichten.

Einer unserer Kameraden malte fürs
Heim Bilder aus ‚Schneewittchen'
von Walt Disney. Auf Wunsch der
Deutschen, die von den Bildern be-
eindruckt waren, studierte Fredy mit
den Kindern in deutscher Sprache

das Märchen ein und führte es für
die Honoratioren von Auschwitz
auf. Aus Tischen, Hockern und
Strohsäcken verfertigten wir die
Bühne, die Kulissen und die Kostü-
me. Wegen der Sprachschwierigkei-
ten, die überwunden werden mußten, dauerte die Einstudierung drei
Monate. Wir übten mit den Kindern Tänze und Chöre ein, dichte-
ten das Stück um und paßten es unseren Verhältnissen an. So erschienen die Zwerge als Vertreter der
Ordnung und Sauberkeit. Die Demoralisierung, gegen die sie angin-
gen, wurde durch die böse
Schwiegermutter verkörpert. Es
wurde eine sehr schöne Auffüh-
rung, und für die Kinder war es das
schönste Erlebnis ihres Lebens – für
die meisten von ihnen leider auch
das letzte.

Diese Welt, in die wir uns vor der
Wirklichkeit geflüchtet hatten, wurde Anfang März 1944 plötzlich in
ihren Grundfesten erschüttert. Wir
waren nun schon drei Wintermona-
te in Birkenau, der Septembertransport sogar schon sechs Monate. Da
verkündete eines Tages der Lagerälteste, daß der Septembertransport
geschlossen nach Heidebrück in
Deutschland gehen solle. Es begann
ein wildes Rätselraten, wo wohl
dieses Heidebrück liege und ob es
auch ein KZ sei. Die Pessimisten
behaupteten, diesmal gehe es sicher

ins Gas, der Kamin rauche schon seit einigen Tagen nicht mehr, jetzt brauche man neues Material zum Verbrennen. Die Optimisten sahen gerade darin den Beweis, daß die Gaskammern geschlossen werden würden.

Die Pessimisten sollten recht behalten. Der Septembertransport zu dem fast alle diese Kinder gehörten, wurde kurz darauf ins Gas geschickt."

Fredy Hirsch wollte sich am Abend zuvor mit Tabletten das Leben nehmen. Am nächsten Tag wurde er in bewußtlosem Zustand zur Gaskammer gefahren.

Der Widerstand

Die Frau auf der Treppe. Die nationalsozialistische Gewaltherrschaft hat sechs Millionen jüdischer Menschen das Leben gekostet. Und immer wieder wird gefragt: Haben sich die Opfer nicht gewehrt? Hat es angesichts der größten Greuel, die die Menschheitsgeschichte kennt, keinen Widerstand gegeben?

Es gab Widerstand. Aber dieser Widerstand war ohmächtig.

Als Hitler 1933 in Deutschland an die Macht kam, lebten rund 500 000 Juden in Deutschland. Sechs Jahre später begann der Zweite Weltkrieg. Mehr als die Hälfte

der jüdischen Bürger war zu diesem Zeitpunkt schon ausgewandert, viele nach Palästina. In der Ungewißheit der Fremde mußten sie sich eine neue Existenz aufbauen. Das fiel jungen Menschen leichter. Zurückgeblieben waren so vor allem die älteren. Sie wurden nun in ihren Rechten mehr und mehr eingeschränkt, immer stärker aus der Gesellschaft ausgegrenzt. Fast alles, auch scheinbar ganz Alltägliches, war für sie verboten oder nicht mehr erreichbar. So durften sie zum Beispiel keine „arischen" Zeitungen mehr lesen und keinen Rundfunkempfänger benutzen. Auch ihre Bewegungsfreiheit war stark eingeschränkt. Öffentliche Verkehrsmittel waren für Juden verboten. Sie waren isoliert, vereinsamt und von wichtigen Informationen abgeschnitten. Der tägliche Kampf ums Überleben kostete alle Kraft.

Was konnte da ein siebzigjähriger Zahnarzt aus Hamburg tun, wenn um Mitternacht zwei bewaffnete Polizeibeamte in Zivil vor ihm standen und ihn verhafteten?

Was konnte ein jüdischer Kaufmann aus Frankfurt tun, wenn er auf der Straße plötzlich von vier Männern umringt und verhaftet wurde?

Für solche überfallartigen Verhaftungen gibt es zahllose Beispiele. Die Angst, die sie bei den noch nicht Verhafteten erzeugten, gehörte zum Kalkül der Verfolger. Auch die folgende Geschichte hat sich tatsächlich zugetragen:

Das Dorf Klein-Umstadt liegt etwa 25 Kilometer von Darmstadt entfernt. Es zählte damals etwa 800 Einwohner. Hier wohnten fast nur Bauern, nur wenige waren Arbeiter, Angestellte oder Beamte. Außerdem gab es noch eine Handvoll Handwerker. Einer von ihnen war Tischler oder Schreiner. Nennen wir ihn Barmert. Er bewohnte ein altes Bauernhaus mit Scheune, Schuppen, Ställen. Hier hatte er auch seine Werkstatt eingerichtet.

Blenden wir in das Jahr 1943 zurück. Zu Anfang des vierten Kriegsjahres hatten die deutschen Truppen die Schlacht um Stalingrad verloren. Der Krieg hatte eine Wende genommen. An allen Fronten waren die Truppen der Russen, Amerikaner und Engländer auf dem Vormarsch. Täglich überflogen Bomberverbände Deutschland und suchten ihre Ziele. In Deutschland hatte der „totale Krieg" begonnen. Rücksichtsloser als jemals zuvor sollten jetzt alle Kräfte zur Fortführung des schon verlorenen Krieges eingesetzt werden. Zugleich betrieb die nationalsozialistische Führung mit höchster Dringlichkeitsstufe die „Endlösung", die Vernichtung aller im deutschen Herrschaftsbereich lebenden Juden.

Anfang September 1943. Es ist ein herrlicher Spätsommertag. Schon früh am Morgen geht Schreiner Barmert in den Wald, um Holz für sein Geschäft auszusuchen. Gegen zehn Uhr macht sich seine Frau an die Fütterung der zwei Ziegen, die die Barmerts sich halten. In dieser Zeit, wo die Lebensmittel knapp waren, waren Ziegen von besonderem Nutzen. Sie gaben Milch.

Frau Barmert fällt es nicht leicht, das Futter zuzubereiten. Ihre Hände sind klamm. Sie leidet an Gicht.

Plötzlich öffnet sich die Tür im großen Hoftor. Eine Gruppe von Männern betritt den Hof: ein Polizist in grüner Uniform und drei „Hilfspolizisten". Sie tragen Armbinden. Alle vier wohnen ebenfalls im Dorf. Sie sind zu alt, um noch als Soldat in den Krieg zu müssen. Alle vier sind bewaffnet. Sie sind gekommen, um Frau Barmert abzuführen. Sie ist Jüdin. War die 66 Jahre alte Frau nicht „vorgewarnt"?

Sie wußte, was mit ihrer Schwester in Frankfurt geschehen war. Vor wenigen Wochen hatte man sie mit ihrem Mann nach Auschwitz deportiert. Aber Frau Barmert war mit einem Christen verheiratet, sie lebte in einer „Mischehe". Seit ihrer Hochzeit vor mehr als vierzig Jahren hatte sie keine Synagoge mehr betreten. Sie war sogar konvertiert zum katholischen Glauben. Aber für die Nationalsozialisten war die Frage „Jude oder nicht" keine Glaubensfrage, sondern eine „Rassen"-Frage.

Niemand wurde verschont. Frau Barmert war eine mittelgroße, füllige Frau. Von der Gicht geplagt, fiel ihr das Laufen schwer. In ihrem Schrecken versuchte sie zu fliehen. Aber das ist zwecklos.

Sie wird verhaftet und soll zu dem etwas außerhalb gelegenen Bahnhof gebracht werden. Laufen kann sie nicht. Ein Bauer soll sie mit dem Wagen dorthin fahren. Er ist gleich alt wie sie und ist mit ihr zur Schule gegangen. Er ist ein fanatischer Nationalsozialist. Aber jetzt verweigert er seiner Partei den Gehorsam. Da übernimmt ein anderer den Auftrag.

Auf einem Mistwagen, gezogen von zwei Pferden, wird Frau Barmert zum Bahnhof gekarrt. Unterwegs wirft ihr jemand noch zwei Decken zu. Am Bahnhof wird sie von zwei Männern der Gestapo, der Geheimen Staatspolizei, in Zivil empfangen und mit der Eisenbahn in das Gefängnis nach Darmstadt gebracht. Wenige Tage später wird sie über Frankfurt nach Auschwitz deportiert und dort vergast.

Zur selben Zeit kämpfen ihr Sohn und ihr Enkel als Soldaten in der deutschen Wehrmacht.

„**Tragt ihn mit Stolz, den gelben Fleck!**" Die in Deutschland lebenden Juden konnten keinen bewaffneten Widerstand leisten. Aber „Widerstand" meint nicht nur den Kampf mit der Waffe. Der Widerstand hatte viele Arten und Formen. Wenn sich bedrohte Juden gegenseitig halfen, dann war auch das eine Form des Widerstandes.

Unter den deutschen Juden hat sich in der Zeit des Nationalsozialismus ein Mann besonders hervorgetan: Leo Baeck. Leo Baeck hat nicht mit der Waffe in der Hand gegen die Gewaltherrschaft gekämpft. Sein Widerstand nahm einen anderen Weg.

Hitler hatte schon vor seiner Machtergreifung unmißverständlich seinen Antisemitismus, seinen Haß gegen die Juden gezeigt. Dennoch konnten und wollten viele Juden nicht glauben, daß Hitlers Drohungen grausame Wirklichkeit werden würden. Nur eine kleine Minderheit erkannte die Gefahr und stellte sich auf den Widerstand gegen Hitler ein.

Schon ein halbes Jahr nach Hitlers Machtergreifung gründeten die deutschen Juden zum erstenmal in ihrer langen Geschichte eine Vereinigung. Es war die „Reichsvertretung der deutschen Juden". Ihr erster Präsident war Leo Baeck. Ziel dieser Vereinigung war die gegen-

Leo Baeck auf einer Briefmarke der
Deutschen Bundespost

ten. Die meisten erschienen allerdings nur selten oder unregelmäßig. Im gleichen Jahr wurde in Berlin der „Jüdische Kulturbund" gegründet. Bis zu seiner von der nationalsozialistischen Regierung erwirkten Auflösung führte er 75 Schauspiele und 25 Opern auf und gab 600 Konzerte. Er veranstaltete 200 Vorlesungen und 60 Kunstausstellungen.

Auch dies war eine Form des Widerstandes.

Die „Reichsvertretung" und die jüdischen Zeitungen und Zeitschriften in Deutschland gaben den deut-

seitige Hilfe und Solidarität: Juden helfen Juden!

Wohlhabende Juden spendeten Geld für Arme, gaben Geld für Lebensmittel, für Holz und Kohle zum Heizen. Die „Reichsvertretung" ermöglichte mittellosen Juden die Auswanderung. Noch in den ersten Kriegsjahren konnten dank der „Reichsvertretung" 37 500 deutsche Juden Deutschland verlassen. Sie waren dem Tod entkommen.

Die „Reichsvertretung" gründete jüdische Schulen. Im Jahr 1934 gab es in Deutschland 44 000 jüdische Schüler. Davon besuchten 10 000 Kinder jüdische Schulen. Im Jahr 1935 gab es in Deutschland 63 jüdische Zeitungen oder Zeitschrif-

JÜDISCHE WINTERHILFE
Erste Sammlung 1940
Sonntag, den 7. Januar
KÖLN, RUBENSSTRASSE 33 — FERNSPR.-SAMMELNUMMER: 21 05 41
POSTSCHECKKONTO KÖLN 618
KÖLN, den 1. Januar 1940

Unsere Gemeindemitglieder
haben nur eine Meinung:

Den Bedürftigen zu helfen
Die Frierenden zu kleiden
Die Hungrigen zu speisen

Das ist unsere Aufgabe.

Die Mittel zu spenden
und Opfer zu bringen

Das ist ihre Aufgabe.

Denken Sie daran, wenn unsere Sammler Ihre Spende erbitten.

Vergessen Sie nicht:

 besagt: Ihre Aufgabe   = Jeder Will Helfen.
Unsere Aufgabe = Jedem Wird Hilfe.

Erfüllen Sie die Ihrige - Wir erfüllen dann gern die Unsrige.

Darum opfern Sie und spenden reichlich!

Jüdische Winterhilfe

Jüdische Selbsthilfe 1946

schen Juden ein neues Selbstbewußtsein. Als die Juden den „Judenstern" als äußeres Kennzeichen tragen mußten, schrieb die „Jüdische Rundschau":

„Tragt ihn mit Stolz, den gelben Fleck!"

Und eine jüdische Zeitung schrieb einmal:

„Eine Gemeinschaft geht nicht unter, wenn sie sich nicht selbst aufgibt."

Leo Baeck überlebte die nationalsozialistische Schreckensherrschaft. Als Siebzigjähriger zog er im KZ Theresienstadt den Müllkarren. Alle Angebote, aus Deutschland auszuwandern, hatte er abgelehnt. Er starb 1956 in London.

Ein Pater opfert sich. Der Widerstand gegen den Nationalsozialismus kam aus sehr verschiedenen Richtungen. Menschen in besetzten Ländern wie Polen, Frankreich usw. leisteten ebenso Widerstand wie in Deutschland selbst die – verbotenen – politischen Parteien, vor allem die Sozialdemokraten und Kommunisten. Auch gläubige Katholiken, Protestanten oder Angehörige anderer Konfessionen leisteten Widerstand.

Ein besonders eindrucksvolles Beispiel hat ein polnischer Priester der katholischen Kirche gegeben. Er war kein Jude.

Die katholische Kirche kennt den Begriff des „Heiligen". „Heiliggesprochen" wird ein Gläubiger erst nach seinem Tod. „Heilig" spricht die katholische Kirche nur denjenigen, der in seinem Leben die Botschaft Christi in die Tat umgesetzt hat.

11. Oktober 1982. Rom. Ein 81 Jahre alter Mann wird vom Papst empfangen. Sein Name: Franciszek Gajowniczek. Am gleichen Tag hält der Papst vor 200 000 Gläubigen auf dem Petersplatz eine Predigt: „Eine größere Liebe hat niemand, als wer sein Leben hingibt für seine Freunde."

Niemand ist so bewegt wie eben jener alte Mann, der jetzt in der ersten Reihe steht. An diesem Tag wird der katholische Priester Maximilian Kolbe heiliggesprochen. Er hatte im KZ Auschwitz das Leben dieses jetzt über 80 Jahre alten Mannes gerettet. Er hat sein Leben für das eines anderen geopfert.

Das war im Sommer des Jahres 1941. Der kranke und entkräftete Pater mußte schwere Holzfällerarbeiten verrichten. Im Juli gelang einem Häftling die Flucht. Nach den grausamen Gesetzen des Lagers werden dafür die Häftlinge, die zum gleichen Block zählen, wie der Entflohene, bestraft. Beim Abendappell geht der Lagerführer die Reihen der Häftlinge ab. Einzelne müssen vortreten. Jeder weiß, daß man

Pater Maximilian Kolbe auf einer
Briefmarke der Deutschen Bundespost

diese willkürlich ausgewählten Häftlinge in den „Bunker", in eine Dunkelkammer, einschließen würde. Ohne Essen, ohne Wasser. Und zwar so lange, bis der Flüchtige gefaßt war – oder aber, falls die Flucht gelang, bis sie verhungert waren.

Schließlich bleibt der Lagerführer vor dem jungen Polen Franciszek Gajowniczek stehen. Er muß vortreten. Der junge Mann klagt:

„Meine arme Frau! Meine Kinder! Was wird aus meiner Familie?!"

Fünfzehn Häftlinge sind schon ausgewählt. Da tritt Pater Kolbe aus der Reihe. Er nimmt die Mütze ab und stellte sich vor den gefürchteten SS-Offizier. Er deutet auf den zum Tod verurteilten polnischen Landsmann und erklärt:

„Ich bin katholischer Priester. Ich möchte seine Stelle einnehmen, weil er Frau und Kinder hat. Dieser

Vater ist für seine Familie notwendiger als mein von Leiden zerbrochenes Leben für die menschliche Gesellschaft."

Der junge Pole durfte zurücktreten. Pater Kolbe erduldete drei Wochen lang mit seinen Leidensgefährten die Qualen der Dunkelzelle. Dann beendete eine tödliche Spritze seine Leiden. Er hatte sich für einen Landsmann geopfert. Dieser Mann überlebte Auschwitz.

Das Mädchen in der Bodenkammer. Widerstand gegen die Gewaltherrschaft war auch die Flucht vor der Verhaftung. Ein Beispiel dafür ist das Schicksal der Anne Frank.

Lesen wir, was im „Lexikon des Judentums" über sie geschrieben steht:

„Anne Frank, 14jährige Heldin des Buches ‚Das Tagebuch der Anne Frank', 12.6. 1929 Frankfurt/M. – März 1945 Bergen-Belsen (etwa drei Wochen vor der Befreiung des KZ); ihre Familie wanderte 1933 nach Amsterdam aus, wo sie vom 9.7. 1942 bis zum 8.4. 1944 in einer Bodenkammer im Versteck lebte. Von den 9 verhafteten Personen überlebte nur der Vater Otto Frank, der das von der Gestapo übersehene Tagebuch nach Kriegsende von einer Hausangestellten erhielt. Es erschien unter dem Titel ‚Het Achterhuis' 1947 in Amsterdam, wurde in

Anne Frank

20 Sprachen übersetzt und erzielte als Schauspiel und Film Welterfolge. Die rührende Einfachheit des Tagebuches enthüllte vielen erstmals das Ausmaß der nationalsozialistischen Verbrechen. Ihr Geist ('Ich glaube an das Gute im Menschen') lebt im A. F.-Heim Berlin, dem A. F.-Wald in Israel, dem A. F.-Museum in Amsterdam (im früheren Versteck) fort. Eine Gedenkplatte befindet sich am Geburtshaus Ganghoferstraße 24."

Fünfzig Schläge für ein paar Gebetbücher. Widerstand gab es in vielfältiger Form. Ein anderes Beispiel zeigt die Geschichte des bereits erwähnten Josef Z. Kleinmann. Ihn hatte man als 14jährigen Jungen in das KZ Auschwitz deportiert. Es war ihm gelungen, sich in einen Transport zu mischen, der in das Lager Kaufering bei Dachau ging. Auf diese Weise konnte er der Hölle von Auschwitz entkommen.

In Auschwitz war Josef Z. Kleinmann im Arbeitslager Block 26 untergebracht. Da er einer der Jüngsten war, hatte man ihm zunächst noch nicht die Häftlingsnummer eintätowiert. So war es ihm möglich, sich insgesamt dreimal vom Block zu entfernen. Er lief dann zum jüdischen Sonderkommando, das die Leichen der Vergasten verbrennen mußte. Dasselbe taten auch andere Jungen. Was wollten sie dort? Im Eichmann Prozeß erklärt es ein Zeuge: „Beim jüdischen Sonderkommando bekamen wir Essen und Gebetbücher."

Einmal wurde ein Junge erwischt. Wie es ihm erging, schilderte Josef Z. Kleinmann im Eichmann-Prozeß:

„Es war in der Baracke 25. Ich sah den Gehilfen des Lagerkommandanten in die Baracke gehen mit einem Gummischlauch. Wir haben dort nicht gearbeitet, aber wir mußten uns den ganzen Tag dort aufhalten. Ich ging ihm nach und sah, daß er zu einer Pritsche ging, einen 14jährigen Jungen nahm und ihn zu schlagen begann.

Einige Jungen standen mit mir und haben das Bild angesehen. So was konnte man bei uns in der Baracke oft sehen, aber dieses Mal geschah etwas ganz Besonderes. Der Junge schrie nicht, er weinte nicht und gab die ganze Zeit keinen Laut von sich. Wir standen und zählten die Schläge mit, 20, 30, wir wunderten uns alle. Er gab keinen Laut von sich. Nach dem 40. Schlag dreht ihn der Gehilfe auf dem Boden herum und schlug weiter auf ihn ein, auf die Füße, auf die Hände, auf das Gesicht, nichts hörte man. Nach dem 50. Schlag ließ er erst von ihm ab. Wir traten dann zu dem Jungen, halfen ihm aufzustehen und fragten ihn:

‚Was hast du getan? Warum hat er dich so geschlagen?‘

Er antwortete:

‚Es hat sich gelohnt. Ich habe den Kameraden einige Gebetbücher gebracht, damit sie beten können.‘ "

Fluchtversuche. Auch die Flucht aus dem KZ war eine Form des Widerstandes. Fluchtversuche wurden aus allen KZ unternommen. Aber nur wenige glückten.

Greifen wir einige Beispiele heraus:

Im Auschwitz-Nebenlager „Golleschau" gelang im November 1943 zwei Häftlingen die Flucht. Sie hatten sich im Steinbruch in Loren unter Steinen versteckt. So konnten sie entfliehen. Aus dem gleichen Nebenlager floh im April 1943 der Lagerälteste Michael Eschmann. Mit ihm flohen die jüdischen Häftlinge Brand Mautner und Hans Brand-

wein. Die drei Flüchtigen wurden gefaßt. Nach vier Wochen Bunker wurde der Nicht-Jude Eschmann ins Lager entlassen.

Für Juden gab es andere „Gesetze". Sie waren drei Wochen nach ihrer Flucht erschossen worden.

Am 25. Februar 1944 flohen die beiden jüdischen Häftlinge Moszek Weinryb und Mordka Baum. Beide waren polnische Staatsbürger. Ersterer wurde eine Woche später gefaßt und in den Bunker gesperrt. Dort verübte er Selbstmord. Über das Schicksal des zweiten Flüchtlings ist nichts bekannt.

Im Jahr 1943 floh ein tschechischer Jude, dessen Name nicht bekannt ist, aus Auschwitz. Polnische Zivilisten gaben ihm Kleider und Essen. Er gelangte bis zur tschechischen Grenze. Aber als ein leidenschaftlicher Raucher konnte er der Versuchung nicht entgehen: Er ging in einen Laden, um Zigaretten zu kaufen. Rauchwaren waren damals rationiert. Man brauchte außer Geld eine besondere Marke. Die aber hatte der Entflohene nicht. Er hatte sich verraten. Man verhaftete ihn und brachte ihn ins Lager zurück. Nach fünfzehn Tagen Bunkerarrest wurde er gehängt. Vor seinem Tod hatte er seine Geschichte einem jüdischen Mithäftling erzählt.

In diesem Fall kennt man das Datum der Hinrichtung. Die Insassen des KZ wußten natürlich nicht immer das Datum des jeweiligen Tages. Die jüdischen Insassen waren sich aber stets ihrer jüdischen Feste bewußt. Der jüdische Mithäftling Isaac Grinberg berichtete später, die Hinrichtung habe am „Tage vor dem jüdischen Versöhnungsfest" stattgefunden. Dieses Fest – Jom Kippur – fand 1943 am 9. Oktober statt. Die Hinrichtung wurde also am 8. Oktober vollzogen.

In einem der vom heutigen Museum Auschwitz herausgegebenen „Auschwitzer Hefte" heißt es: „Wenn man einen Häftling lebend ergriff, wurde er zuerst in den Bunker von Block 11 gesperrt, und während des Abendappells führte man ihn als Zirkusclown verkleidet heraus. Er ging, auf einer Trommel schlagend, längs der Häftlingsreihen und rief ‚Hurra! Ich bin wieder da!' Nach dieser Zeremonie sperrte man ihn wieder in den Bunker. Dann führte man ihn zum Verhör zur Politischen Abteilung. Es ging hauptsächlich darum, Art und Strecke der Flucht festzustellen, die Namen der Personen, die dabei geholfen hatten, zu erfahren. Die Strecke der Flucht wurde skizziert. Nach Beendigung des Verhörs wurde der Häftling entweder erschossen, am Galgen gehenkt (meist öffentlich während des Abendappells) oder zum Hungertode verurteilt."

Die Jüdin Mala Zimentbaum war im KZ Auschwitz als Dolmetscherin tätig. Sie war damals 22 Jahre alt. Sie hatte ihre Flucht lange vorbereitet. Es war ihr gelungen, eine SS-Uniform zu stehlen. Zusammen mit einem polnischen Häftling wagte sie die Flucht. Doch beim Versuch, die slowakische Grenze zu überschreiten, erregte sie den Verdacht der Zöllner. Bei der Kontrolle entdeckten sie die am Handgelenk eintätowierte Nummer: Mala Zimentbaum kam aus Auschwitz.

Beide Flüchtlinge wurden in das Lager zurückgebracht. Sie wußten, was ihnen bevorstand. Erst nach einem grausamen Verhör übergab man Malas Mitflüchtling dem Henker. Auch Mala Zimentbaum sollte gehängt werden. Das ganze Lager war zum Appell angetreten. Ein SS-Führer erklärte den Tausenden von Häftlingen, wie grausam jeder Fluchtversuch bestraft wird. Aber es kam nicht mehr zur Hinrichtung. Mit einer Rasierklinge durchschnitt die junge Jüdin sich die Schlagadern am Handgelenk. Als der Henker auf sie zutrat, schlug sie ihm mit bluttriefender Hand ins Gesicht. Sie wurde sofort weggebracht. Später wurde ihre Leiche im Krematorium verbrannt. Die Legende erzählt, sie habe dem SS-Scharfrichter zugerufen: „Ich falle als Heldin. Aber du wirst wie ein Hund verrecken!"

Auf dem Weg zur Hinrichtung

Im Juni 1942 gelang dem Häftling Hans Bonarewitz die Flucht aus dem KZ Mauthausen. Er hatte sich in einer engen Kiste, die aus dem Lager transportiert werden sollte, versteckt. Bonarewitz wurde dennoch von der SS entdeckt. Jetzt wurde die Fluchtkiste sein Gefängnis. Zehn Tage lang mußte er die Folter ertragen. Selbst noch der Weg zum Galgen sollte das Opfer demütigen. Der Häftling mußte auf einem primitiven Karren stehen. Zwei Häftlinge waren davorgespannt. Voran marschierte das „Lagerorchester". Zehn Häftlinge mußten auf Schifferklavieren und Geigen zur Verhöhnung des Opfers spielen.

Ein Krematorium geht in Flammen auf. In Auschwitz waren nicht nur Juden. In Auschwitz waren auch russische Kriegsgefangene und polnische Zivilisten. Unter ihnen bildete sich bald eine weitverzweigte Widerstandsgruppe. Deren Aktivitäten waren vielfältig. Sie ließ Kameraden Hilfe zukommen, schmuggelte Medikamente oder auch Filme ins Lager. Fotoaufnahmen wurden gemacht und nach draußen geschmuggelt. Es wurden auch die Namen von SS-Leuten und Berichte über ihre Untaten weitergegeben. Solche Nachrichten gelangten unter anderem nach London. Von dort aus wurden sie in deutscher Sprache von englischen Radiostationen aus gesendet.

Unter den Mitgliedern des Widerstands waren auch Juden. Diese fast ausschließlich aus Polen zusammengesetzte Widerstandsbewegung besaß einen großen Vorteil: Für die polnischen Häftlinge war es natürlich leichter, eine Verbindung zu der polnischsprechenden Umwelt herzustellen. Im Fall einer Flucht konnten sie leichter untertauchen. Außer der polnischen gab es noch andere, vor allem deutsche und österreichische Widerstandsgruppen.

Das Lager war streng nach außen hin abgeschirmt. Es war eine Welt für sich. Aber selbst innerhalb des Lagers waren die Juden Menschen zweiter Klasse. Sie durften keine Briefe schreiben, keine Lebensmittelpakete empfangen und waren von Vergünstigungen ausgenommen. Eine Ausnahme bildeten die Arbeitsjuden des Sonderkommandos. Sie waren für einen reibungslosen Ablauf unentbehrlich.

Wer für eines dieser Sonderkommandos ausgewählt wurde, bekam eine bessere Unterkunft und bessere Verpflegung. Doch es war nur ein Leben auf Zeit. Jeder wußte, daß eines Tages auch er selbst den Weg in die Gaskammern würde gehen müssen. Die Nationalsozialisten wollten keine Überlebenden als Zeugen für ihre Verbrechen.

Ein Arbeitskommando konnte plötzlich, ohne Vorwarnung ausgelöscht werden. Ein solcher Vorfall ereignete sich im Sommer 1944.

Anfang Mai hatte die Vergasung der ungarischen Juden begonnen. Das hierbei eingesetzte Sonderkommando zählte 952 Häftlinge. Sobald die Transporte aus Ungarn nachließen, wurde auch das Sonderkommando verringert. Zweihundert Häftlinge sollten zum Arbeitseinsatz in das Außenlager Gleiwitz gebracht werden. Tatsächlich wurden diese Häftlinge auch in Waggons verladen und mit Lebensmitteln versehen. Doch die Fahrt ging nicht nach Gleiwitz: Alle 200 Häftlinge wurden in der Nähe des Lagers in einer Baracke vergast. Die SS selbst verbrannte die Leichen in der gleichen Nacht. Als am nächsten Morgen die Arbeiter des Sonderkommandos zur Arbeit gingen, erkannten sie an Leichenteilen ihre toten Kameraden. Auch sie wußten jetzt, was ihnen bevorstand.

Wenige Wochen später sollte wieder ein „Transport nach Gleiwitz" gehen. Es handelte sich um 300 Häftlinge des zum Krematorium IV gehörenden Sonderkommandos. Salmen Lewental gehörte dem benachbarten Krematorium III an. In seinen Aufzeichnungen berichtet er über die Ereignisse:

„Als die Stunde am Mittag um 1.25 Uhr kam und sie eintrafen, um diese 300 Leute zu holen, zeigten sie einen riesigen Mut, indem sie sich nicht vom Platze rühren woll-

*Fotokopie eines in einer Geheimschrift abgefaßten Zettels, den die Widerstands-
bewegung des Lagers nach draußen schmuggelte. Auf diese Art wurde auch die
Nachricht vom Aufstand des Sonderkommandos am 9. Oktober 1944 in die
Öffentlichkeit gebracht*

ten. Sie erhoben einen lauten
Schrei, warfen sich mit Hämmern
und Äxten auf die Wächter, ver-
wundeten einige von ihnen und
schlugen die übrigen, womit sie nur
konnten und bewarfen sie einfach
mit Steinen. Man kann sich leicht
vorstellen, was die Folge davon war.
Kaum einige Augenblicke, und
schon kam eine ganze mit Maschinengewehren und Granaten bewaffnete Abteilung SS-Männer. Es waren ihrer so viele, daß auf einen
Häftling mindestens zwei Maschi-

nengewehre kamen. Eine solche Ar-
mee hatten sie gegen sie mobilisiert.
Da die unsrigen sahen, daß sie ver-
loren waren, wollten sie im letzten
Augenblick das Krematorium IV in
Brand setzen und im Kampfe um-
kommen, an Ort und Stelle unter
dem Hagel von Kugeln fallen. Und
auf diese Weise ging das ganze Kre-
matorium in Rauch auf."
Auch Krystyna Zywulska hat diesen
Aufstand miterlebt:
„Im selben Moment hörten wir
Schüsse. Wir liefen vor die Barak-

ken. Das Krematorium stand in Flammen. Von überall her liefen SS-Männer mit schußbereiten Waffen in Richtung Krematorium. Der Angriff begann. Das Krematorium wurde beschossen. Das Feuer breitete sich rasch aus. Es griff auf das Dach über und stieg schon aus dem Lüfter der Gaskammer empor. Wie hypnotisiert schaute ich auf die Schornsteine. Die symbolische Bedeutung dieses Ereignisses war so groß, daß sie alles andere überschattete. Es war unwichtig, daß andere Krematorien noch unversehrt waren. Wichtig jetzt war der Kampf selbst. Von der Rampe kam Verstärkung: SS-Männer mit Motorrädern und Fahrrädern. Sobald sie abstiegen, hörte man Schüsse vom Krematorium II. Die SS-Männer fuhren wieder in die entgegengesetzte Richtung zurück. In diesem Moment stürzte ein Schornstein des brennenden Krematoriums zusammen."

Die im Lager organisierte Widerstandsbewegung hatte einen Aufstand vorbereitet. Doch diese plötzlichen Ereignisse kamen überraschend und für das geplante Losschlagen zu früh. Es hieß, ein deutscher krimineller Kapo (Aufseher) hätte die Aufständischen belauscht und den Aufstand verraten. Salmen Lewental schrieb über ihn: „Sie warfen sich auf den Oberkapo, ei-

nen Reichsdeutschen, und warfen ihn blitzschnell lebendig in den flammenden Ofen."

Vorher schon hatten jüdische Arbeiterinnen, die in einer Munitionsfabrik arbeiteten, Sprengpulver in das Lager geschmuggelt. Damit sprengten die Aufständischen das Krematorium in die Luft. Auch andere Sonderkommandos schlossen sich den Kämpfenden an. Es gelang, den elektrisch geladenen Stacheldraht aufzuschneiden. Auch der Zaun zum Frauenlager fiel. Eine große Zahl von Häftlingen konnte ausbrechen.

Die SS in der gesamten Region wurde alarmiert. Es kam zu einem erbitterten Gefecht. Etwa 250 Flüchtende verschanzten sich in einer Scheune. Die angreifende SS warf Handgranaten. Die Scheune ging in Flammen auf. Die Versteckten wurden mit Maschinengewehren niedergemetzelt. Bei dem Aufstand kamen 451 Angehörige des jüdischen Sonderkommandos ums Leben, etwa 500 konnten sich retten. Getötet wurden drei SS-Unterscharführer; zwölf SS-Männer wurden verwundet. Das von den Juden gesprengte Krematorium konnte nicht mehr benutzt werden.

Aufstände gab es auch in den KZ Sobibor und Treblinka.

Anfang September 1943 war ein Transport russischer Kriegsgefangener nach Sobibor gebracht worden. Unter den Gefangenen waren viele Juden. Einer mit Namen Sascha Pechorsky bewährte sich als Anführer. Als der Winter nahte, ließen sich die deutschen und ukrainischen Bewacher bei den Handwerkern des Lagers Winteruniformen machen. Dies nutzte Sascha Pechorsky aus. Er wandte sich an die im Lager für die SS tätigen Handwerker: Schneider, Schuhmacher und an die Magazinverwalter. Sie sollten zu einem verabredeten Zeitpunkt die SS-Leute in ihre Werkstätten bestellen und durch einen Axthieb töten. So geschah es auch. Es war der 14. Oktober 1943. Zwei polnische Juden hatten der SS mehrere Pistolen entwendet. Dann wurde die Maschinengewehrstellung gestürmt und schließlich die Waffenkammer aufgebrochen. Die Gefangenen bewaffneten sich und brachen aus dem Lager aus. Es kam zu einem Gefecht zwischen den Flüchtenden und der ukrainischen SS. Von den 300 Entflohenen fielen etwa 200 im Kampf. Etwa 100 Häftlinge konnten entkommen. Außerhalb des Lagers schlossen sie sich den gegen die deutschen Truppen kämpfenden Partisanen an.

Auch im KZ Treblinka hatte sich eine Widerstandsgruppe gebildet. In ihr hatten sich vor allem polnische Juden organisiert. Es war ihnen gelungen, einen Nachschlüssel zur Munitionskammer zu beschaffen. Durch Geld und Wertsachen konnten einige der ukrainischen SS-Helfer bestochen werden. So war man in den Besitz von Waffen gekommen. Die Verschwörer arbeiteten einen genauen Plan aus. Zunächst sollten einige SS-Bewacher getötet werden. Dann sollte es gelingen, die polnischen Gefangenen im benachbarten Lager zu befreien. Das gesamte Lager sollte in Brand gesetzt werden. So der Fluchtplan.

Als Tag des Aufstandes war der 2. August 1943 vorgesehen. Es war Hochsommer. Ein großer Teil der ukrainischen SS-Mannschaften war außerhalb des Lagers zum Baden in der Bug.

Zwei Stunden vor der festgesetzten Zeit verteilte man die Waffen. Unglücklicherweise wurden zwei der Verschwörer von der SS ertappt. Es mußte sofort gehandelt werden. Der Anschlag auf einen SS-Mann mit einer erbeuteten Handgranate war das verabredete Zeichen. Die Waffenkammer wurde gestürmt. Zweihundert Häftlinge bewaffneten sich. Zahlreiche Lagergebäude, darunter auch der Bahnhof und die Gaskammer, wurden mit Benzin übergossen, angezündet und vernichtet. Nachdem die Stacheldrahtumzäunung niedergerissen war, konnten die Aufständischen ausbrechen. Die

SS-Bewacher erholten sich erst allmählich von der Überrumpelung.
Jetzt kam von allen Seiten Verstärkung herbei. Die Ausgebrochenen
wurden umzingelt. In erbitterten
Gefechten wurden sie niedergerun-
gen. Nur wenige entkamen.

Fallschirmjäger aus Palästina.
Jüdischen Widerstand gab es nicht
nur in den Konzentrationslagern. In
den meisten der von deutschen
Truppen besetzten Ländern gab es
Widerstandsbewegungen, so vor allem in Rußland, Frankreich, Belgien
und Holland. In Rußland schlossen
sich jüdische Widerständler den
Partisanen an, die hinter der deutschen Front kämpften. In Holland
fand der jüdische Widerstand in der
Bevölkerung eine starke Unterstützung. In der großen französischen
Widerstandsbewegung war jeder
fünfte ein Jude.

Widerstand gab es überall und in
den verschiedensten Formen, gleich
ob man die Verbrechen in Tagebü-
chern und dergleichen für die
Nachwelt aufschrieb, Verfolgte ver-
steckte, in Gettos Schulen einrichtete, verbotene Nachrichten verbreitete, Anschläge ausführte oder mit der
Waffe kämpfte. In Palästina – der
Staat Israel war noch nicht gegründet – bildete sich unter den einge-
wanderten Juden ebenfalls eine Widerstandsgruppe. Zwölf junge Männer bewiesen ihren Mut und Opfer-

bereitschaft: mit Fallschirmen sprangen sie über Ungarn und Rumänien
ab. Sie wollten mit den Unter-
grundbewegungen Verbindung auf-
nehmen.

Widerstand gab es auch unter den –
nur noch wenigen – deutschen Juden, die man noch nicht in den
Osten verschleppt hatte. Noch waren nicht alle Juden deportiert worden. Viele waren „untergetaucht". Es
gelang ihnen, sich oft jahrelang versteckt zu halten. In Berlin lebte ein
junges jüdisches Ehepaar, Herbert
und Marianne Baum. Sie bildeten
eine Widerstandsgruppe. Als „Gruppe Baum" wurde sie bekannt. Zu jener Zeit sollte in Berlin eine große
Ausstellung stattfinden. Titel: „Das
Sowjetparadies". Mitglieder der
„Gruppe Baum" besichtigten die
Ausstellung. Dabei kam einigen der
Gedanke, die Ausstellung anzuzün-
den. Es ergab sich eine Diskussion.
Die einen meinten, das Objekt sei
nicht groß genug; es lohne nicht die
Gefährdung so vieler Menschen.
Andere waren der Meinung, daß
Juden dabei nicht mitwirken soll-
ten. Sollte es der Gestapo gelingen,
den Anschlag zu entdecken, hätten
alle jüdischen Bürger Berlins mit
Vergeltungsmaßnahmen zu rechnen.
Doch der Plan war bereits verraten.
In die Widerstandsgruppe hatte sich
ein Spitzel der Gestapo eingeschli-
chen. Die Ausstellung ging dennoch

in Flammen auf. Die Zeitungen aber verschwiegen den Brand. Nach und nach wurden alle Angehörigen der „Gruppe Baum" gefangengenommen, verurteilt und hingerichtet.

Zu den Brandstiftern zählten auch fünf Juden. Für jeden dieser fünf ergriff die Gestapo in Berlin 100 jüdische Bürger. Diese 500 Männer wurden nach Lichterfelde gefahren. Dort wurde jeder zweite erschossen. Die anderen wurden in ein KZ deportiert und vergast. Am Tag nach der Erschießung wurden die Familien aller Verhafteten in Berlin festgenommen, nach Auschwitz gebracht und vergast.

Der Schriftsteller Günter Weisenborn schreibt in seinem Buch „Der lautlose Aufstand":

„Für den Heldenmut, die tragische Gelassenheit und religiöse Inbrunst jüdischer Widerstandskämpfer haben sich viele Beispiele gefunden."

Doch nicht nur Juden leisteten Widerstand. Es gab auch Christen, die Juden halfen.

Berlin 1942. Ein altes jüdisches Ehepaar hat keine Kraft mehr, sich der Hetze zu erwehren. Sie sind bereit, durch Gas ihrem Leben ein Ende zu machen. Eine Mitbewohnerin riecht das Gas. Der Hausmeister weigert sich, die Tür zur Wohnung des Ehepaars gewaltsam zu öffnen. Die Mitbewohnerin – ihr Name ist Elisabeth Schumacher – bittet einen gleichfalls im Haus wohnenden Gelehrten um Hilfe. Mit Hilfe eines Seils will der zur Hilfe bereite Mann vom 3. in den 2. Stock klettern und versuchen, in die Wohnung des Ehepaars einzusteigen. Das Seil reißt, der Mann – sein Name ist Philipp Schaeffer – stürzt ab. Mit mehreren Knochenbrüchen wird er in ein Krankenhaus gebracht. Sofort nach der Genesung wird er verhaftet.

Philipp Schaeffer wurde im Alter von 45 Jahren zum Tode verurteilt und hingerichtet.

1945 – Das Ende

Etwa vom Anfang des Jahres 1943 an nahm der Krieg eine Wende. Die deutschen Truppen mußten an allen Fronten zurückweichen. Die Rote Armee drang im Osten vor, die Amerikaner landeten in Italien und später mit den Engländern in Frankreich.

Das Herrschaftsgebiet der Nationalsozialisten wurde immer kleiner. Schließlich näherte sich die Rote Armee den Konzentrationslagern im Osten. Was sollte nun aus den noch lebenden Häftlingen werden? Konnten sie mit der herbeigesehnten Befreiung rechnen – oder würden sie noch in den letzten Monaten des Krieges ein Opfer der Nationalsozialisten, die keine Zeugen für ihre Verbrechen am Leben lassen wollten?

Die meisten und größten KZ lagen in Polen. Ihre Insassen waren die ersten, die mit einer Befreiung rechnen konnten. Am 22. Juli 1944 – elf Monate vor Kriegsende – besetzten russische Truppen das KZ Maidanek. Durch Überstellungen in andere Lager und Massentötungen von Juden war das Lager vorher geräumt worden. Die letzten 1000 Insassen wurden nach Auschwitz in Marsch gesetzt. Es war der erste von vielen noch folgenden „Todesmärschen". Von den 1000 Häftlingen kamen in Auschwitz 698 an – 302 waren unterwegs verhungert oder erschossen worden.

Bei der Befreiung des Lagers Maidanek war es zum erstenmal gelungen, Teile der Wachmannschaften der SS gefangenzunehmen. Sie wurden in Polen vor Gericht gestellt. Jetzt konnte es keine Zweifel mehr geben: Die entsetzlichen Verbrechen der Nationalsozialisten wurden in der ganzen Welt bekannt. Dieser erste Prozeß gegen SS-Wachmannschaften fand im November in Lublin statt. Von den Verurteilten erhielten 14 die Todesstrafe, einer wurde zu lebenslänglichem Kerker verurteilt. Die anderen erhielten Freiheitsstrafen von 5–25 Jahren. Später fanden eine

Reihe von Kriegsverbrecherprozessen gegen SS-Wachmannschaften statt, so in Krakau, Hamburg und Dachau. Doch viele konnten in den Wirren des Kriegsendes untertauchen und wurden spät oder gar nicht entdeckt und vor Gericht gestellt.

Am 22. Januar 1945 begann die SS, das Lager Stutthof zu räumen. Die 25 000 Gefangenen wurden in Kolonnen von je 1000 Häftlingen nach Westen in Marsch gesetzt. In einer Dokumentation des heutigen Museums Stutthof heißt es dazu: „So begann der qualvolle Weg für 25 000 Gefangene. Für die meisten war es der letzte Weg. Es war der berühmte ‚Todesmarsch', der zusammen mit der Evakuierung auf See 20 000 Menschenleben kostete. Von Osten hörte man die Artilleriegeschosse, den Angriff der sowjetischen Armee. Und die Gefangenen, sie waren hungrig, elend, verfroren, krank, sie schleppten sich durch den hohen Schnee, von den Wachmännern mit Gewehren angetrieben. Die zurückblieben, wurden erschlagen. Die nächsten Kolonnen marschierten über die Leichen der vorangegangenen."

Eine Reihe der Gefangenen sollte über den Seeweg in deutsche Häfen wie Lübeck und Kiel gebracht werden. Der SPD-Politiker Georg Leber erinnerte sich 28 Jahre später:

Bergen-Belsen nach der Befreiung

„Am 30. Januar 1945 lag ich mit meiner Einheit – ich war Unteroffizier – in Heiligenbeil in Ostpreußen. In einem von Stacheldraht umzäunten Lager ganz in der Nähe waren einige hundert Jüdinnen. Sie zogen morgens mit ihren Bewachern in Kolonnen mit Hacken und Spaten los, um in dem metertief gefrorenen Boden Löcher und Gräben zu machen. Sie waren vom Hunger ausgemergelt, schützten sich mit Zeitungspapier unter ihren Kleidern vor der Kälte.

Am Abend konnten wir aus 300 Meter Entfernung sehen, wie diese Frauen stundenlang in der Kälte auf eine Suppe warten mußten. Und wir hörten ihre Schreie, wenn die Wärter schlugen.

Am nächsten Tage wurde ich verwundet. Auf dem Hauptverbandsplatz in Pillau erfuhr ich: die Jüdinnen aus dem Lager waren alle auf ein Schiff gebracht worden, das mit den Frauen gesprengt und im kalten Wasser der Ostsee versenkt worden war."

Mit dem Vorrücken der sowjetischen und alliierten Truppen wurden nach und nach alle KZ geräumt, so Bergen-Belsen am 15. April 1945, wenige Tage später Flossenbürg und Ravensbrück, schließlich

Dachau, um nur einige zu nennen.

Ein besonders grausames Schicksal erwartete die Häftlinge des Lagers Neuengamme südlich von Hamburg. Von drei Seiten näherten sich englische und amerikanische Truppen. Für den „Todesmarsch" gab es nur eine Richtung: nach Norden an die Ostsee. Die Gefangenen wurden in Neustadt auf drei Schiffe verladen: die „Athen", die „Thielbek" und die „Cap Arcona".

Tagelang lagen die Schiffe in der Ostsee. Fürchterliche Szenen spielten sich ab. Es mangelte an Wasser und Essen. Krankheiten griffen um sich.

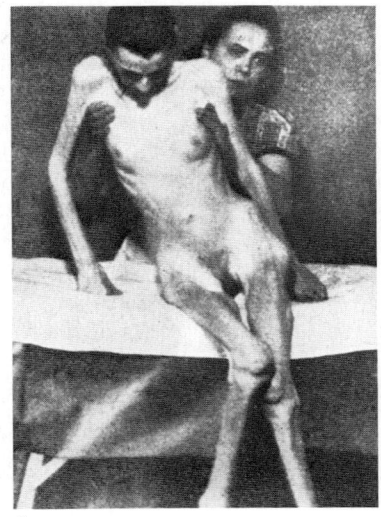

Überlebende

Es war der 3. Mai, wenige Tage vor Kriegsschluß. Um 14.30 Uhr überflog eine Staffel englischer Jagdbomber die Schiffe. Zu diesem Zeitpunkt lag die „Athen" im Hafen von Neustadt, die „Cap Arcona" und die „Thielbek" lagen außerhalb auf See. Die Jagdbomber griffen mit Bomben und Bordwaffen die beiden Schiffe an. Die „Thielbek" wurde schwer getroffen und sank nach kurzer Zeit mit 3000 KZ-Häftlingen an Bord. Die „Cap Arcona" konnte wegen der geringen Wassertiefe nicht sinken. Brände brachen aus. Die meisten Häftlinge kamen nicht mehr an Deck. Bei dem Versuch, sich zu retten, ertranken viele.

Auch von Auschwitz aus setzte sich ein „Todesmarsch" in Bewegung, von jenem KZ, über das der israelische Generalstaatsanwalt Hausner schrieb: „Die Hauptproduktion des Lagers war der Tod. In den drei Jahren seiner Tätigkeit wurden hier dreieinhalb Millionen Menschen vernichtet."

Jehuda Bakon kam als Junge von 14 Jahren nach Auschwitz. Im Eichmann-Prozeß sagte er als Zeuge über den Todesmarsch aus:

Generalstaatsanwalt: „Dann wurden Sie von Auschwitz nach Mauthausen gebracht. Wann kamen Sie in Mauthausen an?"

Nach der Befreiung fand man in den KZ riesige Lager mit Kleidungsstücken und Gegenständen aus dem Besitz der Opfer. Aufbewahrt hatte man auch ihre Brillen

Zeuge: „Ich verließ Auschwitz am 18. Januar 1945. Dieser Marsch war schauerlich, daß wir Kinder immer sagten: ‚Gut, daß unsere Eltern mit Gas vernichtet wurden und das nicht mehr mitmachen müssen, was wir durchmachen.'

Wir gingen einige Tage. Leute, die keine Kraft mehr hatten, weiterzugehen, fielen einfach nieder. Wir gingen weiter. Später fuhr man uns mit Waggons. In Mauthausen kamen wir Anfang Februar an."

Generalstaatsanwalt: „Wie waren die Bedingungen in Mauthausen?"

Zeuge: „In Mauthausen hatte man wohl nicht mehr die Angst vor dem Gas, aber wir waren derart ermattet, daß sehr viele Leute vor Schwäche und Hunger starben. Auch war es sehr eng. Man hatte gar keine Möglichkeit, sich zu waschen. Oft töteten wir 200 Läuse auf einmal. Wir waren verschmutzt und voll Ungeziefer. Ich konnte manchmal einfach nicht mehr aufstehen, mir war schwindelig, ich sah nicht vor Schwäche."

Generalstaatsanwalt: „Sahen Sie irgendeine schreckliche Erscheinung?"

Zeuge: „Ende März oder Anfang April kamen wir in ein Lager, dessen Bedingungen noch grauenhafter waren. Es war so eng, daß die Leute es vorzogen, im Freien zu schlafen. Einmal gab es einen Luftangriff – in der Nähe des Lagers war SS – und eine Bombe fiel in das Patientenlager. Ich sah am nächsten Tage Stücke Fleisch herumliegen, die einmal zu Menschen gehörten."

Generalstaatsanwalt: „Die Gefangenen dieses Lagers aßen Fleisch von anderen Gefangenen?"

Zeuge: „Jawohl."

Generalstaatsanwalt: „Lebende Häftlinge aßen Fleisch von toten Häftlingen, die bei einem Luftangriff getötet wurden?"

Zeuge: „Jawohl."

Heinz Galinski, langjähriger Vorsitzender der Jüdischen Gemeinde Berlin, schilderte im Jahre 1983 – 38 Jahre danach – denselben „Todesmarsch", wie er ihn erlitten hat: „Am 30. Januar 1945 war ich fast tot. Am 27. war Auschwitz, wohin ich im Februar 1945 gekommen war, von den anrückenden Russen aufgelöst worden. Wir Überlebende waren auf dem ‚Todesmarsch' nach Westen, in Lumpen gestreiften Häftlingsjacken und -hosen, offene Holzpantinen, schleppten wir uns bei über 20 Grad Frost über schneeverwehte Landstraßen nach Westen.

Schüsse, rauhe Schreie – wer nicht mehr konnte, wurde von der SS erschossen. Schnee deckte die Leichenbündel zu. An diesem 12. Jahrestag nach Hitlers Machtergreifung dachte ich an meinen Vater: tot! Meine Mutter: tot! Meine Frau: tot!

Ich stolperte vorwärts, dachte nur eins: Du hast Auschwitz überlebt, du wirst auch das überleben, um erzählen zu können, wie es war."

Und die Täter?

Wir hörten schon von den Prozessen, die unmittelbar nach Kriegsende stattfanden: von dem Prozeß gegen die Hauptkriegsverbrecher in Nürnberg, den Prozessen gegen SS-Wachmannschaften und gegen Rudolf Höß in Polen, von Prozessen vor englischen, amerikanischen und sowjetischen Militärgerichten. Zu den zum Tode Verurteilten gehörten der Auschwitz-Kommandant Höß und der Herausgeber des „Stürmer" Streicher. Der Verantwortung durch Selbstmord entzogen hatten sich Goebbels und Hitler, zwei Wochen nach Kriegsende auch Himmler.

Wir hörten aber auch, daß viele Nazi-Verbrecher in den Wirren der letzten Kriegsmonate und der unmittelbaren Nachkriegszeit untertauchen konnten. Manche wurden spät doch noch entdeckt und bestraft, wie Adolf Eichmann, den der israelische Geheimdienst in Südamerika aufspürte und nach Israel entführte, wo er 1961 vor Gericht gestellt und 1962 hingerichtet wurde. Manche blieben verschwunden, wie der berüchtigte KZ-Arzt Dr. Mengele, den man immer in Südamerika vermutete, dessen Aufenthaltsort aber erst 1985 nach seinem Tod, entdeckt wurde.

Auch in Deutschland wurden schon bald nach dem Krieg Nazi-Verbrecher vor Gericht gestellt und verurteilt. Aber erst 1958 begann man in der Bundesrepublik, die im Zusammenhang mit der nationalsozialistischen Gewaltherrschaft begangenen Verbrechen systematisch aufzuklären und zu verfolgen. So kam es zu den großen bundesrepublikanischen Prozessen erst in den sechziger und siebziger Jahren. Benannt wurden diese Prozesse meist nach dem Ort der Verbrechen, die die Angeklagten begangen hatten: Der Chelmno-Prozeß fand 1962/63 statt, die Treblinka-Prozesse 1964/65 und 1970, der Belzec-Prozeß 1965, der Sobibor-Prozeß 1965/66 und der vielleicht bekannteste, der Auschwitz-Prozeß (bzw. die Auschwitz-Prozesse) von 1963–66. Noch später fand der Maidanek-Prozeß in Düsseldorf statt: von 1975–1982.

Das Hauptproblem dieser Prozesse war denn auch die lange Zeit, die seit den Verbrechen vergangen war. Nach bundesrepublikanischem Recht genügte für eine Verurteilung nicht, daß jemand nachgewiesenermaßen etwa zur Wachmannschaft eines Vernichtungslagers gehört hatte. Vielmehr mußte ihm die persönliche Beteiligung an den dort begangenen Verbrechen nachgewiesen werden. Es ging in den Prozessen um die „individuelle Schuld" der Angeklagten. Die aber war schwer zu bestimmen. Die Angeklagten selbst sahen sich fast ausnahmslos als „Rädchen im Getriebe", als Befehlsempfänger, die funktionieren mußten, weil sie sonst selbst bestraft worden wären. Sie waren beteiligt am Massenmord und sahen sich selbst doch nicht als Mörder. Die Zeugen wiederum hatten dem Massenmord zusehen müssen und sollten sich nun an Morde, an Mörder, an Gesichter und Einzelheiten erinnern. Nach so langer Zeit war das schwer. Die Urteile zeigen es. Zwar wurden viele Angeklagte wegen Mordes oder gemeinschaftlichen Mordes zu lebenslänglichen Freiheitsstrafen verurteilt. Aber es gab auch Urteile wie das gegen den Angeklagten Alfred I. im Sobibor-Prozeß: Alfred I. wurde „wegen gemeinschaftlicher Beihilfe zum Mord an einer unbestimmten Vielzahl, mindestens an 68 000 Menschen" zu vier Jahren Zuchthaus verurteilt.

Warum aber hatte das alles so lange gedauert? Das ist eine Frage, die oft gestellt wurde. Sie zu beantworten, bräuchte fast ein Buch für sich, und viele Gründe wären darin zu nennen. Doch bei allen Problemen, die sich der Justiz bei der Verfolgung von Nazi-Verbrechern stellten, darf eins doch behauptet werden: Die Prozesse hätten früher stattfinden können, hätte die Bundesrepublik Deutschland, hätten die Bürger dieses Staates die Verfolgung und Bestrafung von Nazi-Verbrechen als eine ihrer Hauptaufgaben angesehen. Wollte man mit diesen Dingen nichts zu schaffen haben, hat man vergessen und verdrängt, weil mit den zweifellos schuldigen Tätern die Frage nach der eigenen Schuld in den Blick hätte rücken können?

Die Zeit ist absehbar, da es keine Nazi-Täter mehr geben wird und keine Zeugen, die gegen sie aussagen könnten. Die Frage nach der Schuld derer, die nicht direkt an den Nazi-Verbrechen beteiligt waren, die von diesen Verbrechen oder jedenfalls von deren Ausmaß nichts wußten, wird bleiben. Zur Zeit des Auschwitz-Prozesses wurde diese Frage vielleicht zum erstenmal ausführlich in der deutschen Öffentlichkeit diskutiert. Der Rat der Evangelischen Kirche in Deutschland hat sie in einem Wort zum Auschwitz-Prozeß so beantwortet: „Auch der Bürger, der an den Verbrechen nicht beteiligt war, ja, nichts von ihnen wußte, ist mitschuldig geworden, weil er lässig war gegen die Verkehrung aller sittlichen Maßstäbe und Rechtsnormen in unserem Volk."

Nach dem Holocaust

Juden und Deutsche

Von den jüdischen Gemeinden Deutschlands und Polens, die vor dem Zweiten Weltkrieg Zentren des europäischen Judentums waren, existieren heute nur noch wenige. Der Vernichtungspolitik der Nationalsozialisten fielen sechs Millionen Juden zum Opfer; das war ein Drittel der jüdischen Weltbevölkerung. Heute leben in der Bundesrepublik Deutschland 30 000 Juden, in der Deutschen Demokratischen Republik etwa 3000. 1933, im Jahr als Adolf Hitler Reichskanzler wurde, lebten 500 000 Juden in Deutschland.

Die Beziehungen zwischen Juden und Deutschen sind belastet von der Vergangenheit, von den Verbrechen, die Deutsche an Juden begangen haben. Erste Versuche, miteinander zu sprechen, gab es schon bald nach dem Ende der Nazi-Herrschaft. Es waren zaghafte und vorsichtige Versuche. Die Juden waren skeptisch und mißtrauisch – und sind es oft bis heute. Die Bundesrepublik hat ihre moralische Verantwortung gegenüber dem jüdischen Volk und dem Staat der Juden, Israel, anerkannt. Ein Zeichen dafür ist die völkerrechtliche Regelung der materiellen Folgeschäden, die die Judenpolitik der Nationalsozialisten verursacht hat. Am 10.9. 1952 wurde zwischen Israel und der Bundesrepublik ein Vertrag geschlossen, das sogenannte „Wiedergutmachungsabkommen", das die Bundesrepublik zu Entschädigungsleistungen verpflichtete. Die Bundesrepublik lieferte Waren und zahlte Gelder, die beim Aufbau des neuen Staates Israel dringend gebraucht wurden. Dieses Abkommen lief bis 1965. Aber auch danach leistete die Bundesrepublik individuelle Hilfe. Zwischen der einstigen Deutschen Demokratischen Republik und Israel ist ein vergleichbares Abkommen nicht geschlossen worden. Entschädigung haben nur jüdische Bürger der DDR erhalten.

Materielle Entschädigung ist es freilich nicht allein, was Juden von Deutschen erwarten dürfen, und „Wiedergutmachung" ist in diesem Zusammenhang ein schlecht gewähltes Wort. Wie könnte durch materielle Leistungen, wie könnte überhaupt jemals die Ermordung von Millionen Menschen „wiedergutgemacht" werden? Die entscheidende Forderung der Juden ist denn auch, daß wir Deutschen uns unserer Vergangenheit stellen, daß wir den Holocaust nicht zu vergessen versuchen und daß wir aus der Erinnerung daran Konsequenzen ziehen für unser Handeln.

Jüdische Menschen nicht nur in Deutschland, sondern auch in Israel und in aller Welt beobachten sehr aufmerksam, wie wir Deutschen es mit unserer Vergangenheit halten. Sie haben den Kniefall des Bundeskanzlers Willi Brandt vor dem Mahnmal des Warschauer Gettos gesehen. Aber sie sahen auch, wie Prozesse gegen Nazi-Verbrecher verschleppt wurden, bis sie viel zu spät und manchmal gar nicht mehr stattfinden konnten. Sie wissen, daß in der Bundesrepublik bis auf den heutigen Tag nicht ein Jurist wegen der Unrechtsurteile, die er als Nazi-Richter fällte, selber verurteilt und bestraft wurde. Sie sahen im Gegenteil, wie Richter, die Menschen wegen „Rassenschande" ins Gefängnis, ins KZ und in den Tod geschickt hatten, in der Bundesrepublik weiter Recht sprachen. Und sie konnten und können nicht nur unter Juristen solche bruchlosen Karrieren beobachten, sondern auch unter Ärzten, Wissenschaftlern, Publizisten,

Künstlern. Vor diesem Hintergrund werden die Ängste und die Warnungen vieler Juden vor einem Wiederaufleben des Antisemitismus verständlich. Im Mai 1945 sind weder die Nazis, noch ist der Antisemitismus spurlos aus Deutschland verschwunden. Weil die Juden das wissen, können sie weder neo-nazistische Umtriebe noch Versuche, den Holocaust durch den Hinweis auf andere Greuel der Menschheitsgeschichte zu verharmlosen, als im Grunde unbedeutende Verirrungen einzelner Unverbesserlicher ansehen. Für sie sind das bedrohliche Symptome. Es ist an uns Deutschen zu beweisen, daß ihre Befürchtungen unbegründet sind.

Die Juden in der Welt

Juden leben auch heute in aller Welt. Das religiöse und kulturelle Leben dieser Gemeinden ist lebendig und vielfältig. Überall halten sie an ihren Überlieferungen, ihren Gebräuchen und ihrer Religion fest. In fast allen Ländern, wo Juden leben, unterscheiden sie sich in ihrem Aussehen kaum von der jeweiligen Bevölkerungsmehrheit. Sie sind keine Rasse mit ganz bestimmten Eigenschaften. Sie sind Juden, weil sie sich auf eine gemeinsame Geschichte und eine gemeinsame Religion berufen. Insgesamt gibt es heute ungefähr 13–14 Millionen Juden. Das sind noch immer weniger als vor dem Holocaust der nationalsozialistischen Konzentrationslager.

Die Schwerpunkte des jüdischen Lebens liegen nicht mehr in Europa, sondern in den USA und in Israel. Fast die Hälfte aller Juden lebt heute in den Vereinigten Staaten von Amerika. Ungefähr 2,5 % aller Amerikaner sind Juden. Wenn man so will, ist New York mit einer jüdischen Bevölkerung von 2,5 Millionen die mit weitem Abstand größte „jüdische Stadt" der Welt. Der Einfluß der amerikanischen Juden in Kultur und Wissenschaft, in Wirtschaft und Politik ist groß. Diesen Einfluß machen sie auch bei der amerikanischen Regierung in allen Fragen der Politik gegenüber dem jüdischen Nationalstaat Israel geltend. Heute erhält Israel Jahr für Jahr von den Vereinigten Staaten eine Militär- und Wirtschaftshilfe von 4 Milliarden Dollar. Ohne diese große wirtschaftliche und militärische Hilfe wäre das Überleben des Staates Israel sehr viel schwieriger.

Der Staat der Juden: Israel

Der Staat Israel besteht seit Mai 1948. In dieser kurzen Zeit wurde ein Land mit modernen Industrien und einer leistungsfähigen Landwirtschaft aufgebaut. Die Landwirtschaft Israels deckt heute ungefähr 75 % des Eigenbedarfs, und das, obwohl ein großer Teil des Landes Wüste ist.

Israel ist auch heute, wie von den Zionisten erhofft, Zufluchtsstätte für alle verfolgten Juden. Vor allem Juden aus der ehemaligen Sowjetunion, die dort noch immer benachteiligt werden, suchen in Israel eine neue, sichere Heimat. Israel ist für die große Mehrheit der Juden, auch wenn sie nicht nach Israel auswandern wollen, das Zentrum jüdischen Lebens. Es hat heute etwa 3,3 Millionen jüdische Bürger.

Aber Israel, das verfolgte Juden aus aller Welt als einen Staat des Friedens und der Sicherheit ersehnt hatten, ist kein Land des Friedens. Blutige Auseinandersetzungen, ja sogar eine Reihe von Kriegen gehören seit den ersten Einwanderungen von Juden zur Wirklichkeit Israels. Will man diese Wirklichkeit verstehen, ist ein Blick zurück in die Geschichte des jüdischen Staates notwendig.

Wir hörten schon, daß Palästina seit dem Ersten Weltkrieg britisches Mandats-, also Herrschaftsgebiet war. Die dort lebenden Araber hatten, wie die zugewanderten Juden, kein Selbstbestimmungsrecht. Wir hörten auch, daß es schon früh zu Auseinandersetzungen zwischen den palästinensischen Arabern und den Juden kam. Die Engländer waren seit Lord Balfour prinzipiell für die Errichtung eines jüdischen Staates, jedenfalls einer jüdischen „Heimstätte", wie es in der „Balfour-Erklärung" hieß. Aber wie genau dieser Staat oder diese Heimstätte errichtet werden könnte, wußten sie nicht.

Damit der Konflikt zwischen Juden und Arabern nicht eskalierte, erschwerte man die Einwanderungsbedingungen für die Juden. So mußten zwischen 1933 und 1939 eintausend englische Pfund für ein Einreisevisum bezahlt werden – für die oft ohne Hab und Gut aus Deutschland flüchtenden Juden ein hoher Preis. Dennoch emigrierten in dieser Zeit etwa 40 000 deutsche Juden nach Palästina. Noch schwerer traf die Juden vor allem in Deutschland und später in den von Deutschland eroberten Gebieten, daß die Engländer 1939 eine generelle Einwanderungsbeschränkung beschlossen: nur 75 000 Juden sollten innerhalb der nächsten fünf Jahre in Palästina einwandern dürfen. Vorausgegangen waren bewaffnete Aufstände der Araber, die einen Einwanderungsstopp verlangten.

Diese Beschränkung hob die englische Regierung auch während des Zweiten Weltkrieges und des Holocaust nicht auf – ja, sie blieb sogar nach 1945 noch bestehen, als die aus den Konzentrationslagern befreiten Überlebenden der nationalsozialistischen Vernichtungspolitik nach Palästina kommen wollten. Berstend volle Schiffe mit ehemaligen Häftlinge fuhren nach Palästina, doch die Menschen durften nicht an Land gehen. Manche Schiffe wurden nach Zypern geschickt – wo man die eben befreiten Häftlinge in Lagern unterbrachte. Besonders bekannt wurde der Fall der „Exodus", auf der sich 4500 jüdische Einwanderer drängten. Sie wurde von den Engländern aufgebracht und in den Hafen von Haifa geschleppt. Aber die Einwanderer durften nicht von Bord. Nach monatelanger Irrfahrt wurde das Schiff nach Europa zurückgeschickt.

Zur selben Zeit wurden die Spannungen zwischen Juden und Arabern in Palästina immer größer. Es kam zu bürgerkriegsähnlichen Auseinandersetzungen. Die Mandatsmacht England war nicht mehr Herr der Lage. Sie beantragte 1947, daß die Vereinten Nationen versuchen sollten, eine für alle Seiten annehmbare Lösung zu finden.

Die Vereinten Nationen schlugen noch im selben Jahr vor, daß Palästina in zwei voneinander unabhängige Staaten, einen jüdischen und einen palästinensischen, aufgeteilt werden sollte. Jerusalem, die Stadt, die Juden, Christen und Moslems

Jüdische Einwanderer auf dem Weg nach Palästina

gleich heilig ist, sollte einen internationalen Status erhalten. In der Nacht vom 14. auf den 15. Mai 1948 sollte das englische Mandat in Palästina enden. Wie der Teilungsplan verwirklicht werden könnte, wußte zu diesem Zeitpunkt niemand. Die Juden aber beschlossen zu handeln. Nun, da ihr Recht auf einen eigenen Staat von den Vereinten Nationen anerkannt war, erklärten sie ihre Unabhängigkeit. Am 14. Mai 1948 verlas David Ben Gurion in Tel Aviv die Unabhängigkeitsurkunde. Darin heißt es:

In Erez Israel stand die Wiege des jüdischen Volkes; hier wurde sein geistiges, religiöses und politisches Antlitz geformt; hier lebte es ein Leben staatlicher Selbständigkeit; hier schuf es seine nationalen und universellen Kulturgüter und schenkte der Welt das unsterbliche „Buch der Bücher".

Mit Gewalt aus seinem Lande vertrieben, bewahrte es ihm in allen Ländern der Diaspora die Treue und hörte niemals auf, um Rückkehr in sein Land und Erneuerung seiner politischen Freiheit in ihm zu beten und auf sie zu hoffen.

. . .

Wir, die Mitglieder des Volksrates, die Vertreter der jüdischen Bevölkerung Palästinas und der Zionistischen Bewegung, sind daher heute, am Tage der Beendigung des britischen Mandats

über Erez Israel, zusammengetreten und proklamieren hiermit kraft unseres natürlichen historischen Rechtes und auf Grund des Beschlusses der Vollversammlung der Vereinten Nationen die Errichtung eines jüdischen Staates in Erez Israel, des Staates Israel.

Zum Zeitpunkt der Staatsgründung lebten in Palästina etwa 700 000 Juden und 1,2 Millionen Araber. Hinzu kamen etwa 125 000 „andere", wie zum Beispiel Christen.

Die Araber hatten schon den Teilungsplan der UNO abgelehnt. So konnten sie auch mit der Staatsgründung Israels nicht einverstanden sein. Nur einen Tag nach der Unabhängigkeitserklärung griffen die Armeen der arabischen Nachbarstaaten Ägypten, Transjordanien, des Irak, Syriens und des Libanon Israel an.

Die Israelis konnten sich in diesem Krieg, dem sogenannten „Unabhängigkeitskrieg", gegen die Übermacht behaupten. Es gelang ihnen sogar, zusätzliches Land zu erobern, d.h. Israel besaß nach diesem Krieg ein größeres Territorium, als die UNO in ihrem Teilungsplan vorgesehen hatte.

Die alteingesessenen Palästinenser flohen aus dem von Israel besetzen Land. Hunderttausende mußten in Flüchtlingslagern der Nachbarstaaten untergebracht werden. Diese La-

David Ben Gurion verliest die Unabhängigkeitsurkunde

ger gibt es noch heute. Ihre Bewohner leben oft unter kaum erträglichen Bedingungen. Noch immer sind sie auf Hilfe angewiesen. Die Flüchtlingslager sind daher ein wirtschaftliches und politisches Problem für die Aufnehmerländer. Zugleich liegt hier eine der Ursachen für die ständige Unruhe im Nahen Osten. Wer in einem Lager lebt, hat noch keine neue Heimat gefunden. Viele palästinensische Araber haben die Hoffnung nicht aufgegeben, eines Tages wieder in ihre alte Heimat zurückzukehren.

Nach dieser ersten großen Auseinandersetzung zwischen Arabern und Juden gab es nur einen Waffenstillstand, jedoch keinen Friedensvertrag. Nach wie vor weigerten sich die arabischen Staaten, die staatliche Existenz Israels anzuerkennen. Erneute Feindseligkeiten brachen 1956 („Suezkrieg") und dann 1967 („Sechs-Tage-Krieg") aus.

Im Sechs-Tage-Krieg – der den Namen von seiner Dauer hat – besiegte die israelische Armee die Streitkräfte Ägyptens, Syriens und Jordaniens. Wieder gelang es Israel, neue Gebiete – so die Sinaihalbinsel, den sogenannten Gaza-Streifen längs der Mittelmeerküste und den bis dahin zu Jordanien zählenden Ostteil Jerusalems, die Altstadt – zu erobern.

Das gesamte Jerusalem stand jetzt unter israelischer Oberhoheit. Erstmals war es wieder für alle Juden möglich, an der großen Mauer des alten Tempels, der „Klagemauer", zu beten. 1981 erließ das israelische Parlament, die Knesset, ein Gesetz, wonach Jerusalem endgültig ein Teil Israels sein sollte. Alle anderen eroberten Gebiete dagegen sah – und sieht Israel auch heute noch – als Verhandlungsgegenstand für einen sicheren Frieden mit seinen arabischen Nachbarn.

Doch auch nach dem Sechs-Tage-Krieg kam kein Friedensvertrag zustande. Im Gegenteil. Die Gegensätze verschärften sich. Nur Jordanien – und mit schwankender Haltung auch Ägypten – waren bereit, das Existenzrecht Israels anzuerkennen. Radikale palästinensische Araber dagegen, die den israelischen Staat beseitigen wollten, organisierten sich in der von Yassir Arafat geführten Palästinensischen Befreiungsorganisation, abgekürzt PLO. Sie kämpft verstärkt seit 1967 mit politischen und terroristischen Mitteln für einen eigenen Palästinenserstaat. Sie oder ihre Parteigänger übernehmen die Verantwortung für Überfälle auf israelische Siedlungen, Anschläge auf Flugzeuge und Passagiere der Fluglinie Israels oder auch für das Attentat auf die Olympiamannschaft Israels in München 1972. Dennoch sehen die meisten arabischen Staaten in der PLO die einzige rechtmäßige Vertretung der Palästinenser. 1975 wurde sie in den Kreis der blockfreien, d. h. weder an die USA noch an die Sowjetunion gebundenen Staaten, aufgenommen. Von Israel aber wird die PLO nicht als Verhandlungspartner anerkannt.

Im Oktober 1973 brachen die Spannungen erneut in einem Krieg aus. Ägypten und Syrien griffen Israel am Jom-Kippur-Fest an, dem Versöhnungsfest der Juden. Daher nennt man diesen Krieg auch den „Jom-Kippur-Krieg". Nach anfänglichen Schwierigkeiten konnte sich Israel wieder behaupten. Den Frieden für die Region aber brachte auch dieser Krieg nicht. Von jetzt an wurde der sogenannte Nahostkonflikt endgültig eine Auseinandersetzung mit weltpolitischen Ausmaßen. So verfügten die arabischen Ölförderländer, die das Schicksal der Palästinenser zu ihrer Sache erklärt hatten, gegenüber allen mit Israel befreundeten Staaten eine Liefersperre, so auch gegen die Bundesrepublik Deutschland. Ohne das Öl aus den arabischen Staaten aber fehlte es den Industriestaaten an Energie. Unter dem Druck einer „Energiekrise", so dachte man, würden die mit Israel befreundeten Staaten ihre

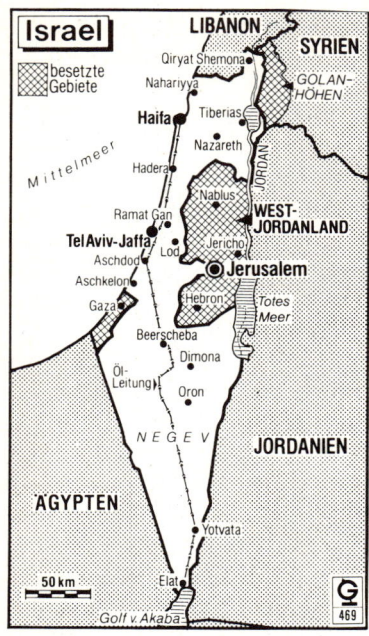

Israel heute

Unterstützung für Israel wenn nicht aufgeben, so doch lockern.

Es dauerte jedoch noch bis 1977, ehe ein deutlicher Schritt in Richtung auf einen dauerhaften Frieden in Nahost gelang. 1977 schlossen Israel und Ägypten durch die Vermittlung der USA das Friedensabkommen von Camp David. Dieser nach dem Verhandlungsort in den USA benannte Vertrag sah die Räumung und Übergabe der Sinaihalbinsel an Ägypten bis 1982 vor. Umgekehrt garantierte Ägypten den Frieden mit Israel.

Größer waren und sind die Schwierigkeiten, die einem vergleichbaren Frieden zwischen Israel und Jordanien oder Syrien und erst recht zwischen Israel und den Palästinensern entgegenstehen. In Israel selbst gibt es verschiedene Meinungen über das künftige Verhältnis zu den Palästinensern. Mindestens zwei starke Gruppen lassen sich unterscheiden: Die einen drängen auf einen Ausgleich mit den Palästinensern. Sie sind bereit, über das Selbstbestimmungsrecht der Palästinenser zu verhandeln. Ohne eine Rückgabe der besetzten Gebiete ist für sie kein sicherer und dauerhafter Friede möglich. Andere, unnachgiebigere, nicht selten radikale Parteien und Gruppierungen beanspruchen die eroberten Gebiete als uralte jüdische Heimat. Sie verlangen – und praktizieren – eine in Israel selbst wie bei den befreundeten Staaten Israels umstrittene Siedlungspolitik in den eroberten Gebieten. Mehr und mehr jüdische Siedler sollen sich, so ihre Politik, in dem bis dahin nur von Arabern bewohnten Land niederlassen. Das aber fordert den Widerstand der alteingesessenen arabischen Bevölkerung heraus. Immer wieder gibt es daher Unruhen, die auch die israelische Polizei oder das Militär nicht befrieden kann.

Ob und wann es zu einem Frieden im Nahen Osten kommt, weiß heute niemand. Alle wirtschaftlichen Erfolge des jungen jüdischen Staates stehen unter dem Schatten eines drohenden Krieges mit den arabischen Nachbarn, aber auch eines Bürgerkrieges zwischen Juden und in Israel lebenden Palästinensern. Israel ist in dieser Lage gezwungen, viel Geld für seine militärische Rüstung auszugeben. Der Wehrdienst ist lang, kaum jemand ist ausgenommen. Arbeitskräfte, die in Industrie und Landwirtschaft dringend gebraucht werden, müssen in der Armee Dienst tun. Selbst die Frauen müssen in diesem kleinen Land in die Armee.

Bis heute ist das Überleben des jüdischen Staates also nur unter großen Anstrengungen möglich. Noch ist es nicht gelungen, das berechtigte Interesse Israels an sicheren, von allen arabischen Staaten anerkannten Grenzen mit der Forderung der Palästinenser nach Selbstbestimmung zu vereinbaren. Die Frage ist, ob ein „Groß-Israel", das auf den eroberten Gebieten mit ihrer arabischen Bevölkerung beharrt, jemals die friedliche und demokratische Heimstätte werden kann, die sich Juden in aller Welt so lange ersehnt haben. Die Antwort auf diese Frage ist auch in Israel umstritten. Skeptiker geben zu bedenken, daß in einem solchen Israel in etwa zwanzig Jahren mehr Araber als Juden leben würden: schon heute leben 700 000 Araber in Israel und etwa 1,5 Millionen in den besetzten Gebieten; die Geburtenrate der arabischen Bevölkerung aber ist wesentlich höher als die der jüdischen. Wenn aber die Juden in ihrem eigenen Land die Bevölkerungsminderheit würden – wie könnte Israel dann noch ein jüdischer Staat sein? Und widerspricht nicht heute schon die Behandlung der in den besetzten Gebieten lebenden Palästinenser dem demokratischen Ideal, dem die Unabhängigkeitserklärung von 1948 verpflichtet ist? Es heißt darin: „Der Staat Israel ... wird sich der Entwicklung des Landes zum Wohle aller seiner Bewohner widmen. (...) Er wird all seinen Bürgern ohne Unterschied von Religion, Rasse und Geschlecht, soziale und politische Gleichberechtigung verbürgen."

Eine tragfähige Lösung des Nahostkonflikts ist auch heute, Jahrzehnte nach der Gründung des neuen Israel, nicht in Sicht. Dieses Israel ist ein moderner Staat mit politischen Problemen, wie sie auch andere Länder haben. Es ist aber auch ein Staat mit einer unvergleichbaren Vorgeschichte. Und wie immer eine Lösung des Nahostkonflikts aussehen mag – dieser Vorgeschichte wird sie Rechnung tragen müssen.

Literatur zum Thema

*Diese Literatur ist umfangreich. Wer sich mit der Geschichte der Juden weiter be-
schäftigen will, kann mit den hier aufgeführten Büchern einen Anfang machen.
Viele davon sind keine „Jugendbücher", manche nicht einfach zu lesen, doch sollte
man sich davon nicht abschrecken lassen.*

Nicht einfach zu lesen, aber die beste Darstellung der ganzen jüdischen
Geschichte ist:
Geschichte des jüdischen Volkes. Herausgegeben von H. H. BEN-SASSON,
München 1978–80
Erster Band: Von den Anfängen bis zum 7. Jahrhundert
Zweiter Band: Vom 7. bis zum 17. Jahrhundert
Dritter Band: Vom 17. Jahrhundert bis zur Gegenwart

Einen guten Überblick über die Juden in der Diaspora gibt:
Die Juden als Minderheit in der Geschichte. Hrsg. v. BERND MARTIN und
ERNST SCHULLIN, München 1981

Über die jüdische Kultur und Religion, im Überblick auch über die
Geschichte der Juden informiert:
Was jeder vom Judentum wissen muß. Hrsg. v. ARNULF BAUMANN,
Gütersloh 1987

Über die Zeit des Nationalsozialismus informieren:
HILDE KAMMER/ELISABETH BARTSCH: *Jugendlexikon Nationalsozialismus.*
Begriffe aus der Zeit der Gewaltherrschaft 1933–45. Reinbek bei
Hamburg 1982
WALTHER HOFER: *Der Nationalsozialismus.* Frankfurt a. M. 1958
KARL DIETRICH BRACHER: *Die deutsche Diktatur.* Köln 1969

Das wichtigste Buch über die nationalsozialistischen Konzentrationslager
ist:
EUGEN KOGON: *Der SS-Staat.* Das System der deutschen Konzentrationslager. München 1977

Die Lebensgeschichte von zwanzig Kindern, die Buchenwald überlebten, erzählt:

JUDITH HEMMENDINGER: *Die Kinder von Buchenwald.* Vorwort von
    Elie Wiesel. Rastatt 1987

Eines der erschütterndsten Dokumente aus der Zeit der Naziherrschaft ist:
Das Tagebuch der Anne Frank. Frankfurt 1955

Mit den Prozessen gegen Nazi-Verbrecher beschäftigt sich:
JÖRG FRIEDRICH: *Die kalte Amnestie.* NS-Täter in der Bundesrepublik.
    Frankfurt 1984

Interviews mit drei im Frankfurter Auschwitz-Prozeß verurteilten Tätern
enthält:
EBBO DEMANT: *Auschwitz – „Direkt von der Rampe weg . . .".* Reinbek bei
    Hamburg 1979

Vom Verhältnis junger Juden zum heutigen Deutschland (und auch zu
Österreich) handeln:
PETER SICHROVSKY: *Wir wissen nicht was morgen wird, wir wissen wohl was ge-
    stern war. Junge Juden in Deutschland und Österreich.* Köln 1985
LEA FLEISCHMANN: *Dies ist nicht mein Land.* Eine Jüdin verläßt die Bundes-
    republik. München 1986

Zahlreich sind die Bücher, die sich in literarischer Form mit dem Schicksal
jüdischer Menschen zur Zeit des Nationalsozialismus auseinandersetzen. Zu
den bekanntesten, die vom Schicksal von Kindern und Jugendlichen han-
deln, zählen:
CLARA ASSCHER-PINKHOF: *Sternkinder.* Hamburg 1986
JANINA DAVID: *Ein Stück Himmel.* Erinnerungen an eine Kindheit.
    München 1983.
    Ein Stück Erde. Das Ende einer Kindheit. München 1984
JUDITH KERR: *Als Hitler das rosa Kaninchen stahl.* Ravensburg 1986
MYRON LEVOY: *Der gelbe Vogel.* München 1986
URI ORLEV: *Die Insel in der Vogelstraße.* Berlin 1986
LEONIE OSSOWSKI: *Stern ohne Himmel.* Frankfurt 1988
ARANKA SIEGAL: *Weißt du nicht, daß du Jüdin bist.* Ravensburg 1986

RTB Jeans

Engagiert. Von der jüngsten Geschichte betroffen.

Hermann Vinke
**Das kurze Leben
der Sophie Scholl**

Sophie Scholl war 21, als
sie hingerichtet wurde.
Hermann Vinke be-
schreibt ihr Leben vor
und während des Wider-
stands der „Weißen Rose"
in Berichten, Dokumen-
ten, Zeugenaussagen,
Briefen und Fotos.
**Deutscher Jugend-
literaturpreis,
Buxtehuder Bulle
RTB 4042**

Robert Westall
Der Feind

England, 1940: Ein paar
Jugendliche stehlen eine
Bordkanone von einem
abgeschossenen deut-
schen Flugzeug und rich-
ten sich einen unterirdi-
schen Gefechtsstand ein.
Doch ihr Treffen mit dem
Feind findet anders als
erwartet statt…
Fürs Fernsehen verfilmt.
**Carnegie Medal
Preis der Leseratten
RTB 4083**

Ravensburger TaschenBücher

RTB Jeans

Mitten im Leben. An den brennenden Fragen der Zeit.

Angelika Mechtel
Flucht ins fremde Paradies

Fahimeh und ihr älterer Bruder kommen aus Teheran nach Deutschland. Daß ihr Onkel nicht auftaucht, entmutigt sie anfangs nicht. Deutschland ist eine Art Paradies, wo es keinen Geheimdienst, keine Folter gibt. Aber was ist mit dem Onkel geschehen? Originalausgabe
RTB 4066

Klaus-Peter Wolf
Die Abschiebung

Elke, 18, heiratet einen Kurden, damit er nicht in die Türkei abgeschoben wird. Die Eltern sind zunächst entsetzt. Doch bald lernen sie Mahmut kennen und mit ihm die menschenfeindlichen Abschiebungspraktiken.
Anne-Frank-Anerkennungspreis
Fürs Fernsehen verfilmt.
RTB 4045

Ravensburger TaschenBücher